大成传习录

于鸿坤 著

华夏出版社

序 一

延续心学之理
直指良知良能

鸿坤先生自幼研读中国传统儒释道经典，又拜名师习武。经过几十年的潜心研习，达到了以武化文、以拳载道的境界。其拳学的道、理、法，精一通达，他的道是拳载中道，拳演中道；他的理是"以身正心，以心应物，以物用心"；他的法是立意于中道之上的系统完备的立禅桩法。其道、理、法承接中国传统儒释道的法脉，简易便行，立于果地，直指人心，当下即是。

中道汇集中国传统文化的精华，是佛家的本然自性，是道家微妙玄通的太极，是儒家的"随心所欲而不逾矩"的中庸，也是阳明心学的良知良能。中道是本体性的实在，是生命的实相和源泉。

当今世界物质主义盛行，在长期的染习中，人们形成了不良的习气和惯性，深积在身体、心理、思维方式和行为方式之中，严重地遮蔽了生命本体，与生命本源失去了联系，丧失了本来具有的良知良能。

那么如何恢复人与生命本源的联系、恢复心学所说的良知良能呢？康德天才地发现了纯粹理性的边界，认为靠纯粹理性是无法认知本体的。他之后的一些西方生命哲学家主张用直觉的方法，也认为哲学思考虽然趋向本体但永远不能认知本体。历史的发展给东方文化提供了的机会，中国传统文化主张用人心本有的觉知力，通过中道的道、理、法与本体合一。这一点正是鸿坤先生拳学的立意所在。

鸿坤先生的"以身正心，以心应物，以物用心"的拳学宗旨，与阳明心学主张的"正心、诚意、格物、致知"和"知行合一"的思想法脉相承，并完善了修习方法。"以身正心，以心应物，以物用心"，是从身体入手，运用立禅桩法，化解人们身体和心理的习气和惯性，将身体中浑浊的神意解放出来，把身体中混乱的秩序理顺，使心得其正，意得其诚，觉知人本然的光明心体，恢复、培养、发挥本有的良知良能。由此"功磨于事"，达到事理无碍、理事无碍、"不断不住"的生命状态，用这种"不断不住"的生命状态去生活，去格物，最终达到万事万物皆备吾心的"以物用心"的境界。

阳明心学的"知行合一"，是以行印证良知。鸿坤先生在拳学中强调"用即是练，练即是用"，通过站桩、试力、推手、散手等各种方法对良知良能的真假和水平加以印证。就这一点来说，鸿坤先生的拳学是"活着的道"，相比其他纯粹思想文化学说有着不可比拟的优点。

鸿坤先生的拳学以中道"一以贯之"。从心学角度看，是一套系统完备、立意高妙的心学体认和启用功夫，对当今渴求获得生命本源，恢复、培养和发挥本有的良知良能的人们来说是非常当机的妙法。

董力民

2014 年 11 月 12 日

序 二

大乘立禅

2013年10月3日，晚，在北京昌平小院——德元堂客厅，师父、董总、我，三人围坐茶话。师父让说一说对拳法的认识。

董总从社会功用上说，咱们这个拳法具有利益人心精神建设的作用。社会种种乱象，比如奢靡之风，其背后的真相就是心灵饥渴，人的精神不强健，只能在物欲当中饮鸩止渴，消耗精力。通过这个拳法的修炼，身体好了，精神足了，心强大了，人就有能力接受文化承载的修养之道。心中有道，精神愉悦，身体能松，人就会不期然地断除自身的很多恶习，从而使生命更健康，更有意义地生活。人自身的问题得到了解决，社会问题也会相应地得到解决。所以，咱们这个拳法，既可安定人心，也能和谐社会。

我从自身修行的角度说，拳法的这个桩，师父说是立禅，实际就是修行的一个法门，与坐禅、行禅等是一样的。它能使身心体证各种状态，然后用身心体证的经验去印证自己所学的理，达到知行合一、理事圆融的生命理境。法，本来是方便，它像砖块一样，你可以拿来敲门，破开心门，契入生命之道；你也可以拿来重修房子，用好的理念和好的材料，重新布置你的屋堂。好理念和好材料就是文化与宗教的内核，你通过学习文化道理与站桩立禅体证，你的生命格局就会不断调整，把生活、身心、人情、事理、生前、死后都一一理顺，理顺了心就安了，安心才能享受生活，才能欣赏生命，才能体会其中的庄严美妙。咱们这个拳法也是方便，但它是大方便，是妙法，因为它很大，它承载的有拳学之理、儒学之理、道学之理、佛学之理，它博大精深，所以能开出大道，使修炼之人的生命境界也变得博大。

师父把练拳升华了，叫"修炼"。王芗斋老先生就曾讲过技击乃拳道微末之术，能通过修炼接上文化命脉，使你的生命承载大道，真正满足生命生生不息的成长诉求，那才是修炼的真正意义。师父曾说，对于生命而言，不管你修什么道，生命之道是根本，生命离不开身心，有身心就一定有生活。所以，修炼生命之道，在身心上用功，在生活中起用，这些都是在站桩立禅修炼过程中，由点到线到面，从静到动到动静如一，将拳学之道、人生之道、生命之道真正合一了。在练拳中生活，在生活中练拳，在练拳生活中修炼，在修炼中生活练拳，在生命状态中统一了三者。我是这样从修行角度来看待练拳这件事的。

师父也说了，王老先生把形意拳改成意拳，又将意拳改成大成拳，那是他不断学习、生命成长的表现。现在，师父把站桩改叫立禅，练拳变成修炼，生活视为修行，这也是咱们这个拳法和师父本人不断革新的表现。学问本应代高一代，到这里我们可以看到这个拳法之理已经理顺了，由它所承载的大道开出了更为深远究底的方向，通过实践体验，定能打通生命与文化之间的隔膜，文化之根复活，道统命脉也就得以延续了。至此，不再只是片面地练拳，而是修道了。

2014年5月，在小院，师父发菩萨之心，欲以此立禅法门济世利人。我当时建议以"大乘立禅"这个名称，重新命名此法门，得到师父许可。后来，我结合自己对此法门的实践、体会、认识，写了一篇《大乘立禅之五重玄义》呈与师父，现在把全文抄录下来：

大乘立禅

释名：以大乘立禅为名，大心菩萨以立禅为自利利他之法门。

显体：以实相为体，举手投足，一动一静，无非中道。

明宗：以立身中正安舒，净心离念感应为宗。

论用：以见性修道，破我法执，断诸烦恼，大心慈悲利人为用。

判教：以大乘圆顿般若为教。

夫大乘立禅者，乃大心菩萨以立禅妙法，为自利利他之法门。此法门以般若为宗，依《金刚经》为心印，一静一动，举手投足，无非中道，以实相为体。何为实相？万相一相，一相无相，是名实相。实相无相，即相离相，相与非相，二而不二，真空妙有，毕竟清净。静则空寂，身无妄动，心无杂染，一体清净。动起妙用，感应道交，起心动念，举手投足，无非中道。修此法门，以立身中正安舒，心净离念感应为宗。此法门以身正心，以心应物，以物用心，无心无物，觉性明明。修时，立身不动，中正挺拔，由松而通，由通而透，转形体为意体。意出而满，满而其心不住，任意弥漫，一气流行，变意体为气体。此之气体，有而无形，用即弥出，有而不有，不有而有，心无住着，冥符实相。即相离相，心无杂念，则心清净。修此立禅法门，以见性修道，破我执，断烦恼，去习气，大心慈悲利人为用。此言见性，何为见性？心性本具，心之作用为性。此性为真法，依此性修，是名真修。全修即性，全性即修，如波即水，全水即波，性修一如，直了成佛。见此性者，即见实相，见实相者，是名开悟。知无我之理，破无始无明，断虚妄我执。净心离念，消熔习气，渐渐心垢得除，心光显现，转凡成圣，参预圣流。虽预圣流，不住空寂，不入涅槃，其心广大，慈悲普度，而能利他。随缘逗教，应机说法，不舍一切，不立一法，虽有说法，不生法执，是故尘说刹说，实无一法可说，会归实相，不可思议！此立禅法门，以大乘圆顿般若为教。顿入果地，实修实证，其心清净，不住不着，虽圆具果德，但不得一法，万物皆备，毕竟空寂。菩萨以清净心，不得一法，不住一相，以无所得故得阿耨多罗三藐三菩提。

期望用这些文字，以为指月之指。诸君读之，因指见月，于此法门得生净信，顿入清净心体，得大自在圆满！是为序。

门　学

2014 年 11 月 14 日深夜

于福鼎金竺寺一音堂

序 三

大成拳：生命的智慧与力量

我从三十多年前开始接触并习练大成拳，一直坚持不懈到今天。但是，直到 2009 年遇见鸿坤兄，我才如梦初醒，得以窥见大成拳道之一斑。这是不幸还是幸运呢？

由衷而言，我庆幸之至。东方古典文化的传承与修习，殊为不易。武术是关于生命的学问与实践，没有明师指点的练习，几乎不可能有任何实质性的效果。问题的关键在于，明师难遇。中国曾经在世界上创造过最为辉煌的文明，这是不争的事实；中国在明朝以后走向了持续、全面的衰弱，亦是不争的事实。在此文明的衰弱过程中，儒释道文化的蜕变、退化和武术的式微，也是一段无法摆脱的历史趋势。在中华文明刚刚步入重新崛起的新时代，我们能够在鱼龙混杂的传统文化体系中，寻找到真正的东方文明精华并得遇明师传授，实为人生之大幸！

鸿坤兄精研拳学，勇于实践，遍访国内民间高手，而最终依止大成拳第二代传人王选杰先生，潜心习练大成拳道，成为大成拳的衣钵传人。一位现代技击的全国冠军，转而皈依中华传统内家拳，这充分显示了大成拳的内在魅力。

大成拳的魅力何在？我认为有两点是最为突出的。

其一，在于其返璞归真，直指心性，直探生命大道。在本书开篇，鸿坤兄就讲："中国拳学的精义在于'道'，合于道者，就是上乘拳法。"大道至简，大成拳自始至终都强调没有技术，没有招式。很多人对此不解，认为这是夸张的广告语，或者是保守秘密的托辞。其实，这是大成拳合于道的最真实表现。鸿坤兄在书中讲过一个故事：他在海南期间养了一只凶猛的德国牧羊犬，有一天，他和朋友牵着狗在海边散步，狗突然卧在地上走不动了。等转过一个弯，

序三　大成拳：生命的智慧与力量

他们才发现有人拉着一只病老虎陪游客拍照。牧羊犬闻到了老虎的味道，被吓瘫了。鸿坤兄跟我说过，练习大成拳就是要通过站桩把一只羊变成老虎，等你成了老虎，你见到羊，还需要用什么招式吗？正如本书所云，武术"练到最后，是能量对抗，不是技术比拼。……真正的生死格斗，哪儿有技术？只有本能对抗，就是气脉畅通，吞吐对方，功夫是唯一的技术！功夫是什么？是心里的东西。"王芗斋先生创建大成拳，其最伟大的贡献就是把近现代武术当中所有无关紧要、华而不实的东西扫荡干净，直指生命本源，通过大成拳基本功的习练（站桩、试步、试力），使每个人显露出自身的良知良能，进而变化气质，臻于一气之流行、自性之流露的无我无人之境，这是格斗的高水准、养生的高境界，更是东方传统文化实现人格发展的至高目标。从这个意义上讲，大成拳至简至易，又至大至深。

大成拳的魅力还表现在以身正心。大成拳之心法，实为禅宗。了解禅宗的人都知道，在佛法之中，禅宗是为上乘根器所准备的，普通人不容易走禅宗的修行道路。但是，大成拳一方面以禅为其精神核心，另一方面又配合具体扎实的身法练习作为入门功夫，使习拳者能够拾级而上，步步有成。鸿坤兄在本书第二部分使用大量篇幅阐述"站桩之要领、站桩之形意、站桩之放松"等内容，其中包含诸多对站桩身法的细节要求，这些都是以身正心的要素。书中云："心是看不见的身体，身体是看得见的心。"通过多年习拳，我深信，任何一个在明师指导下认真学习了这些身法要领并能够坚持练习的人，不仅能够提升身体健康程度，还可以或多或少地体会到"内清虚，外脱化"的空灵之境，从而走上东方传统文化最重要的形而上之道。

任何一种文化在世间的流布，都会有其优势和劣势。中国传统文化的优势，从某种意义上讲，在于其重视内在的超越之道。而从另一方面来看，这亦成为中国传统文化在宋之后所显现出的弊端，即空谈心性，甚至成为假道学。武术的习练，能够使人有效地防止上述偏差。武术是真把式，生死格斗场上吹牛是不管用的。作为中国实战性最强的拳种之一，大成拳所有的练习与格斗要求，都是中国文化形而上之道在形而下之世间最真切的体现。举一例而言，禅宗强调"无我"，道家崇尚"无为而无不为"，这在大成拳当中有着诸多具体的表现，其中之一是如何处理"中与环"的关系。鸿坤兄在书中说："身手要分开，身是身，手是手。身子是自己的，手是对方的。"所谓"手是对方的"，是指两人搭手时，我把手完全放给对方，自己不控制手的运动，只控制身子，这是大成拳处理"中－环"关系、形成"身动起象外"的初步功夫。把手交给对方，在手这一环节就是无为，就是无我。在中级的功夫上，大成拳要求人把自己彻底虚化，让对手来填实自己，这就形成了进一步的无我、无为。这些功夫都不到大成拳的上乘，亦不是禅宗和道家最高境界上的无我和无为，但确实能够帮助习武者从东方文化中得到真实受用而不至流于空疏甚至虚伪。对于悟性高者，则可以武证道。

佛法修行的核心是慈悲与智慧的等持。借助于大成拳的以身正心，我们将有可能找回生命的智慧与力量，从而更好地以慈悲之心奉献于世间，正所谓"文武双全，君子之道"。在鸿坤兄大作再版之际，我献上这篇小文，来表达对中华武术以及大成拳三代传人的深深景仰！

刘东民
2014 年 11 月 23 日

序 四

微妙玄通集大成
天地鸿坤传习录

古之善为士者，微妙玄通，深不可识。至道之隐奥曰微，至道之不测曰妙，至道之幽深曰玄，至道之无碍曰通。体至道之隐奥，用至道之不测，得至道之幽深，达至道之无碍，方可微妙玄通。古往今来善为士者，无不立身持正之间，正己感化，度人度己；应事接物之际，以德践行，度己度人。谨守尊道贵德之念，不立一毫巧伪之心。能会于此，其不盈之深旨，不待言而自明矣。大成拳以站桩立禅为基要，以《金刚经》为心印，集微妙玄通之真境，实乃善为士者之必修。

致虚极，守静笃，万物并作，吾以观其复。致虚者，天之道也；守静者，地之道也。是故虚者乃造物之枢纽，静者乃品汇之根柢也。能守静之笃者，与天地同体，与万物合一。大成拳汇至虚至静之理，持之以恒，修习不辍，长生久视之道尽在掌握之中。

天道的运行，无私无偏，确与我们时刻同行同在。在道的滋润下，人生是快乐的、幸福的。人生最伟大的修行，莫过于智慧地活着，在健康自然的状态下，自由自在地快乐活着。生命是场旅行，在旅途中觉醒是一次修行。然而世人受俗事之烦扰，忧生老病死之苦痛。为了帮助人们从疾病痛苦中解脱出来，树立正确的健康理念，于鸿坤老师耗其半生精力，弘扬大成拳精义。为了印证大成拳法的精髓，于老师遍访名山古刹，虚心求教于许多武学前辈，而后远离都市的喧嚣，隐居于北京的昌平小院，以清静无为之法潜心修持，汇集心得于《大成传习录》，以飨读者，此举功德无量矣！

世间的人都在以各种方式，在不同的时间和空间里遇见各种各样、形形色色的人，以此来丰富自己的生命。可最有价值的遇见，就是在某一个刹那的瞬间，重遇了自己。那一刻你才会懂得，行于世间，也不过是为了觅得一条回归内心之路。跟于老师的机缘当从十多年前说起，那时我刚从终南山来天府成都参学，常住在西蜀著名道观青羊宫。我时常在宫中小院读书练琴，顷刻抬头间，发现有一高大魁梧的身影，正在院内练拳习静。我被他那轻灵虚无的状态和诙谐的笑容所深深吸引，蹴步上前，方方之间，动静之中，我们彼此心领神会，谈笑风生。老师以身示法，将拳法之理、道术之机展现得淋漓尽致，从习武之道到修行之路，逐步唤醒了我少年时代的侠客英雄之梦。幼年时，我因一部《封神演义》而决心入道求仙，怀揣着梦想，朝上武当、夕入华山，遍历终南。多年来我为求明心见性，苦其心志、劳其筋骨，却未得其解，得遇老师方才释怀我多年之惑。于老师常说：心之所向，道之所行。身法即是道法，以武证道，虔心修法，方可大成。道者，路也。有的路是用脚去走，唯有登峰造极，才可平步青云；有的路是要用心去走，走好内心选择的路，别选择容易走的路，才能拥有真正的、自由的自己。于老师《大成传习录》再版之际，唯愿读者能在有欲无欲之间观妙观徼，证心印物，智慧快乐。

是为序。

福生无量！

成都市至真观常住

李合春

甲午吉日于凤凰山至真观

绪　论

很多人习练大成拳，但不知道"大成"是什么意思。有人说集形意、八卦、太极是大成，有人说大成是道德，都是站在不同的位置自说自话，都是拿自己的知识、自己的经验、自己的学问来诠释这两个字。儒家讲大成是圣人之学，诗、书、礼、乐、易、春秋统摄一切的一个整体，要在革新人类习气之流失，而复其本然之善，全齐性德之真，方是成己成物，尽己之性，尽人之性。大成是整体的生生不息、不断不住。

我自幼学习中国传统文化和拳法，先后追随多位名师，随着年龄及人生阅历增长，渐渐懂得不管何种拳法，其根皆系于国学。由此，几十年来，我重新深入、广泛地学习研练红拳、形意、八卦、太极、大成、劈挂、八极、翻子、搓脚、鹤拳、五祖等多家拳法，兼习长短器械；在这个过程中，更能从形上、劲上、法上、气上、意上、神上、心上体会到拳学即是国学的体证。

在长期的拳学体悟、传统文化经典学习的过程中，深切体会到大成立禅站桩是实证中国文化与拳学的无上妙法。拳学的真髓、根本是站桩，站桩是儒释道三学的实践，是挖掘生命潜能、恢复良知良能的殊胜法门。

立禅是以身正心、以心印物、以物用心的修炼法门。有感知力觉察力、有洞察事物的能力，不预设，头头是道。立禅站桩即把身心放空，不带任何识见，以经论参证。常无欲以观其妙，常有欲以观其徼，心地非常清晰。对敌时，感知对方之神气，犹如水对船的感知；生活当中也要具备对事物感知的能力，何止于对敌之际。

体认中，后其身而身先，外其身而身存，身动起象外，舍己而以物为法，直指事物本相，意不由己出，其功夫之用是深入物性之内，与之相合而运行，身体只是整体的一部分，无我才能出象外之意、真实妙用。

拳术入门繁杂不一，有的拳以视对方没能力入手，有的拳是以增强自己能力为入手之法；有的从形入，有的从无形入，有的由空入，都只是门径而已，都可体认拳学之道、生命之道、自然之道。

立禅培养的是浩然之气，不以喜怒哀乐而夺之。立禅是身、心、意的实质精、气、神从分离状态走向混融合一的整体状态。身不动，精化为炁；心不动，炁化为神；意不动，神化为虚。立禅当中，身体的种种反应、身外的动静变化，都不能影响立禅的要领，即所谓不住相。儒家的学习是先变化气质，然后用变化了的身心去生活，丹道修炼是用一点真阳的先天祖气，般若讲应无所住而生其心。

立禅的大用在于使人以生生不已之机在日常生活中用万事万物觉悟身心。

本书是弟子们根据1997—2012年我的部分讲授拳学、心学、禅学的录音整理而成，大都是即性而来，随性而去。虽后来数易其稿，但还免不了杂乱。读者若能从中有所体认，方家若能不吝赐教，都是我的心愿。

于鸿坤

2012年12月第一稿

2013年9月第四稿

2014年11月修订稿

目 录

序一 延续心学之理
　　　直指良知良能　　◎董力民
序二 大乘立禅　　　　◎门　学
序三 大成拳：
　　　生命的智慧与力量　◎刘东民
序四 微妙玄通集大成
　　　天地鸿坤传习录　◎李合春

绪　论
拳学之理

大成拳之载道/3　　习拳实践/55
大成拳之善学/9　　身　手/58
大成拳之与时俱进/13　生　机/63
太极拳真谛/16　　中　道/67
形意、太极和八卦/19　生活和修炼/70
套　路/24　　心　性/75
招　法/30　　形　意/81
功夫之天人合一/34　中　环/87
功夫之心理/39　　松　紧/92
功夫之明理/43　　虚　实/95
功夫之技术/46　　单双重/98
习拳心要/52　　空/100

势/104　　传　授/133
体　用/108　　传　承/136
无　我/111　　学习之目的/140
有形与无形/116　　法之用/142
有序化/122　　尊师重道/148
通　道/124　　拳法归一/152
不住不断/127

大成拳法

站桩之要领/157　　推手之原则/193
站桩之形意/163　　推手之真意/195
站桩之放松/170　　试意力/199
站桩之精神/174　　摩擦步/201
站桩之神意/177　　摸意劲/205
站桩之时间/181　　发　力/209
站桩之本质/185　　技击之原则/212
站桩之虚实/188

拳道拾遗/217

读后一　体认大成，以拳载道　　◎韩国林/243
读后二　站者孤独　　　　　　　◎周慧凌/247

拳学之理

應無所住

己亥夏虛雲題 時年百廿

大成拳之载道

中国拳学的精义在于"道",合于道者,就是上乘拳法。大成拳①的道就是"中",依"桩"②而得。大成拳与其他拳术的区别在于着手的不同,习练大成拳是直接从道开始,其他拳术多半是从术开始,而最终必须也归于道。

大成拳是以一个桩成就无穷之用,所以,桩里面有很多东西,要靠站桩慢慢领悟,不可能一下子全部领会。刚练时,要多听多站,听不听得懂没关系。多听是为熏习;站久了,身体变化了,再听,"哦",原来说的是这个东西,就明白了。接着就要"摸"、"看",看别人怎么比画,摸着了,把自身的东西运起来。一个人的桩,没有检验。站桩必须有检验,别人用力推我或打我,我要以不被破坏的站桩的态势应敌,这时用什么动作都对!所以,桩不是一种固定形态,而是不拘一格、活泼灵动的状态。站桩不是练"不动"的东西,站着别人推不动,只是检验自己桩里东西满不满,这不是"用"。真正"用"时,不能让你挨着我,三尺之外,七尺之内,我用无形的"中"③以精神笼罩着你,人未到,气先接,"先发先到,后发也先到"。先发,是精神笼罩,威慑对方;后发,是气在形先,接住对方。问:意可放到多大?答:无穷大!把意空掉,即是"其大无外,其小无内"的境界,全部都在意里面了。此时,就能达到"心无怖畏"之境,别人怎么动,对你而言都是静态的。《拳论》说"无形无意",实际不是无意,是意满了,全身

---

① 大成拳,王芗斋先生于20世纪40年代创立的新兴拳学,废弃套路、招法、迷信等,以站桩立禅为修炼手段,以《金刚经》为心印的恢复挖掘良知良能的自性拳学。
② 大成拳站桩,也称立禅,是大成拳最重要最根本的修习方式。
③ 大成拳的中就是机,就是道。

都在意中,所以感觉到无意了。

这里说检验,也是一种方便。大成拳没有检验的东西。大成拳就是"灵机",灵机一动鸟难飞,随时都处于欲接未触的状态下。王芗斋①说:外表不动,里面真动。外表不动,是说身、手、意随敌而动,形没有动;里面真动,就是"灵机",灵机动时,全身弹性不能丢,全部都是松的,别人在身上就落不住,人挨着一碰就没有了。

意动身随,那意怎么动?它不是主观的动,是以对方之意为意这样的动。不能执着,不能是我要怎么样,是对方要你怎么样你才怎么样。所以大成拳不思而得,不勉而中,不用考虑,出手就是,它是本能拳法。境界就是无人相、无我相。要达到这种状态,没有别的办法,就是站桩,只有站桩,意动身随才能出来。老先生说的是意紧身松。意紧身松有点抽象,其实不是紧,是身体松下来,提起精神,它不是紧也不是紧张,是拿起精神。这个拿起精神,第一步就是诚、诚中、浩然正气,就是你往这儿一站,整个屋子里其他东西都不存在了,自己就把空间给占满了,这是实,这就是大成拳的第一个境界。第二步境界叫虚、虚中,它不是把这儿占满了,它本身是一种虚幻的,不是这个实,它是实的另一面,就是应物自然,你来就落在我这个虚的里面,现在的很多太极拳家都想追求这个。自己虚,把对方弄实,在接触

---

① 王芗斋,20世纪最伟大的拳学家、思想家、养生家。他创立的大成拳学理虽和于儒、释、道、医等,但为独立之一门。著有《大成拳论》等书。

的一瞬间把对方弄虚，自己变实，让对方的实补自己的虚，把自己补实了，对方没有了。第三步功夫是无我、无敌，无这件事情，三轮体空，叫空中，也叫灵中。大成拳是禅的境界。以《金刚经》① 为心印自性拳法。

佛法智慧圆融无碍。站桩在理上契合于佛法，以《金刚经》为心印，就是大成拳。少林寺实战的这部分拳法，也是以《金刚经》为心印。民国时候，有个人叫尊我斋主人，写了一本《少林拳术秘诀》，② 里面讲少林拳法技击的要求，要不动心；还要破生死关，就是你干这个事情，要把生死置之度外，这实际就是无我相、无人相，就是这个东西。

拳学③有句话叫生理可作用于心理，心理反过来也能作用于生理，有非常实际的作用。我们讲三道合一，人生之道、生命之道、拳学之道，在我们的拳里能体现出来，能做到就能普世。实际上这三道就把人与人、人与社会以及人与自然的关系基本上都包含了。我们的拳学之道可以印证很多东西，它不光是实战搏击，一个人站桩的时候是这种状态，两个人试劲的时候、应敌的时候还是这种状态。应敌的时候也破坏不了你这种状态，你还能保持你的状态，始终如一是这种状态。它是要经过一层一层的检验，并不是仅仅拿来应敌的。它的根本目的是什么？就是以这种形式来悟道、修道、完善生命。

有了以拳载道这个思想、恢复良知良能④的思想，就慢慢地理解了这个拳，理解了这个桩，第一步就理解对了。然后，摩擦步、试力慢慢就能对了。有些人对这个拳、对桩的认识很盲目，他站着站着感觉有劲了，练别的

---

① 《金刚经》，佛教重要经典。公元前994年间成书于古印度。鸠摩罗什所译全名为《金刚般若波罗蜜经》，唐玄奘译本为《能断金刚般若波罗蜜经》。

② 作者尊我斋主人，民国四年中华书局出版发行。

③ 拳学的真实含义是通过拳术、拳功、拳道的追求，达到以武化人之功。武化相对于文化而言，武是一个人一生的精神储备，武是一个人的魂魄，武是自强不息，武是生生不已，武是充满生机之活力。

④ 《孟子》说："人之所不学而能者，其良能也；所不虑而知者，其良知也。"王选杰说过："大成拳法，妙在本能，动静处中，有感即应。"

东西也感觉有劲了,就往有劲上找。实际上不对。形、劲、意、力等,不是主要的,主要的是良知良能,通过站桩可以恢复激发出良知良能。他的那个只是培养劲了,培养不出良知良能。这是分水岭,是最核心、最根本的分界线,是目的性的分界线。

激发良知良能要随时调整全身的松紧,不是那种肌肉的一松一紧,该松的地方一定要松下来,让它通透,让它空明,让良知良能进来,让纷杂的东西出去。心里干净,才能出来无穷的力量。

要通过生命的学问再反馈到心性之学,因为不了解自己的身体,不了解生命,身体作用不到本心,这两个就脱节了。古人讲,学问之道无他,求其放心而已矣。[①] 学问之道也是文武之道,实际上就是生命之道、心性之道。

孤阴不生,独阳不长,文武之道一张一弛。过去大儒有武之道者得武之精神,文人有武之精神是道,武没有文不是道,而是术,是技。王芗斋说:"武至极则文。"练拳要达到道的程度,这是根本。

一般的拳想当然的东西太多,大成拳是往回找。返本能,返先天,越不动越好,越慢越好,越安静越好。很多拳是越快越好,越激烈越好。

孔老夫子是大成至圣先师,他代表整个中国文化的根。大成拳与之相合,不是简单的一个拳,或者功夫,其目的是通过拳学之道先把身体改变了,用改变了的身体去改变心,然后再拿这个改变了的心,就是先贤所谓恢复了良知良能的心来生活,这个具备良知良能的心就成为生活的主体了。它是成就君子、圣贤的学问。修炼的方法就是先从身体入手,以身正心,再以心印物。理论上很完备,方法也很具体清晰。不是在理论、文字上做功夫。

修炼大成拳能感知身体的智慧、生命的真意。在中国人的思想体系里,岐黄医术是身体范畴,宋明理学是心智范畴,五行八卦六十四易是事物的变化范畴,自强不息、厚德载物是人文范畴。但这些离人自身似乎都有距离,得不到体证,有些能得到体证,但又没有能量。要有能量就需要"整",

---

① 《孟子·告子上》。

強種救國

張之江題

身体的整是肌肉可以整，骨骼可以整，但你的心、意能不能合上去整？气血、筋骨能不能整？呼吸能不能合着一起整？你呼吸的时候能不能息息归元而又弥漫虚空？大成拳的修炼就能实现这种高度合一的整，上下、左右、前后、内外，看得见、看不见的整。"身心一如"，当你的心能安下来的时候，身与心就是一家。心是看不见的身体，身就是看得见的心。和心连在一起的有很多东西，中国人讲心神，神不守舍的时候，身和心就不是一家。大成拳讲究神圆、气圆、力圆，你把自己纳入到这个体系，经过训练以后，就能进入这种状态。接续中国文化正脉，从身体的觉知、心的感知开始。大成拳就是研究人的感知系统的能量，并经过身心的修炼，把它开发出来。

身体的修炼可以改变人的气息。气息，就是心，自己的心，改变了这个东西就改变了人的"味道"。每个人都有特定的味道，古人讲同气相求，气味相投，意思是气息能和在一起，互相就不排斥，就像有的人，性格变了，脾气变了，本质上是他的气息变了，心性变了。这就是通过练身修心，心一变什么都变了，全凭心意用功夫。这种知识是灵性的东西，是感知世界里的，是必须通过身体的修炼才能得到的。感知世界的东西是非逻辑的，现实中很多重大的事件、变故、决策，都是依靠直觉，表面看起来是实在没办法了，试一下，事情还就是（直觉的）那样子。它不是建立在很严密的逻辑思维的基础上，就是把心放空，身体放松，让这种气息在一个好的环境下面、大的环境下面去起作用，这是天底下最有用的道。王芗斋对武学最大的贡献、对中国人最大的贡献就是这个。

形成一个新的思路很容易，而要形成一个合乎自然之道、对人类有用的思想体系，从而帮助人们解决现实中的一些困惑和问题，对社会一些跑偏了的东西进行斧正，是比较难的。但这一切又无外乎是人的身心修炼和改变，只要人的心朝这个方向走，在这个过程中心就会摄取、采集各种有用的信息，从而形成一个新的心灵高度。认识自然、认识社会、认识人心，就是认识自心、认识自己的身体。这也是大成拳的修炼之道。

大成拳之善学

学拳要多听，一个东西要反复地听，反复地聊，聊通了，理就懂了。弄懂一个东西是需要时间的，有人说，你去年给我讲的，我现在明白了。孙禄堂①说，三年内不可一日无师。现在人用功夫练，没人看着，很容易按自己的理解、习惯去修炼，惯性的力量很容易把自己拉跑了，自己还不知道。练拳的过程半点都不能少，一步一步的，没有捷径可走，你该听五遍听明白的，即使一遍就听明白了，过两天也会丢了。

要多接触一些杰出人物，感受他们的思维方式。中国拳术有成就的人，他身体一动，你即使暂时不理解，也能感觉到怎么这么好、这么妙、这么厉害，所以要善学。大部分人都不会学，这个学虽然很难，但处处留心就能学到。对方强，你就把他的强拿过来，加上你的强，融进你的拳里面，对方就望尘莫及啊，他就不知道、不理解你的拳是怎么回事了。

学拳最重要的，是方法要对，心性要变。先忘了自己，不停地向优秀人物的长处吸收借鉴，你的生活方式就改变了，认识问题的方法就改变了，这样就会学了。包括练各种拳法的人，都可以跟他们学。不是跟他们学套路，要会学，学真东西。首先自己心里要干净，认识论、方法论变了，不要抱着很强的自我意识："别人都不行，某某某不行那个拳不行"，一句话就把别人的优点拒之门外了。

每个人身上都能学到不同的思维方法和处理问题的方法。会学就无孔不入了，变了，人性变成水了，上善若水啊！我是水，你有缝我就进去了。练

---

① 孙禄堂，20世纪最伟大的拳学家，形意、八卦、太极三拳俱得真传，著有《形意拳学》等。其《拳意述真》记述了前辈先贤的拳论等。

大成拳就是恢复自然，水有缝就进去了，是自然的，不是有意的。

跟人聊天的时候，人的那种表情、神态你就学到了，人对事物的判定、心动的那种变化，一下就学会了，同时就与人相合了。

要始终比别人快：心比别人快，空比别人快，劲、神比别人快。

君子务本，本立而道生。① 很多人把这句话解释得很正确很到位，但只是解释了这一句话，而他的生活不是这样，认识问题不是这样，做事也不是这样。我们能做到这句话，怎么做到的呢？我们说的事情，这个事情本身就是这样的（就是这句话），为了让你更能理解这个事情本来就是这样用了这句话，这就是本。你不能仅仅学了这句话，学完了就没有了。事情就是这样，事情就是法，法要落到实处。

拳学研究的方向对了，把这个本放到心性的变化中去。以心应物，拳理、做事情，就是契合了上善若水，② 不是按上善若水来做，本身就是上善若水。拳就能跟这个东西和上。理和法若是脱节的，对不上，这是不行的。

我在研究拳学的过程中也反反复复思考了很多问题，自己跟自己较劲，有时候很苦恼，找不着，不能确定。我曾经在北京紫竹院练过好几个月，有一天晚上，驾车去长安街过了一下，当时我的气就散了，就泄了。我说我一天到晚辛辛苦苦地练拳是为了什么？街上这么热闹、这么好玩，都跟我没有关系，没我的份儿。不过回去以后我还是继续练。那个时候追求不到，光用功夫，但是找不着。虽然找不着，别人也帮不了你，还有人跟你学，还认为你很高。哎呀，心里那个难受。

一次在甘肃兰州，朋友见我比画了两下后说：你功夫这么厉害！我心里更难受，我说这还不是我追求的东西，我还没找着呢。

这都是过程，过了就敢肯定了。因为现在心变了，认识论和方法论变了，有法了。法是什么？法是生活，生活中时时处处有生机。站桩有功夫了，

---

① 见《论语·学而》。
② 《道德经》第八章：上善若水，水善利万物而不争，处众人之所恶，故几于道。

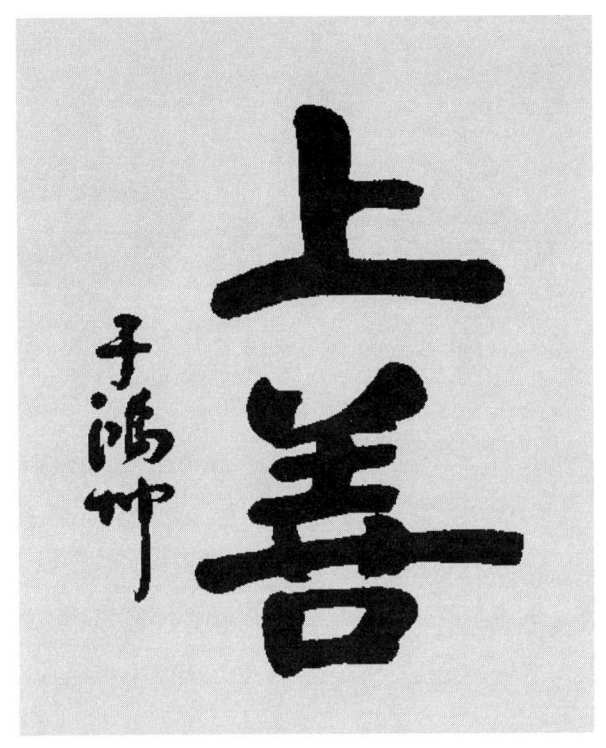

别人在你面前开口讲话，行走动作，甚至于不开口、不走不动，只要对上眼神，他的心就对你暴露无遗了。同理，学拳只有跟老师合上了才能学，所以要经常在老师跟前练习，就是你的认识论要变，心要变。我和一些行业有成就的人一起讲拳，他们从自身的角度给我提问题，我用他们的问题完善我们的拳。这样，我们的拳就是"政治拳"，就是"军事拳"等。这个拳你学好了，你就能打仗，这才是武之极则文，体现出咱这武就是道，和万物，和万法。

大成拳法是什么？落实在生活中是什么？是中和之道①，是以中和之道去生活。我们的生活跟拳是一样的，只是两个面而已，一个是拳术生活，

---

① 宋末元初李道纯论曰："释云：不思善，不思恶，怎么时那个是自己本来面目，此禅家之中；儒曰：喜怒哀乐未发谓之中，此儒家之中也；道曰：念头不起处谓之中，此道家之中也。此乃三教所用之中也。易曰：寂然不动中之体，感而遂通中之用也。老子云：致虚极，守静笃，万物并作，吾以观其复。易云：复其见天地之心。"

另一个是生活拳。拳术生活就是用桩的状态，拿拳学的思想来生活，生活当中体现拳学思想。生活拳就是生活之中要以各种形式体现实践拳术的功夫。

拳学是一个大学科，是综合学科。有了方法就不难深入，只要你在社会上生活就行。综合学科不是大杂烩，一条线也能入进去。综合学科不是说你要学了儒释道后才能学拳，也不是说你要学了其他行业才能学，而是你学了大成拳就容易通达其他学科之理，大成拳就是学术之本。

大成拳要怎么入手，这是细节方面。常见的问题是仅仅掌握了微观的一技之长就以为是全部或整体了。如果你掌握了一点微观方面的技巧，但不知道宏观的目标，你就不敢迈出下一步，因为不知道方向，不知道要往哪里去，老是守着这儿，就失去了拳道的真意。

知道达到宏观需要怎么做，这样就明理了。理明了，路就清了，就知道在哪儿用功夫，在哪儿用力。接下来，在哪儿用功夫，怎么用功夫，功夫怎么用，这就是法。这样就有一条很明晰的主线，拳道就能传承下去了。

大成拳之与时俱进

大成拳有一个形成发展过程：一开始叫心意六合拳，① 后来到形意拳、② 大成拳，最后形成了自己的一套拳学体系。跳出规矩的人历来被人们认为不是正统，但是练拳必须跳出规矩。王芗斋是挑战规矩的人，是伟大的。第一位是李洛能，③ 也很伟大，开山立派创出形意拳。他站在一定的高度，善于思考，能力充裕，就使拳术科学化、哲学化、思想化，拳道也更简洁，更适合人们了解，更适合武艺和道义之间的转换。再一个是董海川，④ 他因材施教，带出了一批杰出的人才，他不墨守成规。一个时代有一个时代的杰出人物，时代不同，新时代一定要有新人代替老时代的人物。王芗斋一出来就是另外一个天地，他的传统国学学养、拳学素养，促使他形成了新的东西，不断地扬弃过去的东西，把老前辈的神秘给打破了，把不传之密给打破了。他不断地新生自己，时时充满生机！

我们继承先贤拳学精神的同时，还须不断融入新的血液。古圣贤云：与时偕行，⑤ 旧时代必定被新时代代替。现在这个时代能经历的东西是王芗斋

---

① 心意六合拳，心之发动为意，意之所向为拳。心意拳以丹田功与溜鸡腿等为基本功。其风格凶猛凝练。练时要求内外三合。《六合拳谱》《十大要序》论之较详。

② 形意拳，心意诚于中，肢体形于外。形意拳脱胎于心意拳，自成一体，以三体式与劈拳为基本功夫，以"二十四要"规范形意，注重整劲，民国时是最能代表"国术"的拳学。

③ 李洛能，拳学宗师，形意拳始祖，人称"神拳"。所授弟子郭云深、车毅斋、刘奇兰、宋世荣等后来皆为拳学名师。

④ 董海川，拳学宗师，八卦掌首传始祖。所授弟子尹福、程廷华、梁振甫、刘凤春等皆成拳学宗师。

⑤ 《易经·乾》：终日乾乾，与时偕行；《损》：损益盈虚，与时偕行。因时而动，与道相合。

強國之基

賈庭篤題

没有办法经历的，王芗斋所具备的东西现在人也没有办法具备。现在要用现代的知识做基础去吸纳先贤的思想，就站在了巨人的肩膀上。现代人在身体素质、见地、眼界等方面也有很大的改变，过去的人除了练拳的良师益友可以跟现代人相比，其他没有一点能比得上现代人：没见过真正的拳击，见过的拳击跟现在也没法比；没见过真正的泰拳①；没见过各种运动形式的像运动员那样的强健身体的设备和手段。有些拳家的活动区域仅限于保定到北京，有些拳家仅限于东三省，有些拳家仅限于天津卫，有些拳家仅限于宝鸡到潼关等。现在不同了，美国的职业拳王争霸赛你坐家里就可以看到。过去人读书就是老底子——四书、五经这些东西，现在人有了互联网，信息量充裕，眼界开阔了。

　　人就怕精神没有主线，如果有条主线的话，你老想着拳，老想着拳学，想着做事合道，这样天下所有的知识都会为你所用！你老想拳，你走路摔一下都会想，我这种劲要是打人的话会怎么样；出门的时候门把你挂了一下，你就会想，一回身我这一拳人都能出去。所有的东西都是助缘，所有的东西都能帮助你。别人骂你，你心念一动，马上意识到我要练心，我不能动，要把心压下去，心境要达到这种程度。过去的人整个思路都没有现代人活跃，他不容易跳出规矩。王芗斋为什么厉害呢，就是因为他没有因循守旧。在这个意义上讲，现在人能超越过去的人。

　　现在还有人盲目地崇拜过去。拳学家层次很多，像孙禄堂、尚云祥②、王芗斋等先生都是水平高的，还有很多人也很厉害，但跟前面的几位就有距离了；还有跟他们有距离的，但名气丝毫不小，也很多。所以我们要有自信，长江后浪推前浪，一代新人换旧人。这个时代的拳术，要师古而不泥于古，要与时俱进。

---

　　① 泰拳：即泰国拳术，凶猛实用，是一门充满传奇色彩的格斗技艺，号称五百年来无敌手，惯于运用拳、腿、膝、肘四肢八体八种武器进行攻击，发力流畅顺达，对"心"有较高要求。

　　② 尚云祥，拳学家，20世纪最有价值的形意拳大师。

太极拳真谛

太极拳，① 是以太极阴阳哲学为背景的内家拳。因此，练用太极拳必先体会身内身外的"太极"浑圆之气，然后通过这个方法把身上的"太极"均整之神气运行起来。所以，太极拳宗师拿身上的"太极"来练拳，无论练什么招式，都是太极拳。如何才能获得"太极"？只有通过站桩，从自己的身体上慢慢体会得来。如果身上没有"太极"浑圆之神意，就算完整地打出招式，无论是老架、新架、七十几式、一百多式，都不过是练习套路拳架，称不上真正的太极拳。今人多未洞察太极之理，易陷于招式、派别上的争对错、明正宗，殊不知是舍根本而求枝末，于太极真谛皆不能揳入。

太极拳，练时自身只是一半，这一半是完整的；对应的时候，另一半在身外；合起来，又是完整的。有人练习健身术，把自身太极练完整了，不愿出来，不能出来。如果他想用，就不能只在自身一半上寻求变化。必须出来，也只有出来，点才不丢不顶。这个点不动，再跟你变化就有结果了。这个结果就是我顺人背。如果不是这样，他的发力就只能用动作，一用动作，就是动中求动，多余了。而太极是一搭手，这里不变，我就能发力。你变化，我这里也不动，是静止的，静止和静止移动，你把我引不走，我还能发力打你。太极阴阳变化，虚实相济，一搭手，我这个点就是最虚的地方，并且不停地把你的实引到这里来，我这所有的实就过你最虚的地方，这是太极，所以不是自身在这里阴阳变化。但要知道，太极的虚不是没有，虚是松、通、空，把身体杂质去掉，就像杯子腾空了，杯子自身很结实，才能引

---

① 太极拳是以太极理论为指导，以自身阴阳虚实、松紧变化为主要方法，与身外阴阳相济的拳学。太极拳吸引了大批有文化、有社会地位的人加入习拳行列。

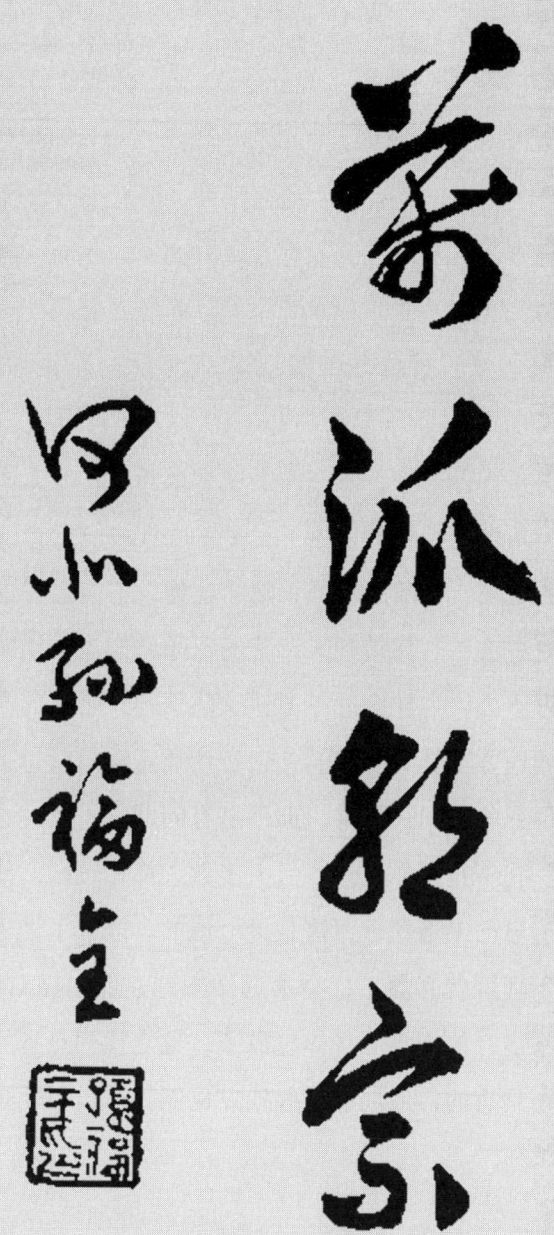

取对方的实往里装，等把你的实都装空了，我的实就反扑到你最虚的地方去，你就挡不住了。

太极拳每一动，周身俱要轻灵，尤须贯穿，气宜鼓荡，神宜内敛，虚实宜分清楚，① 把这几句做到了，就是好的太极拳，必须符合太极理论的拳才叫太极拳。跟《太极拳论》没关系，只是他自己心目中的太极拳，就不是真正的太极拳。要分阴阳、合太极，动之则分，静之则合。你一动就分清虚实，你不动就跟对方合上了，合上了对方就出去了。一动一静互为根用，动就是静，静就是动，互相一变，对方就完了，立马见分晓，这是太极拳，也是大成拳，也是形意拳，这就是中国拳学。《拳论》说"手快手慢皆非似"，② 都不是这个东西。它不是研究你有多大力，有多快，而是身体比较轻，尤须贯穿，虚实宜分得清，研究的是这个东西。一些人研究拳术，在那里测试力度多大、角度变换之类，这不是拳术的根本。它像流水一样，水要流过去，它需要考虑吗？它随高就低，随曲就伸，不需要考虑。不用研究怎么个流法，有缝就进去了。你摸到人，手的感知就知道手往哪儿走。你摁住我，我用劲肯定过不去，为什么过不去？这是顶劲，堵死的方向，除了这堵死的方向，所有的地方都是有缝隙的，它自然顺着缝隙就过去了。招法是固定的，非得迎着堵死的方向往里走，那不是有问题吗？我过去了，让你失去重心，你就完了。我不是跟你较劲，但大多数人都在较劲，他不知道自己是在较劲，他不知道自己未谙此理，这是最可怕的。理解了做不到，他自己心里是清晰的，而不理解就麻烦了，会永远做不到，偶尔做对了也感觉不到。现在很清晰的人不多，他练多了身体也灵了，也能找到点感觉，但不知道是咋回事，这种人还是有的；他局部有些地方也能打开，但他是稀里糊涂办成了这件事。

---

① 见《太极拳经》。
② 《太极拳经歌诀》：其四，忽隐忽现进则长，一羽不加至道藏。手慢手快皆非似，四两拨千运化良。

形意、太极和八卦[①]

形意拳有二十四个要领,[②] 俗称二十四法,能把身体校整了。校整了一般人就认为你厉害,但问题是整了以后你想出灵就不容易了,形意拳容易把人练僵硬。灵气出不来就是凶、狠、猛。有些人还能凶起来,有些人想凶都凶不起来,全身都较着劲呢!僵着劲硬来,怎么能打人?打人就跟狂风暴雨一样,是那种电闪雷鸣般的东西。

要领是规整,不是较劲,就是让全身都有关联,并且是轻松地有关联,不能一想关联就关联死了。这就需要智慧,应该是一边关联一边放松,一边放松一边关联,光追求关联就追求死了。

形意拳的要求很多,容易把人绑住。但是没有要求你入不进去,要求的作用就是让你入进去,入进去以后就要把要求忘了,这时候会出现另外的东西。如果入进去以后还拘于这要求,就不行了,就成障碍了。但大家不自觉地都拿着这要求,忘不了,忘了他就不会动弹了。这要求本身并不重要,重要的是这样要求你就会有一个结果出来,这要求你做了,你就变成另外的东西,这才是真正的要求,最后变成的那个东西才是真正需要的东西。古人保

[①] 八卦掌,据阴阳差级、八卦相荡之理,以走转为形式的一种拳学。有顺项提顶、松肩垂肘、畅胸实腹、立腰溜臀等要领,"以动制静""正斜变化"为用之要诀。其势为:行走如龙,回转若猴,换势似鹰,沉若虎坐。

[②] 形意拳二十四要领:也称形意拳二十四法。三顶:头上顶有冲天之雄,手外顶有推山之功,舌上顶有吼狮吞象之容;三圆:脊背圆则力催身前,胸圆则两肱力全,虎口圆则勇猛外宣;三挺:挺项则精气贯顶,挺腰则力达全身,挺膝则腿坚马稳;三抱:丹田抱气气不外泄,胆量抱身临敌不变,两肘抱肋出入不乱;三扣:肩扣则力气到肘,掌扣则力气到手,手足指扣则周身力厚;三垂:气垂则气降丹田,肩垂则力催肘前,肘垂则两腕撑圆;三曲:两肱宜曲,曲则力富,两股宜曲曲则力凑,两腕宜曲曲则力厚;三毒:心毒如怒狸攫鼠,眼毒如觑兔之饥鹰,手毒如捕羊之饿虎。

守，好东西他知道后就不愿意再说了，就像过去练心意拳的师父教人，他会把演练和心法分开，他能让你感到比画的这东西很厉害，但你学了很多年就是不会用、用不上。

形意拳大师郭云深，[①] 有"半步崩拳打遍天下"的美誉，他的半步崩拳那么厉害，里面就有玄机，但很少有人知道是怎么回事。他打人的时候，有他的哲学思想在支撑他。什么思想呢？第一个是把对方看死了，打一个死的，对方是活的也得把他叫死了再打他，这是以动打静；第二个是把对方看活了，打他的活的，自己以静打动，这是两种思维方法。但是都不绝对，原来你是死的我也是死的，在这一瞬间，如果你不变我就变，如果你变了我就不变，他一定得找个不一样的打，打闪纫针，瞬间就要找到，是感知的。

形意拳和太极拳的区别是入门的区别，就是形和意的区别。形意拳是拿着形，让形松而不懈，不懈还得有形，然后拿意用这个形，形还不能破体，要求松而不懈、紧而不僵，得有这个间架；而且意里面的东西总是活的，那个东西活的程度要把形带走；关节也是活的，哪儿都是活的，这是形意拳。太极拳是用意不用力，它的意很大，形要随意，形不随这个意，意就落空了。形意拳以形为主，意要帮形；太极拳以意为主，形要帮意，帮到最后，形、意要合一，到这儿，两个拳就一样了。但通常都不一样，不一样的原因就是都合不上。

形意和太极的关系很少有人研究，一个是从这条路走，一个是从那条路走，好像是两个不同的东西，实质上是一个从外向内，一个从内向外，最后殊途同归。王芗斋的伟大，就在于他把形意和太极的这个理儿参透了，大成拳修炼就从中开始。

拳学之理都是后来的借鉴前面的，都是一家，如八卦掌就有很多借鉴。

---

① 郭云深先生，拳学大师，神拳李洛能先生最著名的弟子。

王芗斋更是借鉴了形意拳、八卦掌、太极拳、通背拳①、少林拳、鹤拳②等。跟写字一样，有些字帖你是可以临的，有些字帖你根本临不了，形意、太极有规律可循，如字帖可临，大成拳却像临不了的字帖。你看颜真卿③的字，很多人都能临得好，甚至写得更好看，因为它有规律，能找着。有些字帖就没法临，比如褚遂良的《阴符经》④等，不易掌握，感觉他似乎是不会写字，又感觉好得心旷神怡。大成拳也是同理，练拳的功架，你一学就会了，但手是空的，这个你学不会，这要求你身体必须具备这种能力，以后出来的一种东西才对路。

形意拳很高深，心意拳很真切。心意拳简单、直接、明确、清晰，你知道你在做什么。形意拳稍微一高深就不容易理解，它不让你知道你在做什么，出手这一下它就不让你知道是干吗的。李洛能给心意拳赋予了新的意义，心意拳直接就是；形意拳一动就把身形较起来了，它是用势形打对方，这是李洛能悟到这些东西所形成的。一般人思维的惯性还是拿手在用，实际上不是拿手在用，他一出手，就拿这手变身子，用身子合对方，这才是整体，才能体现形意拳的整劲儿。

先要懂得形和意的关系才能练形意拳，它是以形取意、以意象形的拳术。通过站桩，让身体的形先对了，使得身体通畅，让神意活过来，慢慢地做到意在身外。然后，再以意象形，用意念指导身体去解决对手的招式。意在身外，就是精神要出去，出去的时候身形不能构成障碍。为什么要把身松开？就是要它没有障碍，就是这作用。让形没用，这叫意拳。如果讲形意拳，形不碍事，形与意相得益彰，就是形意拳。如果碍事，既不是形意拳，

---

① 普遍强调以猿背取势的通背通臂拳学，拳势要求：身似弓，手似箭，腰似螺丝，脚似钻。有"缩小绵软巧，冷弹脆快硬"等要求。

② 鹤拳，古称鹤法，福建永春白鹤拳祖师方七娘将白鹤闪跳、弹击、凌空振翅、抖羽、鸣叫等技法融入家传拳法形成，其"宗劲"最显特色。后又分为飞、宿、鸣、食、纵等自成体系的传承。

③ 颜真卿的字方严正大、朴拙雄浑、大气磅礴。

④ 褚遂良的字寓笔法遒劲于丰艳流畅、变化多姿之中。

發揚國術

張之江題

也不是意拳。形意拳高深，为什么民国的时候形意拳是国术，① 就是中国人的思维方式在里面有所体现。

八卦掌成拳晚，与形意拳有异曲同工之妙。形意拳入门是静着的整体贯通，八卦掌近似拿着形意拳三体式的腰脊转动，实际上就是行着的整体贯通。不过这么转出来的东西跟站出来的东西是不一样的，他就拿着这个出来新的东西了，就成了八卦掌。

八卦掌讲究在动中保持一种静的感觉，走转的时候脚是动的，但手要静，跟形意、太极之理是一样的。因为它成拳晚，很容易找到这两个拳的感觉。杨露禅②跟董海川是一个时代的，杨露禅之前太极拳已流传几十年甚至上百年了，只不过没这么叫，叫十三式、长拳、软拳或软手等。

八卦掌最不易练，因为它一上手练的就是那个想紧都紧不了的系统，那个想用劲都用不上劲的系统。什么系统？就是用意不用力的系统。它不是练什么步法，不是什么绕着敌人打之类，它是练这套系统，它的心法就是让你通过走转达到身心饱满灵通的状态。我在后边院子里走，就是这样。早年听人说八卦厉害，不知其究竟，因为站桩用了好多年，自己才有这种感觉。

---

① 国术，民国时期对拳术的称谓，形意拳尤显。
② 杨露禅，拳学宗师，杨式太极拳始祖，号称"杨无敌"。

套路[1]

古时人习武没有花法，只在一招一式，十分怪异，这是因为心有恐怖，造出这些招法，[2] 本质上还是源于本能的自我保护。比如在对抗时单手抱头，口里嘶叫，伸着手就往前冲之类。所以早期拳术只是一种单一的拳脚功夫，即使到了清朝，除了走江湖演武之人为了吸引观众编有套路表演，真正练武的人还是招式，各家手法一个动作一个动作地练，然后互相穿插假想对敌地练，没有套路。过去，拳术一直都是一门单一化的身体学问。

到了王芗斋时，他让拳术变得不再单一，拳术领域拓展而丰富起来，拳术境界升华而变得高深，直到成为人生哲学、社会教育、生命之道；文武相资，变成求"道"之事。王芗斋把一切学问归总到生命本源上，自成一系，确定了要领，给明了方向，然后指出在不同时机、不同层面、不同阶段，应用不同的心法。比如为人处事时，"头直、目正、身庄、气静"，"恭、慎、意、切、和"；更深一层的心法，"心不恨不打、打不着不打、打不死不打"，这背后的用心其实是"不能出手"，拳不善做，因为有愤怒、打中、打重，所以出手非死即残，自己要随时守住"中道"。练拳跟做别的事情不一样，做别的事情执着，最多只是事情办不好，但能补救；两人对抗时，你一执着就输了，如碰到坏人，直接就被废了，无可补救。《少林拳术秘诀》就要求对抗时要破生死关。这个其实也容易，方法就是自己抱好肩架上去挨打就行，这一下，执着就破了。不能像现代体育竞技，害怕被打，或者不能

---

[1] 套路：一种由有"攻防"含义的动作组成的、按一定的格式与规律编排的演练形式，相对稳定并呈程式化特征。

[2] 招法，根据经验总结形成或得自传授的、被认为是有用的一些攻防手段。一般来说，凡是打法都是招法。

自控被打的程度。这跟两军交战一样，未战之前，谁都恐惧，待真正开战，心里反而放开了，不执着了。破生死关的心法，就是把自己放虚了给对方打，他打的同时我就打他。在过关时，不打对方，就让他打到自己心无恐惧，关就破了。若遇高手，一下探不到底，两次、三次，看清底后再打他。若遇比自己弱的人，他一伸手就探清底细，这时也不存在生死关问题了。

拳术对抗不是力学，更多的是心理层面的问题，人性上的问题为主导地位，很多技术没有用，特别是练人为的动作，从造作到造作，完全无用，而且障碍了天然本能。练到最后，是能量对抗，不是技术比拼，一点技术都没有，多一点人为的技术就限制了本能，埋下了失败之机。现在很多人还在技术层面上做文章，那是因为对抗还不够激烈，还未打破技术的局限，真正的生死格斗，哪儿有技术？只有本能对抗，就是气脉畅通，吞吐对方，功夫就是唯一的技术！功夫是什么？功夫是心里的东西，中道，平常时候通透畅达，一伸手"唰"就通过去，身体变幻，神气鼓荡，眼神将对方吞过来再放出去。王芗斋保存了形意、八卦、太极等他人不传之法，且勇于将它公开，废弃套路。

少摩拳大师金丽贵①说："套路是散手之外壳，散手才是武术之灵魂。技击奥妙在运用与发挥。运用之妙，存乎一心。技击，出于人体自然之灵感，运用心灵性能之妙法。"

练武之人，要不就求道，要不就得厉害。拳术这个行当，厉害很重要，你身上没真功夫，不厉害，就是套路练得再多、再好看，当真进入这个圈子，马上就没有发言权了。所以要用功夫，多体认，把这个东西认清楚。想练一些东西也没问题，比如说练棍，② 很简单，就弄个土堆，练这个风火轮子，左边五百下，右边五百下，每天就练这么一个动作，一个动作就足够了，你这样天

---

① 金丽贵，又名石生。1907年生于陕西省阌乡县（今潼关）老城，自幼习武，后入河南省国术馆深造，得遇刘公丕显先生，以其独创的少摩拳法、散手技击声振武林。1936年8月应赴德国柏林参加第11届奥运会。

② 棍，兵器之一种。

金丽贵先生

天练,把一个动作练得出神入化,能见棍之性,身性与棍性相合,使棍之性发挥到极致。练过套路的人或许都有这样的体会,你练了几十个套路,有一天一个人随便比画一个动作,你会发现你这几十个套路没有一个动作能练出这样的神气。接着是扎枪,① 你别说每天扎五百枪,就是一百枪,你每天扎,把这一枪扎得神出鬼没,别人练什么枪套能跟你这个比?鞭杆②也一样,就练这个十字八道,这么一横一竖,或者就练一揭一打,左右揭打,练活了。练到什么程度呢?练到不仅是手上的东西了,你看练套路全是手上的东西,你要把意给练出来,那就不是从手上,而是从身上顺出来的东西了。这样你每天左边五百下,右边五百下,就练这个东西,把它练得炉火纯青,随意拿个鞭杆,别人一动,你就把他连人带棍都打掉了。

练一个动作就把它练懂了,要真懂,身上懂,然后别人一练,你看见什么动作,你手上就会了,你就能用了,这才是本质。你要是不懂,就是学上一万个动作,用的时候一个都用不上。你要懂了,就拿着这棍,懂上一个动作,

---

① 枪,中国传统兵器之王。
② 鞭杆,源于山西与甘肃的一种短棍,粗头为"把",细头为"梢"。梢把并用,变化无穷,极其方便实用。

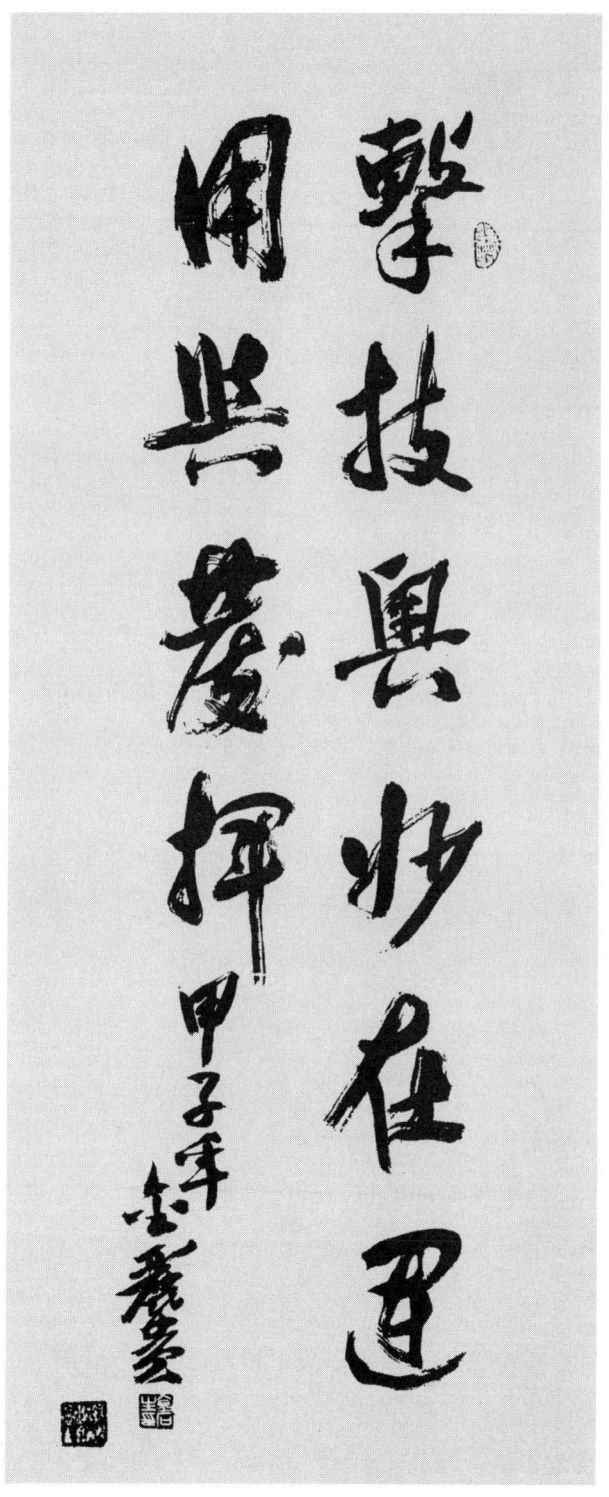

别人会再多的动作，只要他敢用出来，你就会了。这个理很重要，套路上你练一万个动作，练得再熟练，都不是，只要你见过能见性的拳法，就知道套路里边的东西还是惯性的延续，不是从里面涌出来的那种生生不息的东西，它还是用形体，里面没东西。还不如你一个动作研究上一年半载，把它研究透了，就能用。拳学的基本功夫就是一个：桩功，没有别的功夫。当你对拳学的了解和把握越来越深、越来越广的时候，你就会发现，所有的动作都是旁枝末节，都是局部，都不像桩功那样，阴阳相济，完整一气。比如说铁掌、铁腿等，都跟这个事情根本没有关系。

过去的人为什么有功夫？是因为师父教你站桩，你什么也不敢问，就只是站，等功夫站到那个程度了，师父才告诉你搭手应该是什么结果，你就明白了。再比如师父告诉你，手一搭的时候，手臂的阴面要往后抽着，本能地拉着，腿在往前走，你怎么也不会相信，因为你的手、肩、脚都没有关系，怎么能相信呢?!你站桩有功夫就有关系了，这是最重要的。为什么有些人练了很长时间就练一个动作他懂，有些人练了很多动作他不懂？练大成拳不要追求动作，如果追求动作还不如练别的拳，别的拳动作多丰富啊!

一个典型就是山西某些人说郭云深，说他在李洛能死了以后还没有学完十二形，就专门跑到山西找车毅斋，[①] 才把十二形补完了。实际上他在这个时候，半步崩拳已经打遍黄河两岸了，到山西只是访友，而这些人在"形"上说事。王芗斋说只要你桩上有功夫，随便比画都是动作，都是招法；你桩上没功夫，你就是会一万套，没有一个是真正的动作，没有一个是真正的招法。若从精神享受来说，你一定得掌握一个东西，比如一个动作，你真懂了，这就行了，这比空练一趟拳更有价值，更有意义。

有些拳当然也可以练，这没问题。但在练的过程中，你得知道创拳人的想法才能练好。和大家聊的时候，我会把每个拳创拳的想法告诉你，它好的东西在哪儿，局限性在哪儿，是怎样的思想脉络。他在创拳的过程中，有了

[①] 车毅斋，拳学大师，神拳李洛能先生最著名的弟子，后人尊其为车氏形意拳始祖。

这些经验，出了这个思路，就有了这个动作，他练着练着可能还会有别的经验。你看太极拳，它不是一味地任何动作都一个思路，偶尔有些动作你也能发现别的思路。太极拳是这样，八卦掌也是这样。你看过去的老拳师，他对传承下来的东西一点都不改，很可能是他不了解那个东西，所以才墨守成规，教你这腿怎么踢，你必须那样踢，他说我就是这样学的，也必须这样教你。创拳人也吸纳了别人的很多东西，传承下来这个拳，不吸收外边的东西不行。你看现在的太极拳、八卦掌和形意拳，它们的分界线不大，不大的原因是互相吸收了，已经不是原来的纯粹的思路了。太极拳有八卦掌的东西，八卦掌有形意拳的东西，在这些拳里边你可以看到明显有好几个思路。大成拳是把心能虚开，虚开了才能脱形，心就出来了，以精神为主体。精神出来以后就随性了，随性而遇，无我无人。

招　法

专业拳术讲技战术，我们的拳没有这些东西。有一次看拳击比赛，听讲解员说，你看那个拳击手都没有第二套方案，如多准备一套方案他在对方变换打法的时候就能有应对的方法。你可以想一想，对方要是再有变化呢，你怎么办？我们的拳是应物自然，你身上具备应物自然的那个能力，随便对方变化你都能应对。除非对方傻，他才不会变化，待着等你用准备好的方案来打他。你不能拿对方当傻子来定位，对方傻的话你一变化他就没了办法，但对方要比你还能变化呢？拳之道，如水无形，不存在技术怎么样战术怎么样的问题，时时处处都在机上。今天你能赢对方，明天照样能赢他，明天你就是感冒发烧了对方还不行，你还是能赢他，这就不是技术问题。你说狮子一感冒它就赢不了狼了？你说狼一感冒见到羊它就害怕了？老虎跟羊之间就没有敢不敢、行不行的问题，只有做不做、吃不吃的问题。

掌握拳道是无敌的，它是本能拳法，不是招式拳法。同一动作，有意为之是招法，无意为之是本能。火烫你手一下，你手马上一缩，这是本能，如果没有火，你还继续做这个动作，它就变成招法了。你一遇敌，就有对抗，有对抗就有招法，有招法就不是本能了。本能拳法，无我无敌。所以只要有对抗，一对抗就不是本能拳法，而是招法。招法的立意是有我，是有为法。《金刚经》云："一切贤圣，皆以无为法而有差别。"[1]

本能的、自然的东西跟人为的招法的最大区别在哪里？就是人为的东西平常有，关键的时候就没有了；本能的东西平常还不显，关键的时候才出来，一个人的时候不真切，这时候有个人刺激你一下，摸你一下，这个东西

---

[1] 《金刚经》第七品：无得无说分。

就出来了。没有招法才能出这种东西，一有招法这个东西就找不着了。招法在用的时候也找不着了，全身啥都没了，它就顽空了，真空了，空白了。传统拳术有一句行话，"手底下瞎着呢"，就是不清晰、不明白。戚继光说，到厮打时，忘了拿法。① 大成拳没有固定的招法，就是原则、原理。手不空出，意不空回；浑圆之体，一触即发。

对敌的时候你是感知的，是无形地量敌的结果，瞬间就是原则和原理。就跟水一样，瞬间要对，恰到好处地运用，而非招法。招法也可以通过动作找原理，找规律。你一个动作找不到规律，两个动作就接近了；三个动作，哦，你会发现原来身手是这个关系，是找那个关系，理顺那个关系。找的那个东西，就是次序和位置。但要懂得，找到这种原则后就再无须招法了，法如筏，上岸即弃。② 所以太极拳几十上百式，从头到尾他用功的原理是一样的，实际上就是一个，无论形式怎么变，中环原理不变，虚实原理不变，气息不变。形意拳也一样，它有五个劲，踩扑裹舒绝，③ 哪一个都得有这个绝抖、抖劲，你抓人的时候得是这个劲，你扑的时候得是这个劲，你裹的时候得有这个劲，你舒展的时候还得是这个劲，抓也抖，扑也抖，裹也抖。你知道这个了，就知道原则了。抖出去就是身上不能沾东西，对方等于是灰尘，一伸手就要把对方抖出去。没有对方，形意拳就是精神，它无敌，身上不落东西，落了就抖。那要是落实了怎么办？这就需要技术，把它化开了，还得抖。这就要平常修炼时对身体有要求。你躺在这儿这个东西还得抖出去，这是形意拳。有的拳抓人的时候硬抓，形意拳抓人的时候是抓着抖。怎么才能做到呢？就是站桩，只有站桩能做得到。站桩能把身上平常的、普通的次序都打乱了，重新排序，无头无尾啊！哪儿都是头，哪儿都是尾，挨哪儿哪儿有，全身都一样的。

---

① 《纪效新书·纪效或问》。
② 参见《金刚经》第六品正信希有分：以是义故，如来常说："汝等比丘，知我说法，如筏喻者；法尚应舍，何况非法。"
③ 踩扑裹舒绝：踩者踩毒物也，扑者如猫虎之扑食物也，裹者如包裹之不露也，舒者舒展其力也，绝者抖绝也，一绝无所不绝也。

练拳要练贯通之理,不能练习招法。我们所谓"一触即万箭齐发"的招法,实际上是贯通之理所展现的一种妙用。

招法一学就上瘾,一学就把心学小了。为什么过去的人说要学大道,奇技淫巧不能学,里面的那些奥妙、手法更不能学,一学就完了呢?因为有的太精妙了,夺人心魄啊!但是有大智慧的人没有问题,夺不了。站桩是干什么呢?就是培养人的大智慧。技巧不但无大用,还会扰乱人心。过去王芗斋先生站桩,郭云深就不让他看别人练拳,他知道孩子心性不定,一看准跑。王芗斋有一次站桩的时候,把手展开做了一个动作,郭云深看见了,就说你这跟谁学的?王芗斋说我看这很漂亮,我就做一做。郭云深就说阎王爷跟前不学,你跟小鬼学?他一下就明白了,理儿在那摆着呢:别人那么厉害,还过来跟郭云深学,说明郭云深更厉害。这个故事大家都在讲,但很少人知道它的真正含义,都是说个热闹,讲郭云深有多厉害,其实是说小孩子有正见,这很不容易。

以前就爱练一些动作,后来听王选杰老师①一讲桩法的奥妙,我说这些动作都没法练了,因为练这些东西是没有办法入进去的。但不是说这些动作就没有用了,还是有它们的作用的,就是等你站桩站得身上通畅了以后,这里面随便一个动作,就相当于是一条线上的某个点,你的这条线要是通了,这个动作就是定在线上的一个点而已。你线通了,所有线上的点你就都会了。但是反过来,如果你只是这一个点上会了,那这整个线还连不上。就是光在这个动作上会了,其他的还不会。这样练出来的东西还是惯性,因为它有了预期、有了套路,立了一法。拳本无法,拳本身没有预设的东西,没有规定的套路、招法之类,它就跟水一样,哪里有缝,自然地就会流过去。

《大成拳论》讲,"一法不立,无法不容",什么意思呢?就是不立一法,但一举一动都是法,就像水,有比现在地势低的地方它自然而然就流过去了,法也是这样的法,它是这个意思。就像栽拳,你要让这动作完成的话,

---

① 王选杰先生,拳学大师,当代大成拳最有影响力的人物,王芗斋先生拳学的继承者,在儒、释、道等方面都有独到的研究,著有《王芗斋与大成拳》等。

王选杰先生像（1973）

你身上就不能遇到一丝的阻力。拳是这样的，立一法，你就把别的法都给障碍住了，自己通畅的东西就没有了。立一法就是惯性，不立一法就是自性，我们的拳理就是这样。我以前老爱练动作，现在不练了。以前是外面貌似很威猛、很厉害，其实呢，很惭愧。练我们的拳，就是要改变心性，改变成什么样子呢？就是要让自性能流露出来。要做到这样，首先身体上必须先具备自性流露的条件，就是要先把身变了，身变了，心才能变，然后心变了，身心都变了，古人叫变化气质。心要是不变，到时候用的还是招法。同一动作，心一变就是本能，就是无法；心不变就是招法，就是习惯。心要变，变成什么呢？变成你任何时候，在欲接未触、要接还没有触上的时候，你是松的，你随时能出，你随时都是应敌的那种状态。不能是对方一接触，你身上马上就紧了，这么一紧，相当于你那水都结冰了，就不是水了，就失去了水的作用了，它就不能用了。时时刻刻要有这个东西，这是基础，这个基础有了，才谈得上应物自然，谈得上自性流露，才是大成拳！你要是能再升华一下，那就不是水了，成气了，水变成气了，跟气一样了。跟气一样的时候，你就不存在紧张、虚实、恐惧、胜负、输赢等问题了。能这样，就是一气之流行，自性之流露。

功夫之天人合一

普通训练是把肌肉作为力量的主体,力量来源于肌肉的收缩和伸展。我们的训练是肌肉不参与力量的活动,不是形力,是意力。中国古人的训练方法是筋要伸、骨要缩,抻筋拔骨气腾然,修炼龙虎二气,气贯穿于一切东西,古人练的是这个东西。他要伸筋缩骨,是因为筋藏意,意在筋里面;骨藏神,神气内敛。这和练肌肉不同,它属于更内在的东西。这种训练方法跟肌肉的训练相比已经进了一步,但这也仅是入门功夫,是中国拳学基础的一部分。

中国式的功夫是天人合一的功夫。

要做到所谓天人合一,对身心有一定要求。第一步是踝关节要放松,脚和地能接上。有些拳讲舒直,就是脚指头舒展开放那儿。再进一步要主动地接触,就是迈步、落脚,如临深渊,如履薄冰,猫行虎步一般。这些全是讲身体跟地的关系,主要是讲贯通合一。身体未接触地的其他部位要虚下来体认空气阻力,对地而言把实当虚,对空而言以虚为实。

全身的关节、肌腱、骨头、韧带,内在地跟地连起来,作为通道用,它本身不发力。《黄帝内经》讲"独立守神、肌肉若一",[①] 肌指的是肌腱,肉指的是肌肉,就是全身的肉在不工作的时候附着于肌腱,这才能若一。要各是各的,各个肌肉之间没有关系,曲直肌是曲直肌,背阔肌是背阔肌,这连不上。但有个东西能连上,就是间架,间架能连上,间架的支撑,也就是关节能连上,就是骨头能连上,筋能连上。连上还不能用,这个东西只是通道。这个通道有什么用呢?就是跟对方接触以后,用这个通道把对方的力量转嫁给大地或者虚空。你用的是地和空,空就是天,等于你是用天地的力量

---

① 《黄帝内经·素问·上古天真论》。

和对方相抗。把这个做到无意的时候才是大成拳，才是拳学。这里用的心法是一层一层的，儒家的心法、道家的心法、禅宗的心法等都有，到最后就没有这个东西了，一出手就是这个东西，把自己弄得就是这个东西。这个东西成为主体了，才是中国的拳。这个拳没有技术、没有战术，它只是感知，只是感应，良知良能。

第一阶段的心法就是若有若无、若存若亡的那个东西，一会儿有了，一会儿无了，恍恍惚惚的那个东西。它本身不能真切，不能确定。有些人使劲地动心思，一定要确定这个东西是什么，他不知道，一定要确定这个东西的想法就已经错了，因为这个东西不是个可以确定的东西。你非要说它是什么，它应当怎么样，那怎么可以呢？它就没有这个东西。你自己认为有知识，在那儿跟它较劲，肯定是不行的。它就是一种势态，统摄整个事情。有这种状态就是对的，它没有确定一定是怎么样，因为对手是不能确定的。对方随时在变化，但这个东西它处处在机上。这就是体。

要做到这个心法，第一个就是心得安住，把心打开。我们练的所有东西就是拿身法入手把心打开，然后以心印物。心打开了，心领着身体印物，真正做到头头是道，时时刻刻都在机上，时时刻刻都是这件事，时时刻刻占主动，然后时时占先、处处得机。就在机上做这个事情，不是寻求战机。一伸手就在机上，一伸手对方就没了，身上必须要有这个东西。在没有的基础上自己要稳住，等对方变换。就像推手的时候，你现在不能灭对方，等对方一变就能灭了。这个说着是两步，实际上就是一瞬间，对方有那个想变换的意识你就已经捕捉到了，对方的那个意识一出来就结束了。其实思维并不参与这个等待的过程，因为手的感觉已经等完了，也就结束了，拳是这个东西。老先生们原来练八卦的削掌，他说现在人弱，他说我这动作老用不完，我一做准备动作，我一搓这人就两脚离地出去老远了。不像过去这一搓对方就有变化，没搓着，然后借他缩的那个势头去削他那个变化，这才是削掌。我原来还不相信他这话，后来我搓别人也是这样，一搓人就起来了。

浙江國術遊藝大會彙刊

衛生禦侮

蔡元培題

心法做到了，就是功夫。慢慢地，一个人长时间地恪守心法就是功夫占主导了，别的东西进不来了，身上就是功夫。吃饭的时候功夫在，聊天的时候功夫也在，功夫要长期在，一天二十四小时都是这种状态；你一个人的时候是这样，有人的时候也是这样，对敌的时候也是这样。先是理是这样，然后做起来也能做成这样。就是一伸手，意出去了，意跟对方合上了，然后形就帮意的忙，跟对方相较，就是老子所说的"无状之状"。你先意跟对方合上，这个东西才能相较。心神在安详的状态下意才能出来。

　　常规意义上的拳术就是纯技术，就是人和人对抗的功夫和技巧。所谓功夫就是把身体练得强壮有力，再有个技战术，就是技术和战术的运用。一般民间的拳师还没有这个，专业的才有技战术，民间拳师的招法里面也许包含这个技战术，有些人不清晰，有些人还清晰。这是一般意义上比较能说得上是练拳的。再次点儿，练套路的或者练其他的就不能算了。大成拳学功夫不是练到身上，身上不能存这个东西，身上的通道要干净、要空，让外力没有着落，然后这个通道出去的能量让对方无法抗拒，是这种技术。除了这个技术以外，还有个综合的东西，是什么呢？就是身体的智慧是应物自然的智慧，是本能的、有感而应的智慧，是自然力的智慧；不是招法，不是速度快慢；是机，处处得机得势，处处守中用中。它以中国哲学为依据，不是以西方的运动原理为依据，它里边有人文的东西。那么心里边具有什么东西呢？有祥和的东西，有慈悲的东西，也有勇猛的东西，也有本能的东西。还有一个是时间和空间的问题，别人的功夫是找时间差，我们不找这个东西，我们是把自己化没了，把对方也化没了，超越了时间，超越了空间。对方是没有的，我是没有的，那什么有啊？就是神气，神气要有，神气就把时间给降伏了。所有的时间和空间都是我一个人控制，但是我还在无我的状态，大成拳学是这个东西。厉害很容易，拳厉害只是拳术中的一点点，占你的心的一点点；你的心很大的时候，对方厉害不厉害，实际上在你掌控之中。这个时候，拳术的意义就变了，不纯粹是对抗了。别人的功夫是拿练的能量去对抗，表现出来是身体的力量等，我们的功夫具备身体的潜能、心灵的智慧、身体的智慧等，不是单一地跟他对抗。他在很激烈的时候，你可让他停止；他在很平和的时候，不想动的时候，你可以把他激怒。天地同体，山河大地随你而转，对方也是你身体的一部分。你有无数的武器对付他单一身体的能量，这才是真正的功夫。

你让一般练拳的人把身上的功夫化掉，他做不到，他不敢，但一有这个东西就会拿这个东西对抗。一定要松一下，让它没有，到时候虽然说身体是空的，不存东西，但是这时候你身把心都变过来了，你这身体自然就成另外一种身体了，已经不是原来那个身体了，何必还要那种功夫，俗人的功夫？这个拳在练的过程中，师父要时时刻刻对你说，因为身体很奥妙，身体稍微一变，整个格局就变了，要知道什么东西要，什么东西不要，这才能往前走。功夫靠自己练，还得有个明白人给你领着，这个领的人还得真明白，你才能走下去。所以桩不能瞎站，很多人一上手，全站成有形的间架，那就错了。要无形无相，无执着，心一执着，一想要怎么样，马上就不是了。普通人对抗的时候，都想要怎么样，因为两个人都是这样，都反应不过来，就看哪个人更浑浊、更有力、更生猛。你一天六七个小时的桩，他有想法就输了，一有想法，一瞬间就没有了。他一有想法就执着，就有挂碍，一有想法马上就完了，就形破体、力出尖了，神就跑了。桩要站上三年，只有这样，才能把心安住，到时候心也不动，情也不动，这才是我们的功夫，天人合一的功夫。这三年就是为了让你能做到这个东西，没有别的，这种形式才能检验你心中的东西。

功夫之心理

现在很多练太极拳的都不能技击，为什么？就是太极这两字太高深了，他一动就害怕形式错了，练了一辈子都害怕形式错了，他就跳不出这个理。老是在害怕出错的状态下，还怎么打人？为什么有些人还能打大成拳呢，就是他傻、胆大，认为自己厉害，即使练错了也能打，近乎这个概念。所以你想练好拳，要练对了，还要把理冲破了，这就浑圆了，就不浑浊了。但是光胆大还不行，还得用心细的方法打，身上得有东西，你得合道，而且心里要有力量，敢！

过去打比赛的时候，教练说你一定要把一拳将人打倒的感觉记住，一伸手结果是什么你得知道。一般人胆小的原因是什么呢？就是不知道结果。人都惧怕的一个东西就是未知，不知道结果是什么，不知道对方会怎么办，所以他怕。他若知道对方打不疼自己，就敢接这个拳，就能放开了打。但是有些人不清晰，明知道对方伤不了自己，心里还是怕，他克服不了恐惧。这就是没有真正的功夫，光有肉上的功夫，不是心理的功夫。人的所有功夫归纳到最后就是心理的功夫，不会技术都没问题，因为求得心理功夫的过程中身体自然就有功夫了，然后实践一次技术就增进一步，打一次技术就增进一步，突然有一天你发现学的所有技术都隔一层，还不是真正的功夫；隔了再薄的一层都是隔一层，也不是真正的功夫。那什么是技术呢？你把求得心理功夫的过程做对了，还省事，这就是技术，练出心理功夫的这个过程就是技术。

有形的功夫容易，就是变换身心困难。要想脱胎换骨，变换身心，生活中的一举一动就不能把自己当普通人去要求。中国人儒学是根本，你最起码得是个有修养的人，这是最低的要求。别说做君子，成贤成圣，起码要做个有修养的人、心量宽松的人，从容、祥和、安静、不较劲，不要因为别人的一句话就失去控制。在浮躁的时代，这个要求也很难了。

要安住心，很多人这个事情连想都没想过，你现在知道了，就已经跟普通人不一样了。你要是能做到，那就更好了。不要求一天二十四小时都能做到，一段时间能做到就可以。没事的时候做到，你有事的时候要能做到。大成的心法一定是有事的时候要起用，在事上见真章。有些拳平常的时候虎虎生风，有事的时候心慌了，所有的动作都没了。大成拳就是准备在有事的时候保证你的心是空的，这是大成拳。它是良知良能拳法、自然拳法、精神拳法，就是要在遇到敌人、遇到危险的时候出来动作。就像一个人练还没法练，一到对敌的时候，神气马上就扑上来。但你的目的不是打人，你是要精神起来，把对方叫紧，让对方像耗子见了猫一样。这样你还需要什么技术？如果他紧了，他有恐惧了，结果就成定局了。因为他一紧你必然松了，你松了就可以随便打。所以大成拳的根本技术就是变换身心、变化气质，就干这一个事情。

实际上，拳这个东西很好，原因就是它印证得很直接。自己用功夫的时候心不能变，这是一个阶段，但光这样还不够，因为你这个东西还要对敌呢，所以，在对敌的时候你的心还能不变，才算是学到了。自己用功夫和对敌的目的都是练心，不过对敌的时候换了个比较特别的方式而已，这时候形式变了，心还不能变，功夫就是要时时刻刻保持那种状态不变。喝茶的时候、做饭的时候，或吃苦了、享乐了的时候，心都不能落到一个地方，不能让别人给弄走了。

这就要始终看住心，心不丢，形不破体，力不出尖，能这样坚持几年，就容易把心安住。形意拳是"五行好似五道关，无人把守自遮拦"，内外五行相通而用，心安住了，才能做到这个。周围有什么事情还得有觉察力，不能心空了全跑到外边。思路是这样，这就是功夫。

站桩的时候也一样，你站着站着身体就不愿意支持了，站不下去了，这时候就要继续熬。身体到一定的限度，它就不愿意支持了，时时刻刻让它支持，这就是功夫。在任何情况下，让身体愿意帮忙，这就是功夫。

身体愿意帮什么忙呢？就是意出来的时候，身不成为障碍。练的所有功夫，都是为了遇到敌人的时候，身不多事。要是意工作的时候，身一急，它紧张一下，想帮个忙，这就坏了。它不知道这样是帮不了忙的，这是给对手帮忙呢。你不能说，哎哟，我意不行了，身上来帮一下，这一帮就是障碍，就等于用拳脚功夫了。现在练大成拳、意拳的，很多都练成外家功夫了，没办法，因为这个难，它主要是心的转变。这个拳就是变心，心要变。但是，要把心变了挺难的，难在哪儿呢？就是你在特定的状态下，瞬间心就变了，可是一转脸，马上又恢复原状了。从这个角度讲，所谓功夫，就是把心变了，而且让它变不回去，这就是功夫。慢慢地，你自己一个人的时候它变不回去，你跟朋友在一起的时候它变不回去，你在敌人面前它也变不回去，这就算成了。你面临生死的时候，它还变不回去，这就真成了。就像你马上要死了，心还是安然的状态，你把自己的生命都看透了就是变心。心一参与，那就把自己送别人了；心不参与，才能处处得机得势。

有人说，现在什么年代了你还练拳呢，枪一掏你就没了。在一定的时间、距离内，你能让他完不成。这还只是说技术层面，如果说心的层面，那就更复杂了。就像有人用刀偷袭王芗斋，王芗斋身上有灵气啊，快进门的时候就感觉不自在，他是儒雅之人，平常都是推门进屋的，那一天不知道为什么就用脚尖啪地把门一点，门这么一开，唰一声刀就劈了下来。他一把拿住其手腕，把刀取下后，说："你这样拿刀不对啊，我没这样教过你啊！应该是这样砍，这样砍，对方就没法躲了，给，拿着，再来。"对方不敢接刀，转身赶紧跑了。这是心变了，是另外一个层面的东西了，这就是功夫，对方那个功夫遇到这个功夫就没用了。这就是心理的功夫，你就杀不了他，这个就是心理的功夫。佛法修行的很多东西都是心理功夫，就像行般舟，① 那全

---

① 佛教的一种修行法门。

是心理的东西。你说我意志力坚强，我从白天走到后半夜，走得脚后跟一落地就跟刀片拉似的，落都落不下去。这个时候你说我厉害，我啥都不怕，没用！这不是你怕不怕的问题，你的怕不怕解决不了这个问题。我说的这个是我的实践，我这脚后跟就跟刀拉一样，我后来就是一个劲儿地念佛，然后走着走着，顺了。仗着自己的力量去走，那根本不可能，谁也不可能。你是正常人，是血肉之躯，走一下别人拿刀片拉你一下你还能走吗？你说我意志力强，那跟这是两回事儿，你得心无一物。这就是心，六祖大师说的就是"本来无一物"。①

---

① 禅宗六祖慧能：针对神秀"身是菩提树"的"有"而言的。神秀："身是菩提树，心如明镜台，时时勤拂拭，勿使惹尘埃。"慧能："菩提本无树，明镜亦非台，本来无一物，何处惹尘埃。"

功夫之明理

站桩功夫到了一定的程度能听到身体里气血的流动，水涨船高，是整体的综合的提高，不是某一项怎么样了。经常站桩，你有劲了、反应也快、精神也好，都是同步的。不是胆子小了，反应慢了，力量反而大了，不是这样的。大成拳为什么跟别的拳不一样呢？大成拳不是拳脚功夫，它是一种能量，是通过一定的特定的姿势挖掘、培养人的潜能。所有的发力、步法、试力等，都是在实践的过程中找到合理的时空来传递你挖掘、培养的能量，那不是功夫。换句话说，如果不是功夫，在你用的时候即使不会，你的习惯动作也能打人。所以，当你知道这个道理的时候就知道什么重要什么不重要了。站桩是最重要的，站桩就是挖掘开发你的潜能，这是第一个思想。第二个思想是，这种能量出来后干什么用？怎么用？它不是通过动作来用，是通过精神来用。跟拳脚功夫不一样的就是，通过精神传递给敌人的信号就是恐怖，敌人还能感觉到这种恐怖。只要站桩肯定就有功夫，但很多人还是按照动作打，这是不对的。按动作打就把这功夫糟蹋了，要从心里冒出来动作，不能是预设的招法。修炼是一个很漫长的过程，中间不知怎么弄，就又落到实处了。现在你知道方向了，但中间会遇到什么问题还是不知道。所以，教拳很麻烦。因为只给你指方向你肯定走不到，中间遇到了问题要给你搬开。我的师父教人，那是考虑了好久才下决心的，因为他要付出很多心血。

大成拳是靠身心的感觉、知觉，必须修炼才行，大成功夫修炼的是这两个东西。多数的拳是纯理性的东西，你这样进攻我这样格挡等，但现实生活中是这样的吗？肯定不是！他们是想用理性的方法追求一个非理性的目标，那怎么能追求到呢？两个人打架的时候哪里有理性可言呢？

王芗斋很伟大，自古及今没有人把拳术提到现在这个高度，没有人能做到这样。他把拳术发展成了一种人体能量的开发，一种感性的东西，不再是一招一式的理性东西。真正的功夫就是这种东西。

尚云祥有功夫，后学把有功夫作为一个追求的、崇拜的目标对象。功夫的内涵不易被作为目标，尚云祥的功夫很纯正、很大、很好，人们只见其大，实际上，尚云祥的功夫本就是技术，人们要学的是功夫而不是技术。也可以说，拳的功夫和技术是一个东西，人们学的都是半成品。有些半成品可以变成成品，有些则不能，它彻底坏了。就像做茶，做成这个味了，想再变过来不可能了。

有个练形意拳的朋友，北京的，在他心目中形意拳就是那样练，实际上那只是形意拳的一个片段，很短的时间可以那样练，他却把那样练作为终极方法，一直练了下去。他特别有功夫，练也是这样练，打人也是这样打，表演也是这样表演。古人说，"怎么练，怎么用"，他没能搞明白其中的含义。用你所练出的东西，发挥你所练的东西，这才是"怎么练，怎么用"的本来含义，而不是我这样练我就这样用，不是这个意思。形成了怎么练怎么用，就拘泥了。所以，不是看谁功夫大谁功夫小，不看这个东西。功夫大很容易，因为老练这个，心里没有负担，就容易大。你练的是功夫技术，是这个功夫，功夫就是技术。他那功夫不是技术，他那功夫是功夫。你身上有东西了，跟他那一比较就懂了。你这功夫能用。

很多人有功夫，包括王老师有些徒弟也有功夫，但仅限于有功夫而已。他跟会站桩还不一样，桩给你调好，就是一种功夫技术状态的桩，这就没问题了。用的时候实质上是在这个基础上升华一下，形式上不见得是这样。有时候明白太多道理也不好，就是练。练的时候得有人看着，别偏就行。你走到前面了，后面的道理你都懂，但讲再往前的道理就似是而非了，不一定能听懂。听的道理挺好，身上没东西，没多大用。很多东西没法讲，身上有了以后轻轻一按，你马上就明白了。这就像台阶，你上了个台阶，说什么你都明白，你没上这个台阶，就是摆在这你还是不明白。

很多老前辈的徒弟为什么不行？因为学都没学会，没有配上套，师父没有讲清楚，也很难讲清楚。因为很难对上机，很难合上。不要认为理解深了就能学会，最朴素的道理就是练，练的时候就要练对，练对的方法就是别怎么想。要让身体出东西的先决条件就是姿势摆对，学摆对姿势就行。人不知道这个拳的思想，没见过，都是想当然。都知道青龙偃月刀好，没见过关云长挥刀。

学任何拳术，都要明理，找共通的东西。大成拳的肩胯很重要，真正的太极拳、形意拳、八卦掌都是气遍周身，八卦掌一举一动都是肩胯。很多人都能掌握，但不见得明白其中的道理。中国拳术没有失传，就像一锅烩菜，要找白菜，他们不认识白菜，就找不出来。东西都在，失传这句话不是说拳失传了，是人眼瞎了。什么东西都没变，是眼睛变了，眼睛看不见了。再一个是脑子坏了，他不知道那是干吗，脑子坏了还不自知。只说简单的东西，如果认知上先出了问题，体系性的东西更不易。

先贤的伟大在什么地方？是他懂了，真懂，是站在一定的高度的懂，而且还把它提炼升华了。俗人到不了这个高度，所以不能理解他。他认知程度到了，学什么东西都是一样的。他找到了共性的东西，就拿住了。真的东西是一样的，有些人往往让形式给迷惑了，认为不同或者相同，就把真正的感觉、判断和分析掩盖了。有些人简单地认为形意拳是直的，八卦掌是圆的，形意拳打的时候是硬打硬进，八卦掌是走偏，这都是让形式给蒙骗了。正和斜在某种情况下是一瞬间的事情，一瞬间成立的事情，一瞬间变化的事情。我上一瞬间也许是正的，如果变化了瞬间就斜了。这个变化不变化不是由我决定的，是由敌人决定的，所以，我永远不知道是正是斜。有时候斜着上，那是敌人需要我斜着上；有时候上去是正的，因为必须正！学拳不能死，贵在明理。

功夫之技术

什么是拳的技术？猫逮耗子，精神控制的范围之内不需要技术，耗子不能动，动也没用，这时候猫的技术就是精神，它能走过去抓住耗子，没有形上的技术。过去我在海南养的德国牧羊犬，非常有力。有天下午我和朋友去海边遛狗，一阵风刮过来，它突然卧在地上不走了。我们不知道怎么回事，转过弯儿才发现前面有个陪游人照相的病老虎，狗是闻到老虎的味道才吓坏的。你说老虎还需要技术吗？这说明在一定的条件下讲技术才有意义，在一定的条件下精神气质就是技术。

大成拳里也有很多技术，但如果没有桩功，这些技术连一般拳术的技术也无法相比，太差了。你有了桩功后，这些技术就能用了。还有一个问题，就是在实战中你的精神一起来，对方的技术就出不来了，你把他压回去了，把他慑回去了。所以，拳术不是纯理性的东西。慢慢地学会碰到任何问题要把心放下来，静静思考这些问题的本质、核心。有些道理朴素而简单，有些道理深邃而复杂，有些道理你看不清其中的奥妙，需要慢慢地看，不是仅拿眼睛看，需要用心静静地思考。大成拳的桩功就是改变人生的一种无形力量，站桩以后你说的道理常人就达不到了，你用手说出来的道理别人就看不懂了。你推手，有人说这样推不对，太硬了。你可以说，可以柔化啊，柔不是能化硬吗？他说你太硬了，化不了。其实不是硬，是由无数个既是柔的又是刚的，既不是柔的也不是刚的东西组成的，随时能断开才是。

大成拳学要气纳灵源，力合宇宙。不相合的动作决定了你根本不可能做到气吞山河，跟宇宙也合不成一体。这些动作就把你局限了，走这条路你就到不了那个地方。拳是能量，不是技术。拳练得再好，放一条小狗来你都应付不开，狗不会拳，但它亲近你的话你躲不开。但是，如果你什么都不懂，只会站桩，它就咬不了你。

拳就是站桩，试力、摩擦步是化桩的功夫。站桩，若把动作摆对东西就出来了。想练拳就是一个桩，别人练什么你都不能动心。你这样站桩，站了很久都不见得有收获，还得坚持。这很难，但等到有了收获才知道这样做的好处。我的福报就是王老师没有教我其他东西，就教我站桩。

一个桩用功夫站就能站出东西，就跟打井一样，一定要见到水才能谈别的。没有见到水，打得再深都没有用。大成拳有动作，但现在学任何动作都没用，当你有功夫以后，你就知道所有的动作都是给站过桩的人准备的。你有功夫了，别人一按、一摸，你就跟蛇一样蹿出去了，每个动作都跟闪电一样，别人的力量在你手上就落不住，一落就蹿出去。所以，打井一定要见到水，站桩一定要站出灵性，全身虚灵，每次站都有这种感觉，这样才能变化气质。如果站桩跟枯禅一样，那就错了。一定要站出那种：灵机一动鸟难飞，一羽不能加，虫蝇不能落，不着力的东西。

有一次我在香港住常志朗先生家里，有一天把常先生①家的钥匙丢了，他恰恰当晚住长洲。我就自己在公园练拳，试着看能不能练到天亮，等常先生回来再说。练到后半夜，突然感觉身体里面"哗"地"开"了。当时吓了一跳，身体某些部位绞着疼，差点晕倒，过了一会儿就不疼了。脚掌也是，就像锥子在扎，原来这个腿就不通，就看着，一直往上扎，感觉像钢丝把人捆起来一样，渐渐地又恢复正常了。

等常先生回来，我进屋往房子的墙壁上一按，墙上挂的东西差点掉下来，把墙壁都震动了。站桩站到后来我才明白，所有的动作都是桩，试力、摩擦步都是桩，拳就是站桩，站桩就是拳。就一个动作，不管你用哪个动作就一个动作，第二个站桩动作都是多余的。而且只要你站对了，这种功夫的

---

① 常志朗，出生于中医世家，精通医道，王芗斋先生拳学传人、拳学家，被王芗斋先生赐名"匠门"。

劲和其他的劲太不一样了，身体是拧着的。你理解了以后再跟未理解的人讲，他怎么也不相信，因为悬殊太大了。有功夫的人跟没功夫的人，有着同样的肉体，但一个是钢铁，一个是豆腐，豆腐一碰就穿了。站桩站出来的那种劲力、那种感觉，与你体能好、有劲不一样，不是那种东西。

功夫才是真正的技术。形体和动作遇到劲力的变化就落下乘了。劲力让动作变形了、流产了，不是用动作克敌，是用劲力，无论你接触他任何地方，他都会受到克制。普通人用的是动作，动作是一种技术，劲力是另外一种技术。

我拜访过康绍远先生，[1] 他见过王芗斋、马英图[2]、米连科[3]、朱国禄[4]等前辈。我说武术能技击，他说你还谈这些，武术哪能技击呀？武术就不是技击。我说国术馆那些人怎么样，他说比赛的那些人都是练拳击和摔跤的。现在人们还争论武术能否技击，实际上民国时武术就已经不能技击了，但是很多人有功夫，九块砖一打就变成十八块，抓住牛角一掰就断了，但是碰到摔跤的，就被一下打卧下了，摔跤的碰到拳击的，"啪啪"两拳就倒了，这是事实。康绍远人很好，他说大成拳就是龙腾鹤舞，反对想当然的招法，他说得对！

真正的功夫本身就是技术，不是化为动作，这种技术是无形的，不是预设的、不是准备好的，不是传统意义上讲的一招二招、固定的动作。固定的招法，是死的，不能用。我所说的功夫，是应感而发的功夫，不是死功夫，死功夫连招法都不如。所以真正的武术是先把身体练好，把潜能练出来，这就要站桩。我跟康老先生谈这些问题的时候，他很高兴。

所以程式化的技术不能练，很多练拳的人打不过胡打的人，这说明胡打的动作都比程式化管用，为什么还不放弃程式化的技术呢？你功夫比他好，

---

[1] 康绍远，东北师范大学教授，民国时期南京中央国术馆学员。
[2] 马英图，民国时期南京中央国术馆拳术科科长，擅长技击的一代大家。
[3] 米连科，拳学家，剑术大师，青萍剑重要传人。
[4] 朱国禄，拳学家，技击家；其兄国福，其弟国祯、国祥，皆一时之翘楚。

出奇制勝

孫福全題

放弃了程式化的技术，他胡打你也胡打，你肯定赢。很多人都让程式化的技术把自己困住了，连胡打都不会，都忘了。大成拳的老前辈们都有大智慧，胡打对胡打，我有功夫一定能赢，思维要主动不要被动。这就是态度决定一切，态度变了胜败就变了。

中国拳术都是防守反击式的练法，这是儒家文化长期作用形成的东西，别人这样进犯怎么办，那样进犯怎么办，一直没有超越出来。应该是我不允许你进犯我，我占主动把他按住；或者他进犯我，我根本就不防守不反击，让他自生自灭。荀子有一句话很高明，意思是不对抗你，也不顺从你，想办法催化你，让你自生自灭，就是无我，把你引到不合适的境地。

技术不能练，是不能当功夫练，但可以练着玩。形意拳里讲，五行合一处，放胆即成功。常先生也老说这样的话，就是你做这个事情的时候，全身十四处，头、肩、肘、手、胯、膝、足等的关系要非常明确，就是形意拳上的"出洞入洞紧随身，肘不离肋，手不离心"之类的东西。但这些东西又住到形上了，得把它升华一下，让它们发生关联才行，比如打人的时候，肘和肋要有关系，肘和膝要有关系，手和脚要有关系。为什么一开始不能说这些东西？因为在身体没有感觉时很难练，一练就住，一练就会找这些东西，很执着，所以多数人一练就错。它需要很轻松的心态，你说练吧，他没练；说他没练吧，他练了，这样练才对。你不能把它当功夫练，当功夫练的唯一东西就是站桩。功夫之外没有技术，功夫就是站桩，如果说有技术的话，那唯一的技术就是把桩站对。要用功夫没问题，但不是上面的那些东西，功夫就是站桩，那些全是游戏，你在游戏当中就把它贯通了，也只有游戏才能贯通。你一认真，不但贯通不了，反而把主要的也给浪费了。

我们这个拳，只有一个功夫，就是站桩；只有一个技术，就是把桩站对。但这不是说上面那些东西你就不管了，那些东西你也得会，游戏着就会了，就是不能把它当功夫练。王老师过去老说一句话，不能把这当功夫练啊！他就这么随意一说，所以很少有人能听得懂，因为这话太简单了，太随意了。就是你说没有吧，你一摸真有；你说有吧，你根本就不能让对方看见你有。

大成拳是入道的拳法，它直接就能让你的生命发生变化。不说三年五年，就是三个月就能让你有所改变，过去的人讲拳无百日功，绝非虚言！你真练，就是那个东西，变换气质，三个月就能让你变过来。我原来有个口头语，哪个人跟我学了十天，哪个人跟我学了一星期。有人就问，跟你学了十天、一星期又怎么样？后来他发现，学一次就有一次的变化！因为手把手地教，看着陪着练着教，它直接就能入进去！只要有基本功就能做到，但是没有基本功就教，那不成。所以平常没事儿的时候自己就得练基本功，就得站桩，不停地站，机缘到了一说就是。基本功没做到，没有那个东西，没法说，还是得站。有些人你就不用跟他说，他自己身上站开了，站得身上不较力了，手能空起来、飘起来而不是拿起来，或是能托起来的时候，你在前面比画，他一看就会了。王选杰老师小时候跟老王先生学拳，在中山公园，因为他下大功夫啊，老王先生在那儿教，别人都学不会。他在旁边看着就会了，会了他就跟人在那儿讲。老王先生一看他真懂了，就说以后你会了在旁边站着不许说话啊！老先生转身刚一走他就说，你看老先生转身都有功夫，老先生回身说以后你别跟着我啊！说完老先生手一背就转过身去了，他忍不住又说，你看老先生这样一背手，随时都能发放。老先生的一举一动能让王老师学到真东西，他是一看就懂。所以一定要站桩，大成拳只有一个功夫，就是站桩；只有一个技术，就是把桩站对。

习拳心要

练大成拳不能按练套路那样理解。按照传统的观念，打开手臂用身体迎敌是不对的，手臂抱着（或用种种姿势）迎敌是对的。这种观念是错误的。实际上，只要合适就是对的，羊用脑袋顶人是对的，因为它合适。但现在的传授都是这样的，假的变成主流了。

有人没练过拳，我给他讲的是另外的东西，比如道，他越听越好，越听越大，越听越深，越听越广，越听越通。练过拳的人非要落到实处不可，他要技术，但追求到所谓技术就完了，就放弃了主体的东西。等主体有了后，反过头来把它再化成技术。像书法家写字，局限在技术上也是不对的，一定要把书法背后的东西培养大，这时候涌到笔端，写出来的字就是另外一个境界了。但跟练拳的人讲这些，他们接受不了，你跟他讲技术，他学会了，就感觉很美妙。实际上这些转个圈、搭个手都是小技，练拳要追求的是大道。

由简入繁，心印相传。由方便到究竟，这是一个修炼的过程。你练这个东西就重要，练对了就重要，这样就把通道打开了，你进去了，越进越远，回过头来看，这个东西用不着了。是用不着了，但你不用这个东西就没有后来的那些东西，这是方便之法，入门之法。

就像意在前面领着，力在后面跟着，意和力是相印的。一个书法家说他写字耗神，养不住神，就是意和力双重了，他的心老提着。心要放，提的意和沉的力都合到心上。这时候再用笔，就是不提不沉，提、沉、顶都没有了，不提不沉的时候心才是松的。心在哪里呢？心在笔上，心笔合一。找提和沉的临界点，要柔一下，越柔越与心相印。心用劲了，永远达不到意力相印，就如练拳的落在拳脚的功夫上一样。练拳要用心，但不能循规蹈矩，这是一个原则。练拳追求的是道，不是规矩。像含胸、提顶、掖胯这些要领，都是练拳过程中的手段，不能老想这些东西，你把这些当成主要的，这拳就没法练了。身上有功夫了，这些东西随时都是。

要练出活的动静劲，你扶着对方不动，这两个劲都有。整体要分虚实，一分虚实就把对方的平衡破坏了，让对方成为一个整体，在两个人较劲的时候，你分了虚实，对方就没有了。他不跟你较劲就没有办法了（当然你也可以把对方叫紧后，再分虚实）。他懂了你就打乱他的懂，就像在平缓的水里游泳你懂了，我就打乱这个平缓，起了浪了。你不是会游泳嘛，你穿过一个浪，我就再来一个浪。所以，练大成拳不能死板，心里有这个东西也不能认真，从一开始就是这样。大家心里对它都有敬畏的感觉，都很认真，一认真它跟你就有距离了，就深入不进去了。所以，要心里有它，还要以平常心对待它，这样就没有距离了，没有距离就能融进去了。

过去王老师说：这拳不能教师兄弟，不能教朋友。意义很深远，就是这些人你不能要求。因为他们心里有疑惑，没办法要求。只要他们有功夫，有一丝一毫的顾虑，功夫就上不去，因为站桩的能量太大了。就像有人说心里总有顾虑，怕把膝关节站坏了，这话不是不信我，是你们自己内心深处总有东西，这个东西是抹不掉的。说简单点，是我没有把拳神秘化，如果神秘化就能打掉你们心里原来的东西，才能生出恭敬心。

过去练拳教你什么就是什么，一丝一毫不能懈怠，这样才能练下去。王芗斋说：练拳的第一个字是"恭"啊，要敬。敬若在，敬师若师在，敬神若神在。一个人的时候，跟师父在眼前一样，战战兢兢的，才能练这个拳，才能厉害。越练越战战兢兢，拳才练对了。见到敌人是虎，见到自己人是猫，用的时候是平常心。

站桩不能老动，难受要冲过去。纸上得来的东西浅，得自己有了东西再来谈。有功夫了人就安泰，安泰就无形，外面来什么就应什么。不是应，是吞。你能站两个小时了，再谈这个事情就跟你有关系了，才能真正谈懂。当你能站两个小时的时候，别人说是在说你呢。你懂不懂都没关系，你是样品啊。他说茶杯，你就是茶杯。

桩就是全部。只要你练，一点点时间都不会耽误。打个比方，圆的里面就是武道，每个桩就是圆上的点，每个点都是门，你站在这个点上，我就给你开这个门；你站在那个点上，我就给你开那个门，每个人的点是不一样的。你的目的不是从哪个门进去，是要能进去。进去以后你觉得走路的姿势不好看，换个步法也可以，你换什么就是什么了。

站的时候，全身要无一处着力，是通透的，心里是干净的，心里放开。大成拳不是技术。

一丝一毫的狐疑都不能有，否则无法坚持。在你要练的东西没有出来之前，所有的方法都不是方法，都是别人给你的。当东西出来后，一举一动才是方法。东西出来后，才能有感即应。

不能把这拳当技术练，这是最重要的，这样才会有功夫。

习拳实践

练拳就要实践，一群人一边实践，一边练习，就地解决问题。拳里面奥妙无穷，大家在一起练，一边练一边学，进步就会很快。为什么呢？你这个动作不会，我现在这样一说，你就明白了。以后碰到类似的动作，你就会了，这样有三五个动作你就能贯通了。

有一次有人送我去机场，我还给他比画了后手用力，前手打人，他当时只是感觉好，就是学不会。这必须站桩，你要在海里面游泳，你得变成鱼。所以练拳要变身体，身体没变怎么都不会明白，硬学肯定学不会。《拳论》上说，前手打人，后手用力。阳打人，阴用力。精神用力，精神在后面。太极拳的云手也是这样，云手时前手是空的，不用力，走后手就可以了。走前手就是用力了，应该是后手催着身体打人，催着中做云手就对了。练任何动作，你拿着中练就全会了，就对了。你前手把他看死了，身上还是活的，还能继续用力，后力是源源不断的。所以必须好好站桩，把中站出来。云手不是云手，是云中，走中了，这样练云手就截然不同了，有所遵循了。拳里有句话，叫"身动起象外，法在无念中"。① 什么意思呢？这是无我的一种状态，无形无意，就是你的这个动作和你的手没有关系，它早已经和对方接触上了，而且是自然而然就这样了，不能有意做成这样，这才叫无念。到这个程度也不难，练练就都会了，一实践就能出来。拳法就是实践，就得实践。

实践有两个原则要记住，第一个不能要脸面、不能要面子；第二个最关键，就是不能有胜负心，切磋以法理为根本，要做对。现阶段不让大家实践，就因为都有胜负心，你一有胜负心，练出来的东西就会助长你原来的习

---

① 内外通明，自性流露。

气，它就不是法理了。要让大家实践的时候做到没有胜负心，就必须得狠要求，不停地看着，然后慢慢地把大家的胜负心给降伏了，再继续往下走。恐惧了，又有胜负心了，又考虑面子了，这就实践不出来了，因为人为的东西出来了，不是拳的东西出来了。你一有恐惧，身上必然就紧，要避免就得做到一不"怕死"，二不"要脸"。不怕死不是要你打人时不怕死，是你自己挨打不怕死。

拳练得厉害不厉害，其实在拳学里面的作用最小，你生活里面和心里面发生的很大变化才有更大作用。大家现在就是缺乏实践，实践一次就长进一次，一实践，拳上很快就厉害了。因为经常站桩，你身上就具备这东西，就是你有了水了，这时候水满了要往外流，你的流方向不对，一实践，知道哪儿有问题，改一下不就对了？实践就是要解决水流的路径问题，你从这个地方流到那个地方，在这个过程中出现什么问题就解决什么问题。一有阻力就马上解决这个阻力，哪里出问题就解决哪里，一直到没有问题。

这个水还没有目的性，不是说我一定要去哪儿，只要能流出去，就可以了。流出去的方向是四面八方的，对方帮你链接，你如果不去走，还非得按照自己的想法走，那不是多余辛苦？一上来，他要往这边走，就把他搁到这边，要往那边就把他搁到那边，如果他站在中间挡道，你把他推开。方向是根据对方的趋势而定，对方没有趋势你可以把他的趋势给引诱出来，出来以后再借他的势。现在还做不到这样，是因为没有实践，一实践就有了，就能做到了。一个人练时是正常的，这些东西身上都有；一有人的时候，一个人变成两个人的时候，就都没有了，还是自己一个人在那儿思考，这个时候就应该不在自己身上了，才是对的。不在自己身上了，才没有恐惧，才没有胜负心。这时候是在对方身上呢，对方要往那边跑，你就助他一臂之力，帮着他往那边倒地，就是两个人搭手的一瞬间就没有自己了，没有自己了就能做到这样。你现在主要是不敢，不敢的原因是有自己，有自己了就不敢。不敢没有自己是因为没经历过，是在心里给自己设置障碍，被眼前的这种东西给迷惑了。

练拳要有乐趣、有意境才行。由常规到非常规，由慢到快，由用力到不用力，由熟悉的人到不熟悉的人，无论是技术、心理、感觉都有一个不断适应的过程，多实践就能用上。比方说对方换个人，就不能用了。别人慢慢摸着，你能化解，他快着打你就化解不了，是不是？他要不讲规则，你怎么办？你就化解不了。所以要多实践，实践多了，这些就都不是问题了。

身　手

任何时候，身体和手的关系都要清楚，包括腿也是一样。身体是主，身体和手不能固定地连成一个，任何时候关节都是活的，任何时候别人想控制你的手臂和腿，都控制不了你的身体。对方控制不到身体的时候你才能随时发动身体，发动身体再把手臂或腿带过去。拿身体用四肢，才不叫拳脚功夫；如果不是身体用四肢，就是拳脚功夫。中国人讲中庸、中和，未发之谓中，发了就是和。拿什么和呢？拿中跟对方和。对方太远，你够不着，中就通过四肢这个环节过去，这个环节是用，不是拿这个环节和。拿中和就没有障碍，用中你就掌握了原则，因为它回不来，它里面能炸开。大成拳讲"炸力无断续",① 中出来的力量才能炸开。如果不用中，只用四肢的力量就不是这个东西了。

说一个人身手不错，这里的身、手实际上是两个东西，这是对抗中很重要的原则。在对抗中身和手要呼应着对敌，用自己的身体跟对方产生关系，张开手让对方进来，现在没有人敢这样做。其实仔细想想，在平常状态下别人都打不动你的身体；在对抗的情况下，你都是疯狂的，别人怎么能打得动你？

拳头出去不是手在运动，是身体在催着它往外走。有些人可能是理解层面的问题，思维有点固化了。手领着打，身体跟也对，身体催手打出去也对，但必须跟你后面支撑的体系贯通才对，你是这样练的那样用的就不对了。就像早年散打运动刚开展时，一个练八卦的对抗练拳击的，人家拿个拳击架，你挨打后也抱个拳击架，那就不对了，因为支撑他的那个东西与他的

---

① 《拳论》：一触即爆发，炸力无断续，应感而发也。

形式不匹配。

接手、打人,不能用手解决问题,手一定要闲着,用整个身体解决问题。身体接手有很多方法,但要点是自己的中不能丢,用自己的中吃住对方的手,有时候手就是身。形意拳说"打人如接吻",郭云深打人是把对方叫起来,让对方失根,直接就打进对方身体里了。

对方手来了,就把手交给自己的身体,手就闲了。用身体把手代替了,不仅仅是比你多一个手的问题,是多了全部了。用身体的中、神夺对方的中、神,不能习惯于一搭手就压住对方的手臂,如果老习惯不改,一搭手就压,就是挨打的架势。松,身上松,把肩断开,身体全是闲的,用心贴对方的心。大家都习惯用功夫,遇见功夫大的更要放掉功夫,是空的。练拳不能有王者之气,以前我这样讲过,这不够。练拳要有灵劲,心意拳拳谱讲"灵劲上身天地翻"①!

灵劲上身了,对方速度快慢、力量大小跟你就没关系了,他怎么着都是挨打。不管对方择开还是不择开,都是你打他。

站桩的时候,手越松越好,身体越大越好。王芗斋拳论中"与天比高",就是这个意思。手没了,突出身体,有好一段时间我也困惑。王老师说,站桩力量难站到手上;常先生跟我说:手要比身子重,谈的都是这个东西。但我怎么也练不出灵劲,我就想老先生讲的是真的还是假的?后来我把手放弃了,按照《拳论》来练,把身体放大了,终于有一天手空了。手空了以后,身体也大了,手也能比身子重了。

我的手在有段时间内相当重,但是,"重"有很多问题解决不了,只能解决单一的问题。后来我慢慢练得手空了以后,能解决几乎所有的问题。

不要手,就拿自己的中和对方发生关系,身体都是松的。这个手和接触的点是干吗的呢?就是把对方交到自己的中枢。《拳论》有"得其环中,以

---

① 心意拳诀:练拳容易得意难,灵劲上身天地翻,六合相聚人难躲,遇敌好似弓断弦。

应无穷"。① 中就是中枢，用环把对方交到中枢。中枢就是把他的劲分化了。你用劲，用大劲，我现在是直着（上下）把他的劲放大了、分化了；简单一点的是我横着分化他的劲，但身体的中不变。这是推手的原理，只要他用劲，我就用这一点把他的全身控制住。只要控制住，我所有的地方都开了，所有地方都闲着，他全身所有的地方都是闭合的。这就是身手转换，推手就是身手转换。把对方的手交给身体，用身推对方的身，用自己的心贴对方的心。

怎么才能做到呢？神意是活的，手不要了就能做到，一要手就做不到。由无手到无我。

我就是虚的，用神笼罩着你，身体是松的，让你搭着虚的东西，就把你定住了。你的劲、意都为我所用，等于你在帮我打你啊。

一搭手我（的手）不控制他，我的神意控制住他，对方反而被我控制住了。如果做快了，这一瞬间就是打人了，不管对方有力没力，他始终都在挨打的位置上。这时候我是形未到，意已到。用意慑对方，用意拿住对方。我的意已经很远了，他只不过在这条延长线上，我已经开始在做这件事。为什么他不行了呢？他还不知道我已经从开始接触的时候，无形的意已经在他身上了，已经控制住他了。意拳，就是用神意做拳。

神是灵动的，充满灵性的，不是那种霸道的东西，霸道就有弱点，太强就有弱点。还有一个重要的地方要注意，这个做对了以后，打人不狠，为什么不狠？它是意拳，你没有用神意。这个做对了后，你还要看着墙外面，你面前就没有人，只有他后面的墙，你往墙那里打呢，这样打，就重了。

练拳的时候没有自己，打人的时候没有敌人。打人的时候意追远，不打面前的敌人，我打的是他后面远处的墙，意要远。

---

① 《庄子·齐物论》："彼是莫得其偶，谓之道枢。枢始得其环中，以应无穷。"司空图《二十四诗品》："超以象外，得其环中。"参见王芗斋《意拳正轨》之"意拳正轨"、《拳学新篇》运力篇。

推手也一样，要在头顶和两脚之间找中，你随便按我的身体，就找这个中，要有这个中，要把这个中练成自然的，身上到处都是轴，直到身上到处都是空。要用意，要灵活，不要手。是双向的，我可以跑，同时我也可以不跑。你按着我，你的快慢始终跟我没关系。你快了我就快，你慢了我就慢。《太极拳论》："动急则急应，动缓则缓随。虽变化万端，而理唯一贯。"让你跟我没关系，我始终让你在一个相对静止的状态。断手，就是要断开你跟我的关系，断不开就用我的身体贴你的身体。胯是中枢，胯是把对方断开又跟自己和到一起。比如你（要打我或者）把我抱死了，我哪里都动不了，我腰一松，就能用胯打进去。胯很重要！老先生们说"腰逼胯"，腰松了，胯才能走过去。

要注意两点，第一是松紧，松紧是一体的，是一对。形要松，意要紧。王老师经常说，精神要真。打人跟杀人是一样的，但这种状态下手是松的。不能反了，心、手都是紧的，这不行。第二是心要勇，手要松。这点很重要！这是门槛，过了这个槛就入进去了；过不去就没入进去。意要真！

这些在日常生活中也要做到。有这个意思，不是说要做到有杀人的心，是这些意要充实，要常存。健舞必须在很空旷的房间里，把人要想真了、想活了地练，如履薄冰、如临深渊地练，这是健舞。用的时候没有手，就是精神，精神很大，只有自己，没有敌人。房子里面所有的人我就当成一个，我是一个。我的意笼罩着整个房子，这些人是一个并且都在我意笼罩的范围之内。这样才能目中无人，才能用开了。

身体和手臂不能成为一个东西，如果肩紧了，手臂就和身体成一个东西了，就死了，要敢于没有手臂。如果不让对方进来，肩膀就紧，接触点就和自己的身体连起来了，对方推你手臂就等于推你身体了。把肩膀松开，不要手臂，这样就安全了。

要的是自己的中，不要手臂。这样搭手后，我有无数个方向可以动。任何位置、任何方向都可以让对方不舒服，我是万向的，对方跑到哪儿都不舒服。对方想让我不舒服的同时,他就出去了,任何部位我都能脱开。因为我是空的,是活的,跟水一样流动着,随对方,给他增加负担,一有缝隙就进去。

身体要松下来,到最后这意也没有了,意拳就是不用意的拳。现在又进了一步,刚才还说要用意,到最后就不用意了。无形无意是真意,这才是意拳。第一步是出意,第二步是练意,第三步是无意。只有没有才会有,手不能占着,用时能出来。搭手后,对方一用劲,你就要找这个缝,他往前推,你就吞着、吸着、含着他,把他就定位了,用你的中拿住他,你想把对方拉到哪儿就拉到哪儿。要先把神拿起来,不拿手,就是眼睛看着他,用心贴他的心。身上放松,不用力,不用力就有可能立于不败之地。用力身上就僵、紧,就没有变化的余地,容易和对方较劲。只有不用力,身上空,才能容万物。

身手要分开,身是身,手是手。身子是自己的,手是对方的。

生　机

有句话是"为有源头活水来",① 我现在老说生机,生机就是源头活水。源头,就是生生不已,它时时刻刻在生的状态,生才能活,活才能生,老百姓常说的生活、生活,就是这个意思,真是大道至简!源头活水才是机,才是生机。不是说源头上它才这样,它时时处处是这样,时时处处是源头活水,时时处处是生机,时时处处得机得势。换句话说,既然时时处处是源头了,就时时处处得中,时时处处是中。我们一直说中道,其实中道很简单,就是源头活水,就是生机。

人要处处有生机,不能死。很多人是翻来覆去地在自己的世界里折腾,跳不出来。跳出来以后,充满生机的时候,就是自性圆满,一片光明。它没有死,也没有活,没有这些东西。

生机这个东西,不能想,不能琢磨,不能套,套还是自己的惯性。有些人是顽固地要把所有的东西对到他的缝里,有些人则要把所有的东西都落到实处。它没有实处,也不能落到实处,落到实处就住了。凡所有相,皆是虚妄,没有死,也没有活,就是你活着,就是生机。它跟生死没有关系,跟输赢也没有关系,对方赢了,满足这一下,一住,他已经输了;你输了以后,还是充满生机,觉得太好了,自己又学到一些东西,这你已经赢了,因为在赢的状态了,这就是生机。

你洗碗可以,你扫地也可以,但你不能拿心对应这个东西,说,唉,我在洗碗,我在扫地,一有这个,已经在作秀了,已经在做假了,已经没有功德了,已经什么都不是了。它没有对待,没有分别,就是拿生机做这个事

---

① 朱熹《观书有感》:问渠那得清如许,为有源头活水来。

情，而且做这个事情的时候，不住在这个事情上。做这个事情是因为我赶到这儿了，但我的生机是不断的，做这个事情只是个形式，我干别的事也是这样的，不是你们都没洗碗，我在这儿洗碗，我是这样的；你们都没种地，我在这儿种地，我是这样的，不是。所有的相，都是假象，只有生机、觉悟的自性才是真的，你通过洗碗开悟，你通过扫地开悟，你通过种地让自性流露，这些全都是不住的，全部都是相，唯有生机是真意。

功夫用在未发生的时间里，就是拿未发生时间里的任何事情修炼这个生机。怎么修炼？就是所有的形式都不住，遇到什么都随缘，并且随缘的时候自己的心是不变的，就拿着这个不变的心随缘。这个充满生机的心、自性流露的心始终是不变的。

"凡所有相，皆是虚妄。若见诸相非相，即见如来。"[①] 不住于相，自性就显现了。不能落到思维上、矫情上，又是这个，又是那个的，你自己都理不清楚，还跟别人讲，谁能听下去？很简单，就是六根六尘，但知不生分别，但做不留痕迹就可以了，就这么简单。不能复杂，一复杂心就跑了，就干别的事情去了；一复杂就等于这事情本身已经不存在了，已经被换掉了。说这个事情都已经不是这个事情了，因为现在我们是说这个事情，都不是在做这个事情了。慢慢来，要从容，从容更明晰，任何事不能早早地下结论。要以平常心对待任何事。

就是两个字：从容。拿这两个字印心，就是在任何事情未发生的时间里，这两个字都要起作用。你跟人说话，马上想到两个字：从容；一碰到事情，马上想到两个字：从容；一处理事情，马上想到两个字：从容。你老想这个事情，就把这个事情给自然化了。这里面有个尺度、时间的问题，你说那我这一辈子就这么辛苦，老想这个事情？不是这个样子，它有个临界。当这个东西把你原来的习惯挤出去的时候，这个就成了自然而然了，不用想，自然就是这样了。自然就是从容处处妙吉祥，并且这个从容是自然的，不需

---

① 《金刚经》第五品：如理实见分。

要想了。你现在是自然的东西被你的惯性挤走了，当然不光是你，大多数人，都把不自然的东西当自然了。人们常说顺其自然、顺其自然，其实都在顺那个不自然。自然是什么东西？自然就是真理啊！最真实的东西有个名字，就是自然。都在那里说顺其自然，其实你那个顺其自然就是放逸，是不负责任。老百姓的顺其自然就是不负责任，因为他都不知道自然是什么，谈什么顺其自然？你有惯性的时候，按照自己的惯性，按照自己的执着，颠倒梦想，在那里顺其自然。你顺的是个假的，是个惯性，根本就不是自然，自然早被你挤出去了。现在你需要的是把自然拉回来，让这个东西出去，这样你才能顺其自然，到时候一顺就对，一顺就自然。

必须要全身松透，松透了，自身就是个通道，用的时候不是用自己的力量。所以你练就练把自己放空，让自己变成通道，才能成就这个事情。推手所谓点紧身松，只是在这个过程当中对方感觉到的跟你接触的点上是紧的，不是要你追求这个。你松透了以后，跟对方一搭手，比如说咱俩一搭手，我全身都是松的，你感觉这个接触点怎么这么紧，怎么这么别扭，这只是你自己的反应，我身上任何地方都是松的。周身无一处着力，头往上领也是意领着，虚灵顶劲，是意领。周身无一处着力，你自身的通道才能打开。

有人说要观察心的状态啊，你烦恼来了应该怎么样怎么样，时时刻刻应该怎么样怎么样，要观照啊之类。他就没有一个发自内心的、生机无限的、很壮的东西。你站桩，站着站着，这个东西出来了，无限生机的状态出来了，这个状态就是主体了，其他的东西都是杂染，都在这个主体的外边呢。这样你就知道，很多人讲这个东西，都是站在门外说话，他里面没有。你有了无限生机的状态，外边的东西来了，你就得站在无限生机的状态、无杂染的状态、安乐的状态上，再说那些东西。你得站在觉者的位置上说这些东西，不是老在外边说；在外边，你说一千道八万，说到自己快死了，它都不是。他老在门外，就是进不到里面，里面没有，怎么进得去？心的智慧，就是你有这个生机的状态，让杂染的东西进不来。身体的智慧，就是你有这个生机状态，让外力进不来。身心的智慧是在这里体现出来，这是主位的不同，它本自具足，不假外求。

　　就是本得有，本立而道生。站桩是干什么？实际上就是练这个本，让生机的状态出来。这时候，身体的感知力有了，心有力量了，这才是站桩。站桩身体的智慧一出来，外力不来，它力量出去，无可阻挡；外力来了，来的所有东西它都给你化掉，要不就吸纳，来多少吞多少，要不就跟一堵墙一样，你根本进不来。身心的智慧，就是源头活水，无限生机。我们的拳，练的就是这个生机，源头活水。

中 道

拳要练的是中道。中是什么东西？它看不见、摸不着，很多人也说不清楚，我这里给大家说出来。所谓中，就是通达无碍的一种状态，就是处处得机得势的状态。这机就是中，通达无碍的状态就是中。中出来以后，人的身体是安乐、舒服的状态。所谓用，就是拿这个状态起用。怎么起用？中和之道，要跟外境和。要想和，首先这个中你得树起来，时时刻刻用这个中，用身体这个中。你用自己，让中出来就是用；你用外在，拿中出去和就是用。在所谓体上把中先求出来，是把它拿出来，直接就是这个，这就能起用了。现在你可以明白，站桩的时候，所有的要领、所有的要求，就是因为你这个身体障碍了中。所以，你气浮了，要你把气松一下；你神弱了，要你把神提一下，都是为了让这个中明确化、清晰化。还有具体的好多种方便、方法，它是一种感觉，比如老前辈们说"在空气当中游泳"，实际上是让你揣摩、体认一下这个东西，感觉一下这个中到底跟外面是怎么接触的。你在空气当中，动起来会跟空气产生摩擦力，这时候感觉空气有阻力。有阻力的时候，你手动这里，你肩还不能死，胯还不能死，腿还不能死，哪个关节都得是灵活的，全身的关节是那种忽悠忽悠的弹性状态，就像太极拳里的一句话，行气犹如九曲珠，[①] 像一根线穿着的一串珠子，每个珠子都是活的，但是整体不散，节节贯穿。这珠子还是有形的，再无形一下，就变成跟水一样；再无形一下，就变成跟气一样，跟气一样它散发着走，然后外边的东西变成实的了，你自身给虚化了，就是这样，就是这种状态。时时刻刻这样练，身体有这种感觉了，才能推手，要不一

[①] 《十三势歌行功要解》：行气如九曲珠，无微不到，所谓气遍周身不稍滞也。发劲须沉着松静，专注一方，所谓静中触动动犹静也。

王芗斋先生养气桩

推手就较劲,这是必然的。一较劲,就不是中道了。

学习中国文化其乐无穷,可以互相交叉、互相借鉴、互相影响。通过站桩,你的身体松通浑整,才能以心印物。如果身体没有智慧,学什么都不过是知识的积累。要合大道,道是一个,万法归中,中就是道,中道。

《道德经》说,道生一,一生二,二生三,三生万物。三是什么?三就是一。三这个一跟一生二、二生三那个一相比,又升华了。它不是重叠,是相似、相续出来的。它不是,但离了它又不行。

禅、拳不二,不是禅、拳合一,是不二状态。孔子说,吾道一以贯之。这个"一"不是合一,道是一个。比如打人的时候,意老在前面,不管用形还是用意,始终是一。一是什么?一就是道,一就是整体。但是一里面是由两个东西组成的。要作为整体必须是由两个东西组成,一阴一阳,一刚一柔,一虚一实,一里面包含了这些东西。

> 允执其中
> 辛卯秋月 印光 䤹

　　这就是一而二，二而一。这个一跟普通的一是不一样的，这一是二，这二才是一。

　　怎么才能生三呢？一是两个东西组成的，这两个东西各自又是由两个东西组成的。一个整体是阴和阳组成的，这阴里面有阴阳，阳里面有阴阳。

　　三不是三，中国文化的一和二，不是一和二，三也不是三。三是万物的基础，三就是生机。一而再，再而三，三不是三了，多了一个。三包容一切。

　　换句话说，一就是整体，一是由二组成的。这就是色不异空，空不异色。

　　中国文化的魅力，他真不懂这句话的时候，他蒙都不会选择"禅拳不二"这句话，他一定是选择"禅拳合一"这句话。他蒙都蒙不对。

　　他就不会往那地方走，想走都走不到那地方，只能往这边走，只能过去。不懂就入不进去。

　　有次一个书法家来我这里，让我上网看一个日本书法家写的字。开始我很震撼，但是我看了一会儿就会其意了，发自内心地去写就行了，没有技术，跟大成拳是一模一样的，这样，拳学的精髓"中道"就生活化了。你生活上都是这样，你的拳就变了啊？要不然你打拳的时候是中道，平常不是中道？平常不是中道，应敌的时候就更不是中道了。你平常就是拳学之道，应敌也是中道，那就无敌了。这样，你就真正做到拳学生活化了，处处是练拳了。你看这中多有意思，大成拳就是中道拳法。

生活和修炼

站桩就是觉悟身心的过程。第一步的功夫就是"不随于心，能为心师",[①] 不跟着心走才能驾驭、主宰这个心，才是"不随于心，能为心师"。练了半天练什么呢？就是让心听话，时时刻刻听话，能管住心。怎么管住？大成的方法是拿身练心。因为用身体练心是最方便的，随时能用的身体，它还有个别的方法完全不具备的好处，就是通过身体练心的同时，身体也可以起用，身体的能量可以出来，等于是练了两个东西。一些修行的人只管练心，却手无缚鸡之力，结果是身体不行，心更脆弱、执着。大成的方法是心有力量，身体也有力量。用身体的时候，用身不能动心，就是不动心地用身体。怎么练呢？刚开始是练身，身体有形、有间架，就有生灭、有变化，有痛、酸、胀、痒等现象，这时候一步步让心去感知、观照，痛没有动你的心，酸、胀、痒也没有动你的心。它动不了你的心，因为你不管它，你只是作为第三方看着它。用的时候一样，不过一个是被动一个是主动，主动用时心仍然不参与，只是观照。你骚扰我，我不动心，你打我，我也不动心。这是说人跟人。从个体自身说，身体疼痛变化时不动心，做梦的时候、恐惧的时候，也不动心；从社会说，受到刺激、激怒、侮辱、嘲笑或者赞美、夸奖、奉承时都不动心；最重要的就是人与自然的关系，还得靠站桩，天冷天热、下雨下雹、夜间独行都不动心。就是生活的方方面面，细微处和粗糙处，都拿着不参与的心去参与生活。

要安住当下，不能想练成了怎么办，不知道一辈子都练不成怎么办，那

[①] 不受控制的心，结果会失去自我，佛陀"不随于心，能为心师"才是修行者的追求。能够统御心，才能使自己成为心的主人。

一辈子老在求成功的过程就笑话了。实际上今天练，今天练的东西就是生活了，心得安住，不能执着地把心放在练成以后的那个阶段，其他的全都不管不顾。那就是糊里糊涂，就是盲目。盲目的原因是没有了解中国文化，生活在没文化的环境里，心态就出现了很多问题，心收得很紧，有些人的紧能看出来，有些人紧他藏得深，还有些人认为自己很松，其实是很紧，他自己还不知道。把心安住也不难，你不管在哪个位置，乐呵呵的，不想这事儿，把心亮开就可以了。很多人的痛快、豪爽都是假的，对方稍微有点不好，心就被夺了，马上就变了，这就是心没力量。对方变了，你里面的东西不能变，你里面那个东西一层一层的，最里面的一层是干净的、空的。就跟房子在一块地上一样，它现在是新房子，这不是它的本来面目，它原先是旧房子翻盖的，旧房子也不是本来面目，本来面目是一片空地，是拿这个空地应对，不能拿房子应对。房子接不住，得把房子扒了，用那空地儿接，就接住了。就是把心打开，始终在那个状态。你受教育所形成的东西、社会交往形成的东西、家庭熏陶形成的东西等，都是惯性，你是拿这些东西在生活，在惯性里生活呢。这有什么不好呢？它是你的底座，别人出来个东西你马上拿这个东西来应对，结果必然是对抗，因为你这儿有个东西，他那儿有个东西，两个东西是不一样的。怎样才能不对抗呢？你没有这个东西，你跟对方就成为一个东西，你是空的：你没有想法、没有对抗、没有预期、没有设置，这个时候你的心是安稳的。就跟他儿子一样，他儿子的惯性是在家里衣来伸手、饭来张口，每顿吃得很舒服，他来这儿感到饭不可口，要是拿心里的舒服来对待这个饭，他马上就生烦恼。饭菜他改变不了，他心里就斗争，因为他心里有个东西，他是对抗的。每次进饭堂之前把心里放空，原来的全是空白，现在就是这个东西，空的就会容纳这个东西，好坏就是这个东西，这就没有对比了。对比着做事儿，就会生烦恼，生烦恼的瞬间人是最弱的，神志不清了，心也乱了，拿着惯性自己跟自己打架，打得很痛苦！

生活就是修炼，生活就是功夫。前人都拿这个比喻，就和水一样，你一定要把它烧开，烧开了以后放哪儿都是开水。它凉了也是开水，凉开水！你烧不开，一辈子都不是开水，八十度也不是开水，近似开水，不是开水。你说这人长得像谁，再像也不是那个人。你说水烧开以后放凉了，它不像开水，像不像它都是！所以，时时处处用功夫，用不着！你有了功夫，时时处处都是，不是在这用功夫，在那用功夫。在这用功夫在那用功夫，那累死了。你就保持空，用一段时间，熟练了，全是空的了。它就成新的惯性了，是清净无杂染的惯性，不是有染的、乱七八糟的惯性。普通人的心都是有杂染的，不能空明透亮。光明一出烦恼即没，烦恼在黑暗、阴暗的地方，你看这灯照的地方，全是光亮，一灯能破千年暗啊！立禅站桩承载的是拳法的理和佛法的理。

站桩容易，放松就可以。打坐难得多，也复杂得多，一般人腿都盘不起来，盘起来的，也是一会儿腰背紧了，一会儿昏沉了，一会儿妄想了，这就容易把人困住。大成的站桩是禅桩、立禅。过去孙禄堂等前辈一站就是好几年，它容易炼成一团气，孙禄堂就是要培养这股气，虚静之气、中和之气。练的时候必须没有敌意，没有敌意地练。生活当中能用上很重要，一有事情就拿它印证，用熟练了无形的力量就出来了，那个才算成。不是练一辈子才成，几岁就成，才有意义。身、心、理、事这四个字，身心不二，以身正心，以心印物，心是空的印物；以理证事，事理不二，以事证理。光讲道理谁都能讲，事上都失理。事和理是一样的，说从理上入，从事上见，就是这

> 头如波浪 手似流星 身似杨柳 脚似醉汉 出脚似心性 获枪非非刚 似宝而灵 似刚而能 久练自自灵 熟极自神化
> 妙兴

意思。事上一入就进了，理上对了。想从事上证，难一些！拳本身就是法、就是理。理、事打成一片，这是中国人厉害的地方，但是现在的事和理不一样了，太极拳给你讲很多理，你上去给他一脚，他不知咋办，它"事"上不成！过去的理、事是一个，现在的不行了。杨露禅时代，他朋友们的拳都能用，理和事是一样的。但他的理不是现在这些人说的理，它是一瞬间全身都是弹性状态，拳头握住了关节都是松的，拳术的松紧不是肌肉的松紧，是关节的松紧，松的目的是让关节灵活，肌肉紧关节也得是灵活的。

一些人有一套很厉害的东西，但你生活有问题请他帮忙，他解决不了，他们的学问就是学问，用不上！有些老师讲课很厉害，滔滔不绝地讲两个小时，这堂课和下堂课几乎不差几个字，和模子刻的似的。讲完了别人问问题，他不知道，说"我不回答这类问题"。这就是没身法，没身法就跟他儿子一样，他儿子喜欢清朝的生活，买了好多书，一本一本地看，看完后书一合，啥都没了，生活里没有，脑子里也没有。你要真喜欢，身上得有才行，生活当中你得是那种状态。就像书法、绘画，别人一看手法就知道是哪个朝代的书风、画风。北京有个作家，他把民国的历史研究得很清晰！有编辑说："这老先生要是还活着就好了。"出版社的社长一了解，这人正值壮年，人家是真懂，真喜欢那种生活，他身上有，才能散发出来。

有位老先生说，人不乐呵，活着多冤啊！所以要快乐，心乐、身乐、身心常乐，站着没事就乐，看什么都乐。乐就是乐，傻乐！有报道说，小孩儿每天能乐四百次呢！大人乐个十来次就不错了。要身体乐你得站桩，站对了就能乐。跑步也一样，要正常跑我都跑不动，我发明的这种跑步方法，很多人跑不过我，掌握方法它就很舒服，就是方法！什么东西你得做对，任何东西都有机，要得机得势！有个中学生，通过长期观察和研究，做了个东西能把"打雷闪电"存住，他就能找到那个机。拳术也得这样，拳头再快他能顺着打过来，枪扎在身上能躲过去，见肉分枪！枪头扎在肉上身子才转过去，他知道那个机！别人做不到就硬来，只想着快，这样不行，你得知道那个机。就跟用筷子一样，欧洲人不会用，中国人知道那个东西，它就不难；西方人不知道，恨不得两个手夹都夹不住。就是"知道"，任何事情都要知道那个"机"。为什么四柱能算？你报上年、月、日、时，他就能给你算出你哪一年怎么样，他"知道"，他那个通道打开了。它不难的，只是需要时间，是需要时间做那个工作，不是需要时间攻难关。就跟推手一样，你一按别人就不能动了，这不难，但你得知道。同样一个东西，不同的人、不同的机派生出多少内容？说了半天就是身体乐有个机，是什么？就是所有的关节得有弹性。这很重要，身体一乐心就乐，心一乐，机就生了。身体经过许多挫折苦难的过程，终于乐了。这个过程就已经把心练活了，然后再拿外境练、拿人练、拿自然练。

心　性

人都有知识，有社会阅历，有生活的惯性，有生活的习气，为什么要学佛法呢？佛法就是断这个习气，习气断掉以后，就可以从原点认识问题。大多数人都是有方向地认识问题，虽然有方向他自己还不知道，而且，他对自己的不知道没有觉知，这才是最严重的问题。练这个拳，必须站桩，聪明人就是傻站，傻站就行了。心无所住，要找没有着落的那个心，你把它找着了才能练这个拳。换句话，找着就不用练了，找着了就悟道了，这需要一个过程，所以它难。但你要是知道这个东西了，你就会觉得，哦，是这么简单的东西啊！怎么这么简单？它就是这么简单，但是这么简单的东西普通人都做不到。根性好的人，他敢往回找，普通人都是往外找。就像你写字、画画，你心里往外流露的东西，才是真正的东西。但是大家都露不出来，为什么露不出来？就是习惯、知识架构、阅历把心包住了，出来的东西全是这些东西架构出来的。架构出来的东西无非是有些人多点，有些人少点，但是都不是真正的东西，跟别人说"我这个就是了"，其实还不是。如果他是了，即使暂时不为人所认识、认可，他都是悟道者。

什么东西是相通的？人心里最里面的东西，那个东西是相通的，但是大家都回不去，回去了就都一样了，因为它是最本源的东西。这个东西出来以后，普通人认为的那个"我"已经不存在了。普通人认为的"我"是习气、惯性、知识架构、有形的、穿着羽绒服的、戴着帽子的等，这是普通人认为的我。真我没有这些，那它有什么呢？只无是不对的，心得干净才能出去，要不里面装了很多东西，心就拿不出来。心拿出来了，那才是真我。就像小孩子一样，如果不上学，父母稍微教给孩子常识性的东西，这小孩子聪明活泼不会有问题，但一上学就傻了，因为在学校里面他自己被挤压没了。孩子有两个方面，天性和规矩，你要是光让他释放，必然放得没有规矩。所以要找到中，你一根线把他牵着，牵着放，这根线不能断了，这根线是人在世界上生存要遵循的一个基本东西，就是人要会和人打交道，要会和社会打交道，在自然界要会和自然打交道。父母要清醒的话，就会把这根线看清楚了，要不就会胡牵。现在很多父母都是胡牵，帮着老师害自己的亲生骨肉，他不知道什么东西该说，什么东西不该说，什么得管，什么不用管。对小孩子来讲，该批评的一定要批评，该放开的一定要放开，你不放开，孩子的天性没了；你不批评，他没有规矩，跟树一样乱长，成不了材。这个很清晰。

教育，要整体化、系统化，还要个性化。不能在一个点上做事，在一个点上你可以把这个孩子培养得有点儿能耐，但是他是糊涂人，他不清晰。就跟练拳一样，跟站桩一样，他虽然知道肘要坠一下，腰要挺一下，但他不知道整体是个什么关系，这样做是为了什么，应该是什么样的状态，他就知道一个局部。比如说你这脚腕儿不对啊，他不知道对了以后哪个部位应该怎么样，不是说哪个部位对了以后这个桩就对了。你首先得对，大的要对，然后对的这个状态，局部应该是什么样的，这是首先要定位的。

大成拳跟绘画也是相通的，跟书法、音乐也是相通的。很多拳，他们旁枝末节的东西太多了，大成拳从头到尾没有动作，就是要明心见性，这跟艺术是相通的。任何艺术到位后，就是心性的流露，看到作品就看到心了，不是看这个外形。

我们这一代的大多数人，包括下一代的孩子，受的都是西方式的教育，即使有些传统文化的知识，也都是风俗文化方面的，并且已经不牢固了。要想真正涉猎中国文化，就得像古人说的"车之两轮，鸟之两翼"，得全了，全了人就会变。西方人也学中国文化，何况我们中国人自己呢？这很重要，因为它会改变你的心。

心要宽松，一是对自己不能要求太高，二是对事情不能太认真；要用心，

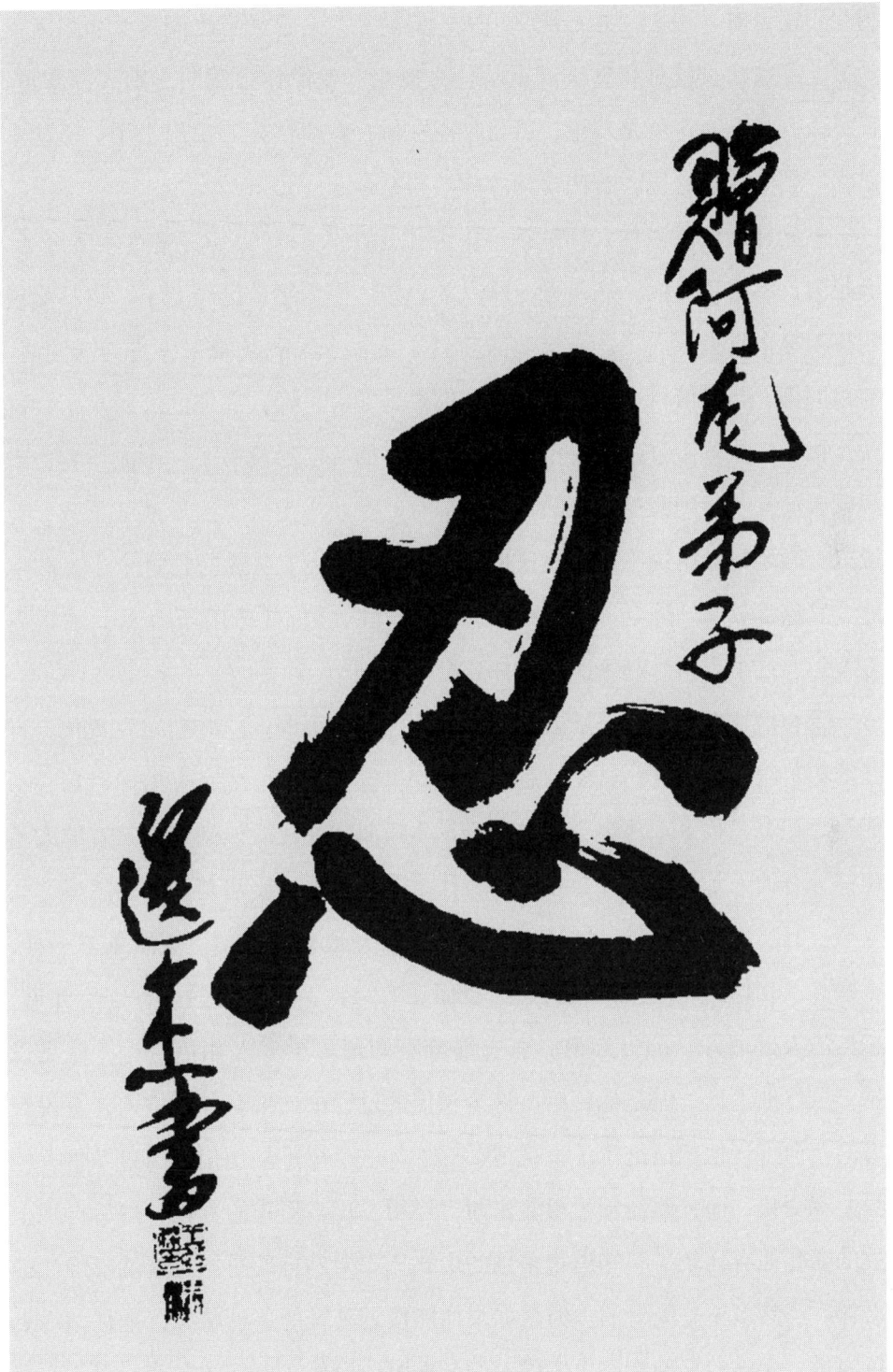

但是不能认真。用心，心不能拿出去；要随意，有意无意之间这个事情就能做好，心拿出去就是双重。双重是什么概念？就像你很聪明，别人都知道，你见人就显摆，这就是双重，就是你现在做一些事情把心拿出去了。不能拿出去，把心放在这里，有些事情才能游刃有余。

站到什么位置说什么样的话，不能说这个人一直受苦，突然生活好了，满足呵，不是这样的，这是老一辈人的思维。因为平台已经变了，你不变说明你与这个世道背离了。一定要跟着这个走，今天我还跟大家讲与天同时、与地同德、与时偕行，是这个东西。你要是守着，啊，我那已经满足了，这就是执着，执着于过去了。不能执着，过去的心已经没有了，不能留着，瞬间就要没有了。到我这儿来的各种人都有，有些小吏见了领导他就紧张，他说这个问题自己解决不了，我说你要解决什么问题？你就把你这个小吏和他那个官僚都放下，他是人你也是人，把心看住，把本位的事情干好，看谁更有智慧？这个东西升起来的时候你还会紧张吗？

要相信这个东西，一般人的心是靠不住的，很弱，随时会发生变化。自己的心若跟信仰能合，就能超越这些；如果没有信仰，或者有信仰但自心不能与之相合，很多东西都会让你的心发生扭曲和变化。说到信仰，有的人是正信，有的人是迷信。什么是正信，什么是迷信，要搞清楚，不要想得那么复杂。其实区别很简单：知道就是正信，不知道就是迷信。就跟站桩一样，一些人不相信，一些人特相信；这里面还有层次，不相信的人肯定不知道，相信的人里边有一部分知道，有一部分不知道。很多人相信这个，但是没站，虽然他不懂，但是他相信。这个相信的过程中如果有外缘进入，有说服力的东西不让他相信这个了，把他动摇了，这个也不是正信。通过站桩，他身上有变化，而且他经历了很多东西，经历了很多形式的变化，然后再加上桩的变化他有比较了，知道很多别的形式比不上站桩的时候，这就很难让他动摇，当然也不是绝对的。但是如果他能接近真实的那种状态，把桩站得真正通透、无碍的那种状态出来的时候，你跟他说什么再好的东西，也许有更好的东西，但结果也就到这个程度了，所以他这个时候的信是正信。很简单，就是知道和不知道。

严格地说，心也不是强弱，是心性变了，跟强弱没有关系，因为不是一个轨道。强弱是相对的，还在一个轨道上，就像你看人和人在那儿交配，你会动心，你看麻雀在那里交配，你不会动心，不是一类啊！心性变了，就不是一类了，不是强弱，你再强，是一类也不行，总有比你还强的。谈强弱就有对待，就是心性变了，通道变了，跟强弱没关系。踢那个沙包，你们也看了，很简单，只要你踢对了，它就是那种声音；你要是踢错了，你用劲再大，也不是那种声音，就是通道对。大成拳讲，不问打人重不重，先看己身正不正。你打人重，是因为自己正了；你不正，就重不了。

站桩，站了一辈子不成的人很多，可能是成败的标准成为障碍了，这个没有成与不成，你今天站，站的一瞬间就是成，因为你这个时候的心是安的，是舒适得力的，这就行了。它没有一个目的，说非要怎么样。如果非要怎么样，这谁都成不了，因为心跑了，安不住了，这是设置了一个人为的成败标准来障碍自己本来清净的心。它没有对待，当下即是。

一定要怎么样，就污染了自己的心。心是当下无杂染的心，无染清净心，这就对了；你要是再进一步，当下能安住，那就更好了，这是安清净心；等你安住后有功夫了，心里能生出乐来，这就是乐清净心。乐，就是享受这个东西，做任何事情都能做出乐来，这就很厉害了。比如你在泡茶的过程中觉得很幸福，这可以；你开车不睡觉，我开车真舒服，这可以；这两天斌斌在那儿点炉生火，他能做出乐来，我说每天早上你第一件事就是点炉子，他说师父我现在会点炉子了，不用别的东西，一张纸就着，乐了，这就可以。就是平等是法，无有分别，无有高下，自己的心是始终是平的。怎么才能平呢？举个例子，比如你是商人，买卖赚钱了，很乐，我在这儿点炉子点着了也很乐，乐表现的形式不一样，但是这个乐的本质是一样的，感受是一样的。这个很重要，知道这个，心就平了。要看懂这个东西，就不会在外面那些表象上跑了。

要有无杂染的心，无染清净。心不能老跑，一会儿这儿，一会儿那儿，这不行，这连俗人的水平都达不到。心安住了，这就不是俗人了。安清净，清净跟安静不一样，安静有点宁静那种感觉，清净是心里干净的，他跳起来也是清净的，喊叫都是清净的，这是不同。然后是乐，乐清净，心要有生机，你要生活，就要拿生机生活；没有生机的生活，还叫生活吗？

生活当中，不好的念头一出来，马上就要觉悟，觉悟了就是过去时了，过去在一瞬间已经死了，这就重新开始了。不能延续这个念头，过去心不可得啊！每一时刻都是最新的，最新的念头。要想美好的事情，不美好的刚开始就消灭它。你拿一个没有发生过事情的心态来处理这件事情，这就是碍中无碍。

所以要看美好的东西、自然的东西、舒服的东西，慢慢地没有分别，没有对待，眼睛看到的全是美好的东西，不好的东西进不了眼更入不了心。这样，自己美好的东西越来越壮，以后谁跟你在一起，你就能影响谁，这多好！

形 意

《形意拳经》《八卦掌歌诀》《太极拳论》《大成拳论》《剑经》《拳经拳法备要》《手臂录》《少林棍法阐宗》《单刀法选》《长枪法选》《苌氏武技》等,[①] 虽然说法不同,但理都一样。王芗斋先生贯通之后,用另外一种方式说出来。《太极拳论》比较复杂,因为它用词少,一句话包含了很多内容,所以理解起来容易出现偏差。一般人理解起来各不一样,有时候,人的理解都是对的,但是层面不同,也有直接理解错了的。要理解"对"很难,因为拳在身上的体现,不是人的正常思维所能理解的,只有身上练到了才能明白。另外,即使练对了,也不能停留在一种状态里面,误把过程中前后相生的条件当成结果。比如,"一举动,周身俱要轻灵",人在追求轻灵的时候,就很难顾及别的东西,直接把"轻灵"作为目标了!"轻灵"在某种程度上是目标,但"轻灵"的时候里面有不轻灵的东西,一旦执着"轻灵"为目标,人就不敢让不轻灵的东西不轻灵,把它也轻灵掉,那就错了!又比如"身松意紧",人松了以后,那个紧的东西很难做起,人紧的时候,又顾及不到松,不能兼顾。有些练形意拳的人,追求整劲,练得很硬,松不开了。练太极拳的人,追求轻灵,练得松柔,紧不起来。这是两个极端!过去形意、太极的老拳师们练拳,要形意、太极、八卦合一,就是为了解决这个问题。《拳论》说"十个艺人九不知",[②] 王芗斋曾说,太极拳无有一势得均衡,都练错了,原因在于有些人不知道为什么要"柔"、要"松"。松的目的,是把心解放了,将神气露出来。把"中环"关系解决了,其实就把太极、

[①] 都是比较重要、有内涵的拳学著作。
[②] 《八字歌》。

國術六週紀念

柔亦不茹
剛亦不吐

蔡元培題

形意之间的问题解决了，八卦也是。练形意拳的人容易硬，原因就是"形意不分"，形与意一分，就能松了。心意拳，心和意也要分，一分，拳就练对了，能刚能柔，所向无敌！练形，是在求意，意出来以后，再用这个意象这个形，然后才能无形无意，应物自然。刚与柔，刚是积柔成刚，刚的成分是以柔组成的，不是硬来的刚；柔是刚出来的柔，百练"刚"成绕指柔，不是柔得自无主宰，柔成内里无骨。有刚有柔，刚柔相济，这是刚柔之间的关系！软是硬出来的软，硬是柔出来的硬。对抗时，柔着过去，对方挡不住才是真正的硬。

光是理解道理，就需要很多条件，更不用说一举动对应着《拳论》要做出来，身上非得是这个东西不可，否则不行，所以它难！要做出来，对练拳的"体"有要求，不是形体，而是神体。在形的基础上再谈，就不要形，只在求意，凡此皆是意！然后，在意的基础上再谈，就不要意了，让意退后，再往前走。无穷无尽，到最后，全是"空"相！空，又不是什么都没有，空是一种状态出来，是空有。他如果"中"蓄得很大，他不用打，蓄就把对方蓄没了，这也是空。还有一种空是满，它很大，无穷大也是空，一伸手对方就没了。这种状态下，无论是对方伸手，还是你自己伸手，都是对方没了。所以，要无穷尽地用功，无穷尽地改变自己的身心——心、神、意、气。这种用功，就不是那种拳来脚往、反反复复的对抗训练。

拳术的用功，就是要从有形有相修炼到无形无相，最后是无形无意，无形无意才是真形真意。这是个由形到意反复转化的过程，形变成意，意再生新的形，新的形再定新的意，由新的形再追新的意。练形求意的时候，念起念息，念头息了，让意出来；然后若有若无、若存若亡，就别管它了，这第一步就算求到了。在第二步练意的时候，要培养意，培养到不知不觉，它成为主体了。打人的时候要用意，用意的时候形还要跟着，形意不二，是一如状态。意往前走，形得跟着，意是君，形是臣，意要领着形走，最终落到人身上光是意不行，还要有形。但这个形追意，我是拿生出来的新的形来定意，我不是打你，是追意，我意在你后面。它是个错位的力量，大极了，这种力量能把人连根拔起。被打的人感觉就跟被车冲撞了一下似的，是那种感觉，就是微微碰一下也是撞一下。意要在对方的后面，这时候用的形不是原来的形，这个形是练形求意、以意象形的形。这个形里面还有意，用意合意，去的这个意是带着形的，但形和意还是两个东西，但两个东西是如一不二的。那谁来使的这个意呢？是神气，神是主宰，是功夫的外化。那功夫是什么？功夫就是圆满浑元之气。它没有阴阳虚实，阴阳虚实还在技术的范畴，所有的技术最终都落在小乘。我们的功夫一过去就是秋风扫落叶，排山倒海，势不可当，摧枯拉朽一般！浑元一气，它里面自然就有次序。没有阴阳虚实，实际上包含了阴阳虚实，但讲阴阳虚实就不行了。

任何时候都是无形的，一有形就死了。不住于形，不断于意，"不住不断"。有我就固化了，一固化就死。不住于形，不断于意，借形以求意，这是初级阶段；意出来以后这个形还得用，意出用形，此时的"不住于意，不断于形"是中级阶段；高级阶段没有形，也没有意，无形无意。这个"无形无意"又分两个阶段，第一阶段是以对方之形为形，以对方之意为意；第二阶段连对方也不存在了，直接就过了，没有对方，也没有自己。佛教有个词是"三轮体空"，[①] 就是无我、无敌、无这件事，一瞬间就过去了，就不存在这件事。还有更高层的心神，就是神意，神光笼罩，它要讲气，此气一到，这地方一片祥和，对抗的事情就发生不了。当然，这种境界已经是属于另外一个层面的东西了。

只有形静的时候，意才能出来，形老动，意就出不来。为什么要站桩？通过站桩，意才容易出来。意得脱开身体，脱开又重叠着，还不能离

---

① 三轮体空：又名三轮空寂，（一）施空：施者忘施，所施舍皆空也；（二）受空：受者忘受，所受者化空也；（三）物空：物者忘物，所施舍之物皆空也。

得太远，离得太远身体就不能用了。站的时候要专心，"专而不住"的专心，心不能固定在一个地方。前辈讲专注，现在讲"专而不住"，只有专，意才能出来。专心的是意，不住的是形，意专形不住。

拳的意就是心开了以后向外散发的那种东西。意是主体，形体是没有的，形随意转。意在散发状态时身体就不会紧，意憋在身上，身体马上就紧了。所以意要大，意大身小。

身体的变化是为了配合意，就像是草点着以后用烟熏对方，起作用的是烟，不是草，但没有草就没有烟，你不能烟够不着熏，拿着草给对方，那不行。身体送着意过去，再快都是意，再快也得是这种状态，不能一快变成别的了。

做意的时候，任何情况下身体都不能紧，这是第一。第二，调整身体结构为意服务的时候，形要对，次序和位置要对。你不能光有意，不管形，这不行，形得对。这个形很高级，是没有任何人为的形，可以是跟水一样、跟气一样的无形之形。

王芗斋在上海教拳的时候倡导意拳，他发现这些人只有形，没有意。后来他又不倡导意拳了，他说：形都不是，何谈意乎？他重新让这些人练形了，因为形都练错了。形都不对，谈什么意啊。形对了，然后拿这形求意，出来意以后，就以意为主了。以意为主的时候，形就变了，形脱离开意了。这时候的形跟最初的形已经不是一个了，因为变了。然后拿这个形再追那个意。还是一个东西，又重新变成形意了。这个形是活的，形随时在调意。形到哪儿，意就到哪儿，但意还在前面。这就是以形取意、以意象形的本质。形随意转，意自形生，这个形能生新的意。就像我栽拳要打你胸部的时候，我的意马上就定位到你的臀后，这拳才能出去，重新定意。这就是意自形生，是这个形生出来的意。这样才有势，才有落差。为什么大成拳能黏着人打呢？意远啊。就是定位，意力不合就错，意力不分就错，既分又合，既合又分，处处取中。

一开始入手就要知道自己在干什么，然后才知道怎么干。首先定位就要求拳练到最后身体里边不能存东西，这是根本。因为你要拿空入有，你不是跟人对抗，你是直接吞并对方，或者是把他融掉、化掉，或者就入他把他炸开，拿有必然是对抗，对抗不是大成拳。既然最后练的是空，身体空了以后，就必须把精神树起来，不然空就成假的了。古人说用意不用力，意就是力，太极拳讲"意气君，骨肉臣"，君臣得合到一起做这个事情，它不是混到一起，是一个领着一个做，这得跟得上。混到一起就是俗人所谓"形与意合"，很多人理解的就是"形与意合"，合到一起，这是不对的。"形与意合"是形追意，是把意设定到对方背后，让形去追那个意，找那个合，是这样合；不是说合到一起做，那没练过功夫的人形与意全是合的，你还用得着练吗？是把它们分开，然后一个追另一个。

　　形随意转，意自形生，没有别的东西，就是站桩，站上四年桩就可以了。四年桩俗人的功夫就是大成，真正的功夫就是小成了。可惜现在的人都达不到，一天五六个小时得坚持一年，最起码得三个一百天才行，中间可以歇几天。王芗斋站了七年桩，王选杰老师站了三年桩，很多人练了几十年，多少人能一天五六个小时不间断地坚持一年？都不是以修行的心态练这个东西，都是业余的，工作生活等乱七八糟的事占了主体，今天高兴就多练会儿，明天一喝酒就忘了，不练了。要练不进去，其中的滋味你永远体会不到。说了很多人也不知道，因为你没经历过。

中　环

中国上乘拳法练什么？是先修炼身体的本然状态，从修炼里面开始，让身体松了、通了，实虚变化，让中的通道给打开！就练这个东西。现在人练习，在理上没有贯通，理没说清楚，在枝节上说得多。比如站桩，身体要松，为什么要松，松的目的是通，要把身体这个中的通道打开。中的通道一开，守中用中，得其环中，以应无穷。守中用中，打人的中，过人的中，身上处处都是中。内外俱空，才有这个中。如果不空，这个中就过不去。所以，松是为了有这个东西。这个东西一旦有了以后，再把心放空，不惧敌人，一举一动都是，无招胜过有招，就能无敌，即精神放大的不执著的空满状态。即便对方比自己强壮，你只要出手一抓一抖，他就得散架，挡不住这种力量。这个时候，手上就有分寸，有感知能力，一搭手，就本能反应地知道要打哪里。本能之学，不是由造作到造作，戚继光看那些人打拳，打得真好，一上战场全都忘了招式，那就不是本能之学。本能之学，是我身上有这个东西，心里有中，拿着心上的中，心就不乱，手上就有分寸，这两个东西一具备，就是无敌。心里有中，心里不乱；手上有分寸，手上就是中。站桩的时候，身上松过了就懈了，正确的是松而不懈，不懈的东西是无形的东西，就是精气神。要让身体通道不影响无形的精气神出来。无形的精气神出来以后怎么用呢？还得用这个松了以后的通道，用通道传达这个精气神。不是用通道打人，而是用通道带精气神去打人。打人时，或是近距离的运，或是远距离的穿。所以，拳理很简单，一天，一小时，可以说清楚。看着练，三个月小成，一年中成。

　　两人对抗时，怎么看对方？一站，对方的弱点就要看出来，哪儿松哪儿紧，

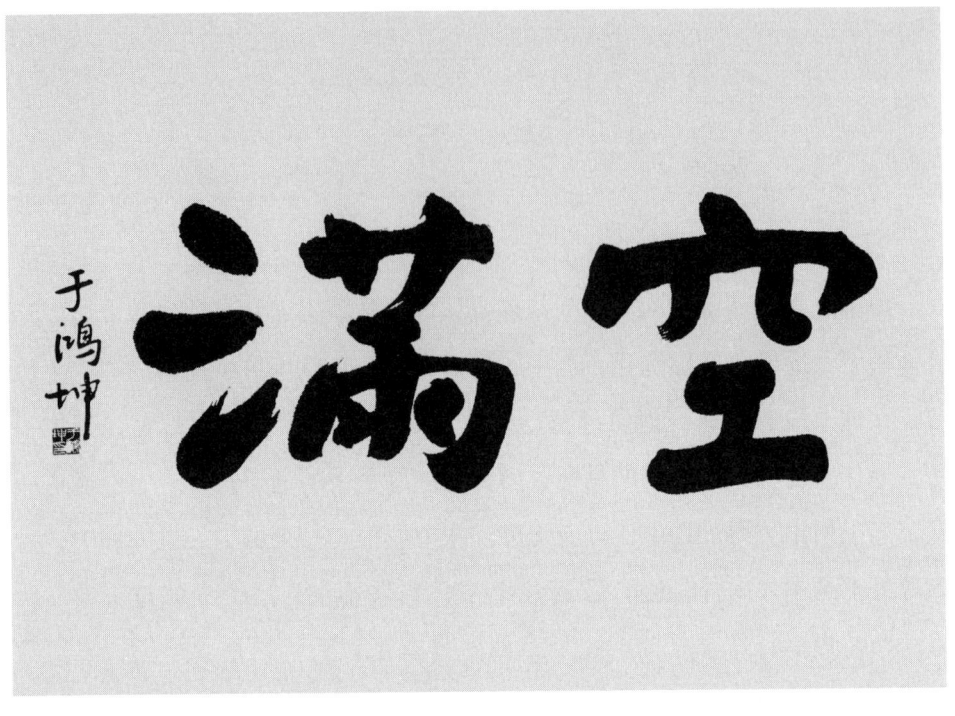

哪儿虚哪儿实，哪儿能出来，哪儿出不来，一下子就要照出来。照出来以后，自然就往这个地方打。不能分析，一分析就错了。自身通透了，就能看清对方；自身不通透，就不能看清对方。因为之前自身已经经历了这个过程，教人的时候，一看对方哪里紧，提醒一下放松。如果是对抗，看到紧的地方，往那直接打去了。因为他紧的地方不工作了，不但不工作反而牵制其他地方的工作，成了自身的束缚。自己能看到对方弱点，又能控制自身"中环"，看到对方的"中环"，僵滞的地方，灵活的地方，哪个是力点，哪个是滞点，自身的"中"对方又摸不着，这一下，实际上胜负已成定局。现在的搏击运动员都做不到，原因不在于运动员不能达到，而是他们的指导理论、训练方法不是这个系统，不知道有这种状态，更不知道如何达到这个状态。人在运动的时候，往往思想就僵滞了，一僵滞就变成硬来，只是硬来的层次不同，有些人自以为不是硬来，没有显示出硬来，其实他还是硬来。自己固着不变，打的时候，不会因为对方需要而打，只根据自己想法，拿自己去硬压对方。他做不到"舍己从人",从始至终都是"有我无敌",一切都按自己的想法打,所以说他固着不变。真正的打,是要"舍己从人",先要无我有敌,然后敌我一体再到"有我无敌",没有自己一丝想法;自己若有变化,只是根据对方的变化而变化,不是自己盲目地变化,所谓自我调整。因为自己的"中环状态"始终不变,像水一样,容器一变,水的形状自然变化。没有想法,形状可变,但唯一不变的是水的性质。对抗时,形体随对方变化而变化,但自己"中环状态"始终不变。只要"中环状态"不变,性质不变,我就始终能够克你。

依照这个道理练拳,就练这种"状态",所以说拳法只有基本功,没有绝招。训练时,可以练一项距心性近的动作,但不能当作核心来训练,核心就是过硬的基本功,就是"桩功"。基本功是一种支撑,有了基本功才能随对方,对方要你怎样,你才能做出相应的反应。这个基本功就是专项基本功,要与专项技术吻合,还要跟战术吻合,技战术成一个东西。严格地说,没有战术,只是"感觉",所以基本功要吻合,不能脱节,别练的是这个基本功,用时成了那个技术。站桩身心通透以后,感知到自己缺什么就能补什么,什么多余一眼就能看出,无须那些专门的力量、素质等专项训练。训练新人,这套体系已经很完备了,一两年足够。训练一段时间,就完善一部分;对抗一段时间,又完善一部分;比赛一段时间,就出来了。有些东西需要很精细,有些东西不要太精细,就是模糊状态。比如盖房子,结构尺寸必须精细,因为它是死的,活的东西就不需精细,但可以精妙!妙是一种感觉,不能把它定死了。这样也妙,那样也妙!活的东西是变化的,你一伸手,别人一接手,你都不知道要去哪儿,因为你不知对方要去哪儿;一旦知道对方要去哪儿,那你就把他送去哪儿,这种感觉就是"妙"!

实战时怎么才能得这个中呢?要把对方吸过来,让这个中爆发出去。怎么爆发呢?用呼吸拿对方,这么一吸气,把对方顺过来;同时,手上能配合上更好,而且不是我这里吸过来还要打,吸这一下就爆完了、已经发完了。

对方有劲才易发,对方没有劲出来,你还不好发。对方没有劲,你怎么办呢?你就伸远了发,伸到对方脑袋后面,脸往他脸上贴着发,就像动物捕猎那种,咬上就结束了,狮子不会说我把这人抓回来我再打他一拳,就是一下,就完了。要突破常规的拳术打人这个概念,这一下就完了,你是狮子,不是这完了以后再"啪啪"打两拳,或者过来以后再给个削掌。头要过对方的头,对方就已经不行了,这个时候他只能跑,只能躲,他一躲就完了。拳里有句话,不招不架,只是一下,犯了招架,就是十下。你一躲,等于是被对方追着打。这是戚继光《纪效新书》里的话,说你犯了招架这个毛病,就是十下八下,十下八下就是没完没了。俞大猷《剑经》也有一句话:刚在他力前,柔乘他力后,彼忙我静待,知拍任君斗。① 刚在他力前,就是我要扑对方的时候,是在对方发动之前,即劲之未发。对方要扑我的时候,柔乘他旧力已过之际,就要用他这个已发。彼忙我静待,我以静制动,等着你。知拍任君斗,要知道这个节奏,知道这个感觉,感知机势。

这需要站桩,把桩站对,还要把心性练平和了,不能因为我桩上有功夫,一看对方弱,就有想法了,对方再强再弱,都不能有想法,心性要平和才可以。很多人有功夫,一看对方弱,他就有想法了,一有想法不中了,有想法就是形破体、力出尖。要形不破体、力不出尖、神不外溢、意不露形,时时刻刻都是"四不"状态。

追一个东西就容易落到另外一个极端,就跟两个人推手一样,看对方快扑过来的时候,就追了,想补一下,但你用力的同时,自己就破体了,所以你还不能用力,你就看着他倒,他不倒他就破了,他过来的时候,你再让他倒。但这个过程时间很短,时间很短但他还是过去了,再短这个过程得让他自然走,你看着想补一下,补的同时,对方稍微懂一点劲,身上有感应力,你越位他就会借力,就是急救也得抓着你把你带走。做学问也一样。不能追一下,追一下就完了。要守住中道,处处中。以身而言,身体的主体是中,

---

① 俞大猷《剑经》总诀歌。

四肢末节就是环；分而言之，一个手指头就有中和环，人身上有无数个中和环，中和环错综复杂且变幻着。挨到哪儿，哪儿就是中和环，就分开。王芗斋讲"得其环中，以用无穷"，你摸哪儿哪儿都能清晰，摸一下没有，没有的同时所有的地方都有了，都入到你的身体里。站桩时就能体会身上练实为虚，身外无敌似有敌，对方触你肩膀，肩膀就没有了，让你用不上，摸不实。找刚柔之间的临界状态。这个桩跟普通拳术的要领不同了，这是控制性拳法，以中拿中。第一阶段就是站、听，第二阶段就是摸、看、比画，第三阶段就是条件实战，最终进入实战。

一层一层的，你的桩不能破坏了。为维护这个桩，所有的动作都是对的，不停地观照自己，想到哪儿就把哪儿的中守住。上下要贯通，跟没有一样，不是这儿丢了从那儿补，要明白这个理，用这个理来指导着练。这是检验你站得对不对、满不满，不是用，用时在欲接未触之际就要结束战斗。用的时候在这个范围，中已经用了。先人发先人至，后人发先人至，先发先到，后发也是先到。"先发"是精神笼罩直接慑住对方，后发是形未到气已接对方，都是先到对方，对方的动态对你来说是静态。意最大的时候就没有意了，"其大无外、其小无内"。形意拳讲"灵机一动鸟难飞"，灵机就是活泼之机，动那个东西，凡此皆是意。王芗斋讲"外面不动、里面真动"，动什么？身追意随敌而动，形没动，是松的，弹性不能动，弹性产生的那个意在动。平时"内固精神，外示安逸"，[①] 遇敌之时，一动就是。

[①] 越女对国君勾践说："凡手战之道，内实精神，外示安仪。见之似好妇，夺之似惧虎，布形候气，与神俱往。"苌乃周说："内示精神，外示安逸。见之如处女，夺之如猛虎。得吾道者，以一当百。"武氏太极拳宗师武禹襄在《太极拳解》中说："视动犹静，视静犹动。内固精神，外示安逸。"

松　紧

有松必有紧，不然这个松从哪里来？松是相对于紧来说的，就像有了黑就必然有个白，黑和白是一体的。但是用的时候不管松，只管紧。松是功夫，松是基础，用的时候就让它松，就不管了。因为你用的不是它，练它是为了培养它在用的时候不成为障碍。而平常你得关心它，你要干别的事的时候别让它拦着你就可以了。松不是目的，松是为了到你用紧的时候，它自成体系，不捣乱，所以你平常要培养它，让它松，任何时候都要松。身松意紧，松的是肉，紧的是意，用的是意，用意不用力。松到什么程度？就是着急了它都不会紧。

身松意紧，身上意起来以后，对方就摸不到力点，无处着力。身上就没有对方能使上力的地方，是空的。没有的有在哪儿呢？在对方身上，在对方身上呢。对方一用力就放到那了。

要是对方是松的，你打他的体，他在你的后面，正好他把你的劲堵住了，他紧了就没法堵。你追意的时候，对方必然是紧的，因为你的意过去了，他松不了。对方越有想法，就越容易，你的意才能出来，才能使力点在对方。对方弱，你的意还真不易出来。所以王芗斋说：不愤不打，打不中不打，打不死不打。因为这是意出来的先决条件。

我们讲的松紧跟一般意义的松紧还不一样，常态的松紧是形体、劲力的松紧，在运用上表现的就是轻快或者沉实，有时候很轻，"唰"的就没了；有时候很沉，按着你就动不了；快是什么概念呢？劲的种类不同，有些劲很快，沉实的劲很慢，就像狮子按住猎物一样动不了，但是按之前很快；还有很刚烈、很猛烈的劲，就像鳄鱼咬角马那样。在你没有达到极松的状态之前，这些都是手段、是方法。我们谈大成拳的松紧是越练越平和，如同修道一样，得道那种感觉，空了，没有功利、没有恐怖、没有胜负这些东西了。但是很多人达不到，他们就想轰轰烈烈，这些虚实、刚柔、轻重、沉实等很显露的东西。练拳的方法就是松，一直松着练，从开始到最后都是这样。拳术就是松紧，松紧两个字只有松没有紧，有力没有力都不能用力。没功夫的人不用力没有力，有功夫了不用力而有力。拳术的根本就是耐得住寂寞不用力。不用力会生出来另外的东西，生出来的东西是拳术的核心。但是这个过程很漫长，一般人可能就没信心了，中间没信心了就要鼓励，就要用力，用力就是紧，这个时候就体现出紧了。不用力生出来的东西处处可以治敌机先，处处我顺人背。一用力就没有这些了，一用力就和别人一样了。大成拳讲不期然而然，你不能老是希望它什么时候出现什么东西，不能老是希望什么时候成了，以修行的心态站桩就没问题。

拿拳术作为修炼之道，间架得当，时常松一下关节，松着还要撑着，要饱满。初学站桩的时候隔上一会儿松一下，检查一下各个关节的灵气，就是让自己的心性发生变化。你的心性得变了，而且你能技击，你身上有能量展现这个东西。这套系统启动以后，就是无我、无敌状态：无我是因为你想用劲都用不出来，无敌是没有恐怖了，没有恐怖也就无敌了。过去人为什么老说艺高人胆大[1]？胆大是因为他懂，懂了就无所谓怕，他看谁都能看出来：哦，这人紧，迈腿他脚下不明，他自己都不知道为什么要迈这一下。如果你清晰这个东西，胆子还会小吗？你能胆子小吗？就是对方想干什么，你提前都知道了，这多高明。知道松紧，在技击当中用松紧，不是说我这里松一下，那里紧一下，是你看对方的松紧。你自己是松的，看对方是紧的，他就打不了你。看对方也松，那就再对照自己，再看他别的，比如他的虚实。虚实有很多种，有形的虚实，也有意的虚实，看他意能不能出来。他很松，有

---

[1] 戚继光《纪效新书·拳经捷要篇第十四》：怯敌还是艺浅，善战必定艺精。古云"艺高人胆大"，信不诬矣。

人没人他都松，你攻击他没反应，还没变化，没有用。

所以要身松意紧。那意紧是什么？就是活泼之气要紧，活泼之气占主导地位，活泼的精神笼罩着对方，形因敌而动，形就没有了。形放在哪儿都没关系，气是通过它出去的，形成鼓荡的力量。手是两团气，跟虚空一样，你一挨，里面那个虚的东西就出去入到对方身上。大成拳是一触即发，周身无点不弹簧。身松意紧是第一步。身要松意才能出来，用的是意，身越松意就越厚，形就淡了。身松意紧，是把身上练空了，身上不存东西，形体变成意体，你一动"意"就扑到你身上去，这才是一触即发。你打我，还是我打你，结果都是一样，这才是一触即发。现代技击，通过速度、力量、角度形成击打，这都是以有形的东西为主线。中国拳术不是这样，其指导理论是中国的哲学思想，有无变化，虚实相生，以无形的"有"来作用，外在那些有形要随着无形的"道"的主线。这里面有禅宗、道家、儒家的心法，它是身体的学问，心的学问，又不绝对是哪一家。它是一条线，扩大以至于通透，可以涵容一切学问，汇聚成为拳学之道、人生之道、生命之道。

很多人做不到松紧，是因为他身体有僵硬的地方，僵硬的地方要放下。你身上不是僵硬吗？把这个僵硬的地方松开，你不松开，到这里就卡住了，松开就卡不住了。这时候全身都在一种弹性的状态，动荡着。到了高境界，全身没有松也没有紧，没有头也没有尾，再跟人搭手，就跟空气一样，大成拳就是这个东西。你这个东西练对了，对方一来，你第一就是很希望对方赶紧用劲，对方不用劲，你这空的东西没有着落，他一用劲，你马上就有着落了。就跟这风一样，吹过来了，对方立一堵墙，让这风产生作用了。

虚　实

　　站桩的时候想什么？身体有个无形的框架，念在那个无形上，不住这个身体。那个无形的框架改变这个有形的身体，换句话说，就是用有形之身出那个无形之身；拿那个无形的身才能改变这个有形的身。有另外一套身体，是虚的，站的就是那个虚的，把这个身体忘掉。

　　站得住的时候就要把功夫练到身外去，身上不存东西。对方一给你劲，你的力量就要转化到对方身上，不能存在自己身上。所以，能站住了就要实践。先自己练，有功夫了就必须两个人练，一层一层往里练。

　　力量要从自己身上跑到对方身上去，自己身上是空的，是虚的，把自己身上要练虚。自己虚了才能实到对方身上，才能落到对方身上，动如山飞一样到对方身上。只要对方挨着的一瞬间，就如摧枯拉朽；碰到实的时候就跟对方融为一体了，通过触点，用整体控制对方的身心。也可以这样练摩擦步，也可以这样走虚渺。左边很容易体会到虚，右边不容易体会到虚。左边虚完了还要体会、练右边的虚。左边的虚理解了，右边的虚才能理解。

　　上下也有虚实，但上下的虚实是不能固定的，这个道理要明白。上下、左右、前后、内外的虚实都是因机而变的，因势而变的。你出现过一次，你得知道身体还分虚实呢，这是身体有形的虚实。有形的虚实完了以后，把有形化为无形，把无形化成有形，然后无形的地方变成实，有形的地方变成虚，这是一个大的虚实。然后还要把这个破掉，才会随心所欲而不逾矩，才是自己的。

　　所以平常要养成任何关节不能把劲留住，这样身体才能虚，有一个地方留劲都不能虚。虚了，你的功夫才能作用到对方身上，才能控制对方，你的

书法家师若先生题写

能量才能抗衡对方的能量。只有虚了,你才能做对方的主人。如果有一个地方留着劲,身上是实的,那就是对抗了。

太极拳过去讲杨班侯①打人是追着打,他一接触人,对方就起来了,失衡用不上劲了,他赶上去,在对方落地之前打,他用力是在这个点,不是两个人在那较劲。这说明他能控制住对方,拳练对了。

形意拳打人,也是这样。它是拿着中动,出去的是虚手,不是实手。从拳理上讲,只有虚才能有实,虚手实打。王芗斋一出手,用手撩过去,虚手出去,虚即实,别人根本接不住。用虚手出去,我以虚入你的实;还有手一松,身上通道打开了,处处都是中,用中打对方一个局部或者僵硬就简单多了。形意拳厉害在哪儿呢?它的厉害就在于用间架打间架。民国年间,大家用硬的东西多,而形意拳恰好是柔中带刚,刚中有柔,所以在当时,它能表现得更厉害。练形意拳,练到全身中通,那就无形了,手上有中,随意出手。虚中有实,实中有虚,虚即是实,实即是虚。

普通人以实为实,看得见、摸得着,他心里就踏实了。大成拳是以虚为

---

① 杨班侯,拳学家,杨氏太极拳宗师杨露禅之子。

虚 实

实，以空为实，大力出虚空，感觉自己身上什么都没有，但一摸就有了。不像普通人自己感觉自己挺结实的，挺有劲的，一摸就没有了（一摸身上的劲是死的，僵硬的，所以这个有还是没有，没用）。所以它难，把很多人挡住了。

推手也一样。推手是虚空之手往前走，沉实之劲往脚上走，上面像蒸汽一样散发开，上面越散发，下面越实。推手就是让对方始终到不了这个实，到不了这个实他就拔不了这个实的根，你跟他老在自己这个虚的地方周旋，他就始终摸不到你的底。而且，你自己的虚对对方来说还不是虚，因为他是实的，你这个虚跟他那个实就和为一体了。对方实，你虚他实，这就和上了。如果对方很虚，你让他实不起来，怎么办呢？你就不要他这个虚的，直接找他实的，过他这个东西，这么一找，他就实了，就又和上了。

要就跟树一样，很多人手虚不了的原因就是把自己练得跟棍子一样，不是跟树一样，棍子没有根啊，树有根，有根它就敢虚。手越虚，身上越稳，但是身上得连贯，不能散。

还有一种力量，就像砌墙的时候用线吊的那个坠儿，就是坠儿是实的，坠儿后面全是虚的，一搭手，他身上全是虚的，就手上这一点是实的，这直接就过去了，挡都挡不住，要是后面是实的，就僵了。

大部分人都犯两个错误，如果不用劲，全身没劲；一用劲，全身有劲，因为这个虚实之理他搞不清楚。推手就是智慧，不是力量。你推手不管怎么虚实，身体都得是松的，它不是形体的虚实，是里面的气的虚实。不是拿形体做虚实，拿筋骨肉做虚实，是拿里面的气息做虚实。所以得先把那个气息练出来，才能谈虚实，气息出不来，无以谈虚实。就是要站桩，把这个气息站出来。桩你要站进去了，就知道了。

单双重

拳里面有一个名词叫双重，双重的意思是心跑了，就像那个无所住心一样，双重就是心有所住了。比方说生活中你把一个站着人随意拉过去，这人就能拉动，你要是专门拉一个人你说跟我走，不见得能拉动，实际上这就是人为地把这个人给定死了。打人也是一样，你要是就想打这儿就定了这儿打，打得就不重，我要打他，他不存在，我从他身上穿过去，到后边，但是不要想着穿过他，就是他不存在，这一下子就打坏了。就跟你走路一样，一个东西把你的脚绊了一下，失重的感觉很爽，等你知道这儿有东西，你想有意再来一次，做不到了，因为你知道了你就会注意这个东西，它就把你的心给拉了一下，这就是双重。双重可不是两个脚平行站。大成拳理解单重发力，所谓单重发力就是形追意。再进一层就是和对方形成一个单重，即自己放空，单重在对方身上。

意和力同时存在就是"双重"，两个东西在你身上同时出现了；还有一个"双重"是两个人在对抗的时候，把对方没有叫整，对方是一个重心，你是一个重心，这两个重心都存在就是"双重"。你一摸对方把对方拿整了，就合一了，二力合一力，这个就是单重，只有单重才能发力，对方扎着马这力就不能发。发人就是把人拿的没重心了才能发。意和力要相应，意在虚空间发力。这是一对一的单、双重，还有一对多的单、双重。一对多的单双重是什么呢？首先要忘我，把自己忘掉了，然后把对方的多人统一成一个，再多也是一个。要把自身以外的东西统一起来。王宗岳说：掤、捋、挤、按世间奇，十个艺人九不知。不是九不知，是十不知。他没法说，因为这东西拐弯了，他一摸人这力量就杀到骨头里面去了，这很难说。要积累，几年后等功夫到了,你就会说"不是你误我,是我自己误自己"。这就是中国的武学。不是套路,不是招法。

王宗岳说"双重之病未悟耳",就是说双重。太极拳练错的就是双重。形意拳也一样,形意拳如果形和意同时出来就是双重,这形意拳就不成了。

空

很多人把空理解为上下都是虚的，就是空，不是这样。空是什么？空是身体没有杂染，周身无杂质。空不是虚实。或者说，你身上的功夫很纯正，这是空。空是一种状态，要自然练到，别用妄想找它。别琢磨，一琢磨就是掺杂自己想法，就不是依拳理去练了。

有也是空，无也是空，有是实空，无是虚空。凡事不能执着，空是自然形成的，空是到了以后空，不是想空，一想就没有了，往相反的地方去了。有些人他站着感觉到空了，空了一下以后就老追这个，光想着空就永远达不到。为什么永远达不到？因为他的意在这儿，他老想着，意就把这个地方给占了。怎么样才能空呢？就是别想这个事情，这样就可以了。怎么才能做到？真正修行的人，学佛学明白的那种人可以，他们容易有这种状态。当然方法也很重要，方法用不对也不行。体光法师①曾说："修行人一定要善调身心，禅堂里就是善调身心，跑香调身，坐香调心，调身的方法多得很，凡是身一动作，就是调身。""善调身心是指在禅堂里边，如法次第跑香坐香，坐香功夫在，跑香功夫在，出了禅堂功夫在，去吃饭上殿功夫在，出去劳动功夫在，你要是这些地方都在，你算是善调身心，道业可成。"

要会放空，心找别的地方，把这个地方腾出来，就没问题了。这难啊，不是说空难，这个有什么难？一说就会了。说的是人的心啊，难。颠倒梦想，

---

① 体光法师，俗姓袁，河南项城人，一九二四年四月出生；十六岁在河南省桐柏山太白顶云台寺海山法师座下披剃出家；十九岁在湖北武汉宝通寺传宗律师座下受具足戒；先后遍历河南洛阳白马寺、苏州灵岩山寺、扬州高旻寺、宁波天童寺、广东云门寺等大丛林参学，曾亲近过虚云老和尚、圆瑛法师、来果禅师等近代高僧，常住云居山真如寺三十余年；一九九〇年起，应江西吉安信众邀请，住持青元寺净居禅寺，直至圆寂。

空

体光法师像

执着，都不是常态，都把这个非常态当常态在那儿生活。常态是人的自性，你见道了就知道，哦，这个才是常态。现在人却都把习气和惯性当成常态。这就是永嘉禅师①讲的不了修行，认贼为子。就是你自己根本就不知道自己在做什么，做的事情跟自己的真心没关系。所以，不能执着于空，你只管练，自然而然的，慢慢地，它自己就来了。

大成拳是把身体练空的同时还要意在虚空，力合宇宙，没有丹田。只有空了以后，力量才能化，周身处处是丹田。身体里面一定是空的，空了才能满，是空着满，是灵活地满。这个时候，身体就是力合虚空的机。

大成拳就是站桩。站桩的时候要似笑非笑，就是想笑没笑出来的状态，愉悦的状态。只有愉悦才能灵，只有灵了才能空。没有灵就永远空不了，滞的、拙的，就空不了。空不了就达不到这个程度，达不到这个程度就不是。

---

① 永嘉禅师《证道歌》：学人不了用修行，深成认贼将为子。

身上再有所谓功夫都不是。不是，心就开不了，就在用劲。只要用劲就不是。

空里的有是真有。所以要先把自己的心放空了，你才能不对抗。对方的意才能成为你的意，对方的劲就是你的劲，对方的神就是你的神。你得空了，对方的意、劲、神才能出来，如果不空，对方就进不来。王芗斋说：和宇宙万物之力。因为空了，所以能涵盖万物之力。

站完桩要走，游走。游走也要空，空着走。过去人站完桩，要走上几个小时，现在大家没这个功夫，你想你走两个小时，站桩得站四个小时。要是你站一个小时，走两个小时，桩上的功夫就变了。游走就是化桩上的功夫，把桩上练出来的功夫化到无形。站完了就可以走，走的意思是你得把桩上的功夫化开。游走的时候，需要注意的是，身上所有的关节都是松开的，不能走死了。每个关节都得是松的，脚跟地的接触都是松的。气不用沉，只管关节就可以了，就是关节。把全身关节松开，气在哪儿不管。关节松开了，气则全身都是。轻脚出去，脚不挂劲。轻脚，不是轻着走，是放开了走，关节放开了，空着走。这样走的时候，桩上的功夫就活起来了。空和轻和重的感觉要分清晰，这需要一个过程。它虽然是空的，但它还是有，只是没有杂质，就是身体的重量用气带起来，那是空。初级阶段先这么走着，以后走的时候加上意念。要会看气。古人所谓看气，是怎么看的呢？自己是一气之流行，看对方的气往哪儿走，在对方的气出现虚的地方、有可走的地方的时候你必须进去。但是这里的虚实不是指的形体的虚实，是他的中和环的虚实，有形无形的虚实，就是决定他力量出来不出来的那个地方的虚实。所以你能看出他的这个，随时你就能上去，你一上去就让他没有了。要做到这个就须无我，必须空，没有恐惧，没有胜负心，还要做对，合法度。就是平时练的所有的东西，都是为了用的时候合法度，不夹杂主观的东西。在看清对方的这个东西往哪儿出的同时，自身还要具备一个功夫，就是自身的任何地方都可以出，不是说我这个气一定从手上出，是随时随地我身上的任何地方都能出。《拳论》"见虚不击击实处，要知实处即是虚"。你看着那是"实"，实际上那个"实"是假的，别人看不懂而已。他知道你这"实"实际就是虚，哪儿是实啊？

到时候会看气了，你上去就用不着找对方的虚实，要不会看，还得上去找。会看了，你走的地方，选择打的地方必然就是他的重心。这气必然到那地方，对方就是这样出的，这是把他看透了。换句话说，对方伸手，干这些形上的东西都没有用，你干这些他还能变化，但是你能把他支撑这些形和变化的那个东西给拿住了。他就不可能再有变化，因为你认准了。你让对方出不来，自己还哪儿都能出。从哪儿出是自性，但是出的地方，必须得对。要想能看气，就需要平常不断地修炼，站桩、试力、推手、发力，都是为了干这个事情。

势

现在的太极拳大都是讲理，在理上讲法；好一点的是在法上讲理，这都不是。理和法，得在势上讲，势才是主体。因为真正对敌的时候有缓急变化，如果不讲势，光讲理和法，所谓理和法就都立不住。一动手，马上就没有了，用不上了。应该是在对敌之势出来以后再讲理讲法，这个时候的理和法才能用。练拳先把势提出来才能用，在势的基础上才能谈理和法。

要处处得机得势，但是这个机势是无形的，它不是一个固定的东西。机势的可塑性很大，有人认为机势就是身体应该处在某种状态为合适，其实还不是。这个状态要变化和放大，它要不断地变化。因为对敌的时候，有稳健的对手，也有灵活的对手，这就让你自己有机会完善自己，使你能适应前面那个人，也能适应后面这个人，所以这个势就是会变化。你看猫扑耗子时候的那种机势，是静以待动；两只狗打架的时候那种机势，似乱而不乱，它用劲还是合理的，用意还是合理的。这说明势跟势不一样，所以不能把势给固定了，一固定就僵化了，就成死的了，就不能用了。随时就势，出这个势就是。出什么势呢？敌人需要你出什么势就出什么势。

势才是主体。就跟站桩一样，那种灵机的状态才是主体，不是要领是主体。为什么有些人学不会这个桩呢？因为他们把自己固定在身体各部位的要领上了，没有抓住桩本身是什么。桩本身就是那个做好的成品，在制造的过程中，你需要什么就拿什么。就像你干活的时候，你需要钳子，需要扳子，站桩也一样，你需要肩膀沉一下，需要肘垂一下，这相当于那个钳子和扳子，工具而已。但是现在很多人把需要的工具当成目的了，整天就练这些工具，这么练怎么能学得会？

写字也一样。教人写字的人，如果不会教，就跟不懂拳的人教人练拳一样，教的全是错的。不会教写字的人会教你这一笔怎么写，那一划怎么练之类，就教这些所谓笔法。这些笔划你就是全会写了，让你写个字你还是不会。如果会教的话，就教人横平竖直地写。你先让他这样干，在这个过程中，会发现他写的这个横有问题，然后把问题解决了就得了。主次一定要分清楚，这个横写得不好，找出问题把它写好就行。站桩也一样，你得先站到这儿，你站着站着，若发现这个膝盖不对，那就调膝盖，慢慢调，等调得没有毛病了，自己就明白了。哦，原来站桩是干这个的呀！你要是老不对，老是说肩膀是什么样，腿是什么样，肘是什么样，全讲这些东西，最后全落到这上面了。这些是工具，是帮你把桩调好的工具，你首先立到那里，然后慢慢地用这些工具来完备这个桩。这是从形上说，要是再深一步讲，你站到那里，先把心和意调顺了，这个时候再调形、再调心、再调意等，是整体地调，而非单纯地关注身体。光在身体上干这个事情，就把主体掩盖了。站的时候，意识要乐，乐了以后，踝关节松开，脚就落到地上了，人跟地就发生关系了；一乐，身体也跟外边空气发生关系了，就要这种状态。这时候，看哪儿还不够就再调哪儿，这是整体把握一个桩，不是简单地一上来就是撑三抱七、肩撑肘横、梗着脖子、五指抓地之类。

先贤讲格物，就是你练着练着感觉合适了这个东西。但大家往往就死在这上面，死在格物上。想让大家格物致知，不要把这个活的东西给固化了，把这个有生机的东西给定死了。格物的目的是致知，练的是那种生机的状态，不是方法。

一些武术家不懂这个道理，他们讲拳，一定要把一个富有生命力的东西给说死了。他不说主线，他说旁枝末节；他不说势，不说在势头上见法理；他单纯地在局部上讲这样那样，用西方的思维方式研究中国的拳术问题，这很幼稚。如果把拳术比作化学实验，那他们就是截取生活的一段时间来实验，他不把这个化学实验融到整个生活当中。两个人之间真实的对抗是激烈状态下的对抗，而他们是在和平状态下，一个没有势的状态下，说你这个劳宫怎么用了、手形怎么样用了之类。那主干是什么呢？就是势，就是我们说的，拿起势来。这东西是不管什么地方接触了对方，什么地方就跟对方发生关系，其他所有的地方，空下来过对方，它是活的。

有些人虽然不是用空，但是他会用虚，他把虚用得很好的时候，你力量大也打不到他。现在拳术里面的好东西越来越少了，会用虚的人现在也很少，他可能在和平状态下有点虚，让你一下子落空，或者怎么样，但是你跟他一急，他就做不到了。在势出来的情况下还能空的人，你就打不了他了，因为他出来势了。出势很重要，势出来了，才能谈虚实、谈阴阳、谈法理这些东西。出势，用空，处处守中。

打人的时候要会借势。先让对方僵，把对方叫紧才能打，只要你做对，对方一变化就僵了，变到僵硬的地步你再打他。大成拳不主动、不用劲、不求快，意出来以后形是惰性的。你后发而先至，对方不动你是不动的，对方一动你就用他那个势打他。所以，你身体得通达、通畅、没有障碍，才能用上对方的势。你得敢让他出势，他出来你才能应对，你心里通了才敢让他出。他出来对你没有威胁，因为是你控制着让他出的。你一主动地用东西就是混乱状态，就是主观、盲目，就是惯性；你不主动，让对方主动，你看着他的主动就把他看死了。这多清晰呀，是不是？说着是被动，其实你一天二十四小时都是主动的，只是你这种主动是用被动的形式来表达，这种主动对方看不出来。渔网网鱼，你说这网子是主动的还是被动的？看上去网是静止的，鱼是主动的，可是网早就在那儿等着呢！网子主动的方法是静止。形是静止的，让对方自己作死，你着什么急？一有想法，这拳就练不了了；一有自我，这拳就练不了了；一有想当然，这拳就练不了了，腿脚不顺。习拳合道，气贯不到手上，腰摆不正，势就出不来。自己有了这个东西还得出去，到对方背后，你的对手是你的一部分，你一放他就出去。拳就是意感、自然力，无意识地做对了就行了、就够了、就贯通了。这就是势。

形意拳讲"打人如走路,硬打硬进无遮拦",也是这个意思。这不是招法,这是气势,用势打人。势打人与招法打人不同,势不可当。势是什么?势是整体,势是组织。拳的力量就是势,把势拿出来,是这种状态。身体这个通道必须足够强大,能保证让对方跟这个力量接上。虽然已经是通道了,还是要继续修炼它、培养它、壮大它。

拳法的修炼,理、法、势三者都要具备。势,必须有传承。你练拳,如果没见过那个势,就是理对、法对,做出来都不是。如果你没见过比画的那一下,那个韵味、火候你没见过,你还是不会。

那势是什么呢?就是那种弹性状态,它是柔的也是刚的,是忽忽悠悠、滴里嘟噜的那个东西。它出去就不回来,打人是用这个东西打,你力量大也扛不住。它既不是劲也不是形,更不是力,没有什么刚柔,没有虚实,也没有快慢,它就是机,你来了,和上,就完了。古人说急和缓,急来则急应,缓来则缓随,为什么这样?关键在机上。中国文化,就是这个机——机势。

体 用

打拳有两种人，一种是得"体"起"用"的人，身体有了这个东西，然后通过招式随意呈现出来，他一举手、一抬头、一踢腿、一劈掌，都是高深的拳术。另一种是顺"用"明"体"的人，身体没有这个东西，于是根据拳术宗师方便施设的动作，刻苦练习，以逼近那个"体"。前一种人打拳，自知，明眼者亦知；后一种人打拳，有自知，有不自知，明眼者能知。若是自知，勤苦练习，多方参访，勇于超越自我，总有成功之日。若不自知，又无人指点，只一心执着于招式上，迷恋于些许所得，恐终其一生未必能练就真正的拳术。

中国拳术名称各异，其体唯一，体即是"道"，即是"无"。"无"是本体。因此，"证体起用，无中生有"便是练习中国拳学的不二之理。王宗岳[①]《太极拳论》云："太极者，无极而生，阴阳之母。"无极是根本，从无极生出太极，从太极分出阴阳。阴阳一分，正是起用，或动或静，或虚或实，或有或无，或刚或柔，或攻或守，或进或退，得机得势，变化无穷。拳练至此，方称成就。这是中国拳学证体起用的道理，《拳论》一言便将拳术精华及练习入路交代完毕。从练法上讲，日益桩功，损减蛮力，退力出能，把身体各关节打通，达到筋肉若一、骨骼松活之状态，慢慢体会气力浑圆、神意鼓荡之太极理境，做到太极即阴阳、阴阳即太极、一而二、二而一的不可分割的周身一体的本能呈现，完成拳道练习初步。达到初步，即我平日所说的放弃原有系统，于身上重开一新系统。有了新的系统，站桩之余，然后

---

① 王宗岳，明朝万历人，内家拳名家。精通拳法、剑法、枪法，研究数十年，颇有心得。所著《太极拳谱》中之《太极拳论》，被视为太极拳经典理论。另有《阴符枪谱》等。

增练其他方法，试力、摩擦步、发力、试声、推手、实作等，一边拿站桩得来的东西练它，一边练它融于桩里，用两种方法、两条平行的道路前进，一动一静，久久练去，功夫自然圆成。就时间上说，要想达到初步境界，即证体一层功夫，根据各人不同的身心条件，有人需三个月，有人需一年，有人需数年不等。当然，要是不得法，一生都达不到的人也不在少数。证体之后，慢慢引用本体开起妙用的功夫，若能得法，心性灵厚的人一周时间就成了。若不得法，心性暗钝，终尽一生练习都不成的人也是有的。

中国传统儒学里面有很多程式化的东西，这就很容易把功夫定死了，就像一定要先修身啊、练功夫啊、修炼啊之类，然后再用。大成拳的心法不是练的，直接就是用，它的功夫就是用，用的过程就是练；它的用就是练，练就是用，用和练是一个，不是两个，它是体用不二的学问。我们的功夫，就是拿着这个中，在未发生的任何时间里，跟一切东西和。中和，就是用中去和，你唯一需要做的，就是体会这个中和。所谓用，就是时时刻刻体会中和之道。

意和身体不能和到一起，《大学》里有句话，"物有本末，事有始终，知所先后，则近道矣"，它有个先后次序，你先要知道这个先后次序，然后拿这个先后次序去做这件事情，条理就清晰了，意和身体就不会互相干扰。知道这个理了就要用，光知道理，你不用不行，必须要用，不停地用，用就是修正，用就是完善。就跟站桩一样，你首先得站，然后肩膀不能沉的时候，注意沉肩，这是修正站桩。这不是练沉肩呢，你练的是站，如果沉得太多了，头没领起来，就虚灵顶劲，你这个时候得领，领了才是站，发现肚子没放松，放松，腰没放松，继续放松，膝盖再往上提一下，这些都做到了，这个站才完善了。推手也一样，你意和身体和到一起就不行，会影响你的推手，推手是主体啊，你是用这个先后次序推手呢。用的时候出问题了就修正问题，修正问题就把体练了，这就既有体又有用，体就是用，用就是体，体用是一如状态，体用不二啊！教育小孩子也一样，他想跑就让他跑，他想干什么就让他干什么，你在他干这个事情的过程中修正他，就可以了，这是事半功倍。不是你在这里教会他干什么，然后再让他干什么，你在这里教，他一出门，马上啥都不会了，这是事倍功半。

教几个孩子站桩的时候，我要摸他身上，让他把这个东西调出来，他就有乐趣了，并且早早就懂这个东西。不像过去的人，站桩好几年了，还不知道这个东西是什么；然后他再练试力，还不知道；再走摩擦步，还不知道；一推手，哦，知道了，早干这个多好啊！我们是从一开始就让你知道，让你做这个事情。但凡事都有两面，古人教拳不给你讲为什么，能使你练拳更加专心；早告诉你了，你就可能贪走捷径，反而不用功了。

中国人讲体用俱备，站桩就是这样一个求体的过程。我们讲的"体"是什么东西呢？就是心、神、意、气等，这是"体"；肢体，筋、骨、皮、肉等是"用"，平常用的是这些，它的依托是精、气、神，我们练的是这个东西！站桩就是要变换气质，要找这个"体"，它的流程是这个。站桩是无主的臭皮囊找主人呢，主人要出来，现在大家都无主。"意气君，骨肉臣"，站桩就要把"意气"找出来。

站桩是一个求"体"的过程，有了体这个"用"才能用，然后"体"和"用"互为体用，"意气"和"骨肉"互为体用，这时候才能达到中的状态，时时刻刻都是虚实动静，松紧刚柔，就成那种状态，成那种状态以后就不在形上了。精神出来以后是神勇的状态，而非血气之勇。都不知道能量是什么东西，不知道身体变换以后的那种状态是什么东西，站桩就能有这种东西，就能让你知道它是什么。站桩就是站桩，就要时时时刻刻观照这个东西出来，出来的越来越强大，那个东西就成主体了，然后拿着那个东西，培育那个东西，壮大那个东西。怎么培育，怎么壮大呢？心法是若存若亡，若有若无，不能执着；慢慢地，托着它，还不能把它抱死了，它就越来越壮大；到时候无为而为，不养自养，不练自练，都是那种状态。

无 我

大成拳是以身法正心法，以身正心，以心印物。心空了以后，一看对方，对方所有的东西都在你心里。但是要做到这个，你得让自己的身体先空了，然后心才能空。有人是从心入手，我们是从身体入手，从身体入手然后到心；然后再从心入手，把身再给统进去。大成的方法是你先把身体松开了，然后再谈心的事情。心法就是要敢于不当回事！还要看着练。它不能急、不能缓，不能左、不能右。你一急，拔苗助长，你不急，火候过去了，也不行。它是念起念息，念头一起就要息掉，息掉以后等，等什么呢？等那个感觉出来。念息觉起，让那个觉出来，它等这个火候。你得知道这个心法是为了什么。那个东西出来以后，它自己就能不断地成长，这时候你就不能引了，就让它在哪儿自生就好了。不断看护它的过程中要没有自己，把自己融到法里，而不是要学很多东西来壮大自己。

学拳首先要立起一个观念，就是不要壮大自己，是没有自己，把自己融到法里。是这个东西，别搞颠倒了。你没有自己的时候，时时刻刻印的都是真实。你有自己了，印的都是自己主观的东西，自己的惯性、习气，是自认为的什么什么。合道之拳是自性拳，不是习性拳，要不然你把自性拳法练成习性拳法了，这危险得很。

只有把自己融入法中，无我了，灵机才会出现。不然，练得一身的力量，走路都横着走，见谁都想用力，就不对了。见谁都没有自己才对劲，你是空的，见谁都能把他看清楚。身上不存力，心里不存事儿，打人都是空手，轻飘飘的，即古人讲的风中旗、浪中鱼，一扬手，对方双脚离地就起来了。

站桩是大成法门，长期修炼使人心地纯厚、聪慧，所以，不能有小聪明。

> 須得無中有，還知色即空
> 癸巳秋日 鴻坤記之

小聪明是习性、知见，自以为是，只想把很多东西融到自己身上，让自己强大，必然就反了。应该是没有自己，把自己融到法脉里面去，用大成法脉把自己放下，把身心融进去、入进去，而不是把所有东西都往自己身上揽，这怎么行呢？你身体能承载多少呢？一承载就偏，这是必然的！不是拿这个法壮大你自己，能放下自己才没有障碍，才能入进去。大多数人都容易反，都在颠倒梦想，都是把东西拿过来放在自己身上，就像王选杰先生所说，"浅则受益，深则危害"，功夫浅的时候有点儿收益，功夫深一点就入魔道！因为这是一个本末的问题。这里面不能用聪明，也不能用愚笨，因为愚笨里边带着聪明，聪明里边显着愚笨。聪明和愚笨是一个，都是傻，一个往这边傻，一个往那边傻。要守着中道！聪明和愚笨是一个性质，只不过方向不同。

站桩是干什么呢？就是身体放松了以后，让里面的灵机显现出来。灵机是什么？就是身上不紧的那种弹性状态。就像你打高尔夫，你说我没用力，但我反而打得远，一用力反而打不远了。灵机就是你没用力的那种用力状态，我们要让这个东西显现出来。这就是无我的一种状态，身体只有在无我的时候，才具备这种弹性状态。为什么你在练习场没有问题，一到正式场地，开球的一瞬间就不行了？有我了啊！有我的那个心进来了，无我的那个状态没有了。大成拳法就是要练得任何时候都是无我的状态，时时刻刻练心，拿身体练心，以身正心。

拳学之道载负着生命的真相、人生的真义，它里面有人生的智慧。在修炼的过程中，它有无我的智慧。你真能做到无我，生活当中就会得到很大的受用。就像推手，要无我，没有自己，就是拳的状态，拳的状态出来，把那个小我取代掉。只有无我的时候，你才能进入拳的状态，你端个我的架子，怎么能进去呢？生活中也一样，就像你在路上开车，直行线、转向线、红绿灯，你要分清、遵守；不能觉得"我"够狂妄，就不管不顾。要心平气和，拳道的状态，灵机不能因时、因人、因事而改变。任何时候，任何地方，无我的智慧都要起作用，它无所不在。首先要懂得这个东西，才是大成拳。

大成拳，无我、无敌；心中无敌意，则天下无敌人。我们说的无敌，是这种无敌，不是说你厉害，没人能打过你的无敌。你没有敌我意识的时候，对方的意就是你的意，你要用的是对方的意，不是自己的意，这就是无我，就是不执着。不以自己的意为意，没有对待，这就无敌了。

要了解心，也要了解身体。这个世界上，大多数人都是普通人，这是生存的人的一个主体。你说你要了生死、断烦恼，脱离六道轮回，这都没问题。但是，在脱离轮回之前，你人生之道得清晰，人生之道清晰了才能帮助你完善生命之道。你人生之道都不清晰，生命之道就清晰不了，因为它是个底座、根子、条件。人生之道里面比如无我，你做不到这个的时候，修炼是很麻烦的，因为它是你修炼的一个大要领。你生活当中做不到，你修炼的时候也很难做到；做不到这个，这个坎儿就过不去。以推手来说，它很简单，就是要无我；只有无我，推手所需要的生命的本来面目，那种无杂染的状态才能出来，有我的时候这个状态就出不来了。你是有"假我"的这种状态，不是灵机在现，赤子之心，活活泼泼的生机的那种状态。不是那个东西就不行，不管你干什么，这个东西你得有，拳学之道就载负这个东西。

无我表现的地方太多了。我原来教的一个学生，属于性子比较急的那种人，我说你把对方已经制住了，这就行了，别往下走了。对方难受，到这个限度最合适了，再不要动了。对方没有办法的时候这已经到位了，到底线了。他不理解，他说我再弄一下他不就完了吗？我说你得心存慈悲，不能再往下走了。他不理解这句话，我没跟他讲透这个东西。对方被动的时候如果想改变、再动一下，就更被动；对方没动，他动了，他就把对方的这个被动给破坏了，对方就反过来了。把对方按住的时候，就不能再动了，不能动，也不能跑，不能再继续，处处要得机。这个时候没有机，这个时候你按住是你舒适得力而对方不得劲的一种平衡状态，这个时候你要是动了，这个平衡就破坏了；这个时候你不动，让他动，他动则必死。他本来不舒服了，再动就更不舒服，因为他动一下你再平衡状态，再动一下你还再平衡状态，他把自己就作死了。这说起来有半分钟，做起来就是一瞬间。实际上对方不舒服的时候他必然会动，但对方没动之前你不能动，你一动，对方就有机会用你的这个动。这是必然的。

无我的状态一出来，你就会心明眼亮，良知良能就起用了。这时候，谁做不到无我，你一眼能看出他的毛病在哪儿，他是什么货色。随着你功夫越来越深，这个东西越来越清晰，你就能把人的心和身体看得特别清楚，这个时候就更能做到无我了，因为无我的状态巩固壮大了，变成生活常态了。只

无 我

有无我，心才能大，有我就有很多障碍。无我的时候，你的幽默啊、智慧啊全开了，一有我，这些全给堵住了、压死了。

有我，就有想法，就有惯性。老前辈就说过，乱拳打死老师父，① 就是没练过拳的人，他一上来胡打一气，很多练拳的人遇到这种情况就没办法。他是不管不顾就这一个劲，但这一个劲就能把人的思维搞乱了。他如果是练拳的就用一个劲，你就会变化。但他不是练拳的，使这一个劲你就想挡他。他就一个劲，你干吗不顺他一下？顺他一下还不容易？但这个时候你就没想到要顺他一下，想不到。这是为什么？这就是一个心理误区，有些人这个心都被拿住了，碰到这种情况往往都不转，都硬顶。你如果还是无我的状态，不会打的人打过来，不管他多猛，因为他就一个势，你很简单地侧过来他就过去了。所以，一定要无我，只有无我，才有真正的智慧。

---

① 拳术谚语，指程式化的套路在实际运用当中有问题。

有形与无形

站桩要把身体站成意，如果肌肉紧张，意就出不来。把自己站松了以后，你会感觉到意在身外，然后把自己有形的身体虚化，把外面的无形的空气实化。身体虚化以后，拿这个虚的东西入这个实的东西，身体是虚的，放到这个实的空气上，大成拳把这个叫与空气产生摩擦。把身体虚掉，把外面弄实，然后所谓摩擦就是拿着这个有形化成的无形，入到这个无形化成的有形里面去。为什么非要这样干呢？因为这样到最后用的时候，对方就抵抗不住你的力量，你能入对方，把对方有形的看成无形的；对方是无形的，因为你自己是无形的，对方是不存在的。到最后心越来越放大，意越来越壮大，它就成为另外一个系统了，不是平常的、有形的系统了。

有形的东西变无形了，这无形的东西畅通了，就会出现一个现象，这个现象是一个关口。身体这种有形化无形的这个东西是什么概念呢？就像毛泽东说的"欲与天公试比高"。这个东西大得很，你再看人全是小矮包。这个东西出来了，心变了，会很强大。只有你通透了以后这个意才能是这样，不通透的时候不行。练到能把敌人看小的时候，才是大成拳。这时候就真正没有恐惧了，看谁都弱，看谁都不禁打，别人打你你也不会急了。"相对如婴儿，举手不能逃"，这是练出来的，不是想出来的。

有些人智慧、敏锐，站桩时会突然发现，原来是这个！虽然一会儿又跑了，但思维的那种感觉还在，他能回味出来，这样他就有个方向。还有很多人，这种奥妙的感觉出来了，但跟没出来一样。就跟开悟一样，一个人一生开悟过无数回，最长的时候也就几秒，最短的时候一闪念，都保不住。

是真意出来，不是假意，真意出来了那就真祥和，无恐惧。王芗斋当年教卜恩富①的时候，王芗斋说，过来，给我磕头，我教你。如果现在泰森在这儿，谁敢这样说？

精神要出来后，所有的技术就跟你没关系了。老鼠技术再多再过硬，见了猫都没用。王芗斋当年给一个很有功夫的弟子讲这个东西，这个弟子都不相信。香港已经去世的汤先生当时也在，王先生给他们说，你们这样耍力气不行啊，意拳不用这个东西。这个弟子私下跟汤先生说，王先生老了，不行了，看我们练得棒，尽说玄的。很久以后这位汤先生说，现在我快死了才明白，王先生是为了我们好，都是我们年轻不懂事。这个弟子当时也许能听懂，可能是因为练了一身的功夫，不愿意放弃。

形正气顺，形要对，形对了之后才能谈无形，无形是因为有了那个对的形，然后把它去掉，但是那个形得是对的，形都不对，形都不适合，哪里谈意？形对了，然后再慢慢地去掉，无形的东西就出来了。必须要变，变了之后身上才能是这个东西，站桩的时候是这个东西，拿起来还是这个东西，不能跑了，就这一个东西，一以贯之。对方打你的时候是这个东西，快的时候是这个东西，慢的时候还是这个东西。这个要实践，不能有自我，要有一以贯之的这个东西；有自我的时候这个东西就没了，有我要怎么样的时候就是自己在那里想当然了。它是这种状态，这个才能炸开，然后还得引导、培养这个东西，力量来了就散开，一落东西就散开，不是一落东西就接着。

先理无碍，事无碍，然后达到理事无碍；再通过这个事情的理事无碍，达到这个事情以外的事事无碍。理要贯通，要知道咋回事儿，然后以事证理，看做这个事情跟理合不合，然后理事无碍，理和事是一如状态。有的讲以事证理，有的讲理事无碍，都是一回事，因为这是原则、原理。落到实处，这个理是什么样的理，神、形、意、气、力的关系之类要弄得清晰。普通人打人，身上有劲，但是也有形，形和劲是一个东西，形劲合一了。我要

---

① 卜恩富，拳学大师，王芗斋先生弟子，精通拳击、摔跤等，成绩卓著。曾任八一队教练等，在全国职业拳击比赛中拿过冠军。

打你，我用的是劲，但我不用形，我就是劲过去了，是这么打人。你把身上这个弄清楚了，再把它运用到生活中，这是很清晰的事。你如果大的东西不清楚，只在你认为清晰的那个小范围之内来思维、做事，就拘于那个范围中出不来了。把"我认为"打破，你身上就已经证到了一个东西，就是拿有形练出的无形的这个东西来印万事万物。说了半天就是这个事，翻来覆去地说，身上练，理上说，很多人心里能懂，就是身上没有，这个弯儿就转不过来。所以，得站桩，下功夫站，功夫不负有心人，你只要站，站得身上一出来，不用脑子想，这弯就拐过来了，因为这是证到了。

形意拳是练形取意，借假形把意练出来，再以意象形，拿着出来的意带出新形，然后形随意转，改造过的形能随这个意的变化而变化，最后意自形生；这时候形和意之间互相转化，互相是对方的因，互相是对方的机，到这个程度就圆融了，也只有这样才能应物自然。你不这样，你自己身上的理都搞不清楚，怎么能理清外头的事情？没有这个能力啊！而且拳这个东西可以直接印证，你看文人的东西，比如书画，他不能直接印证，有些人能看得了，有些人看不了；能看得了的，就是能看得了，看不了的就没办法。拳学只要一试，当时就知道，哦，身上原来是这样！拿身体就能印证这些。

就像有些人写书法，他字形已经很好了，就是字里没有神，这时候他不在神上下功夫，还要把字的这个形再壮大，这就错了。古人讲形与神俱，就是要形与神俱备，这是一种理想状态，但很多人并不知道这个形指的是什么东西。形是有层次的，第一个层次是一笔一画的这个假形，通过这个假形把神要练出来，这就是借假修真。神是真的，形是假的，假的形里面出来真的神。神就是精神，就是那种生机状态，不是什么神秘的东西。练出神来以后，这个神又带出来新的形，这时候的形才是真的形，原来的形已经不存在了。但要到这一步，首先第一个形要对，对了之后神才能出来，然后神出来的一瞬间，就要把假形放弃，因为它的作用已经结束了。很多人的问题就是一直抓着那个假形，把假形练得很壮，但神始终没有出来。得把真神练出

有形与无形

来，真神出来以后再把真形带出来，这就是神形俱备了。同样是写字，最后形没了，就是神气，但是神气不能直接显用，还要通过形来表现，但这个形跟当初的那个形已经不是一个东西了。所以，你要欣赏书画，就要看它的形是什么样的形，是真的形还是假的形，要知道这个，你就要先看神气，神气一对，你看神气和形哪个在前面，是神气带出来的形，还是基本功那种假形，这就会看了。

有形和无形有两层意思，一个是对意而言，就是不要外边这个形，要里边那个无形的形；一个是对固定的程式而言，固定的程式是有形的，打破了程式就是无形的，它是讲这个东西。所以这个形也很重要，你意出来了，形还得跟上，还得拿形支撑这个意。这就必须让身体也变了，变得跟普通人不一样，这是第一步。你看，讲技击，讲用，把理、法又带出来了，其实理、法、用是一个，根本分不开。现在讲这个用，你这个身体没有转换之前的用不是拳学的用，所以还得讲回来，就是得把这个东西先练出来，后面的才能谈，因为它是基础、前提。练这个东西的方法就是站桩，除了站桩，没有别的方法。当然也有很多方法，比如抻筋、磨荡、扭转、摇摆横旋、提按顿挫等，也可以把这个身体变换了。但是，它再细密，就跟针眼一样，在一张纸上你扎得再密，也有布不到的地方，因为它不是从根本上直接转变这个东西，它是枝枝叶叶上的转变。只有站桩才能根本转变，它是没有一法而万法归一，你那一万个法也归不到一，还是招式，这是最根本的。这个理，要是明白了，桩就能站下去，桩就是变换气质和觉悟。

不管你练什么拳术，也不管这个拳术多么精到、多么高深、多么相似佛法，最后有个东西你必须具备，也是拳术最核心的东西，就是"武"，要以武化身、以武变心，用武把自己给变了，要落到这儿。平常人的身体是以血肉之躯为主体的这些东西，你要练拳，就得把这些东西化掉，这不是说这些东西没用，得把它化完以后它才真有用。身体里面有两个东西，就是一直说的无形和有形的东西，很多人过去没有意识到无形，他听到无形的东西，就

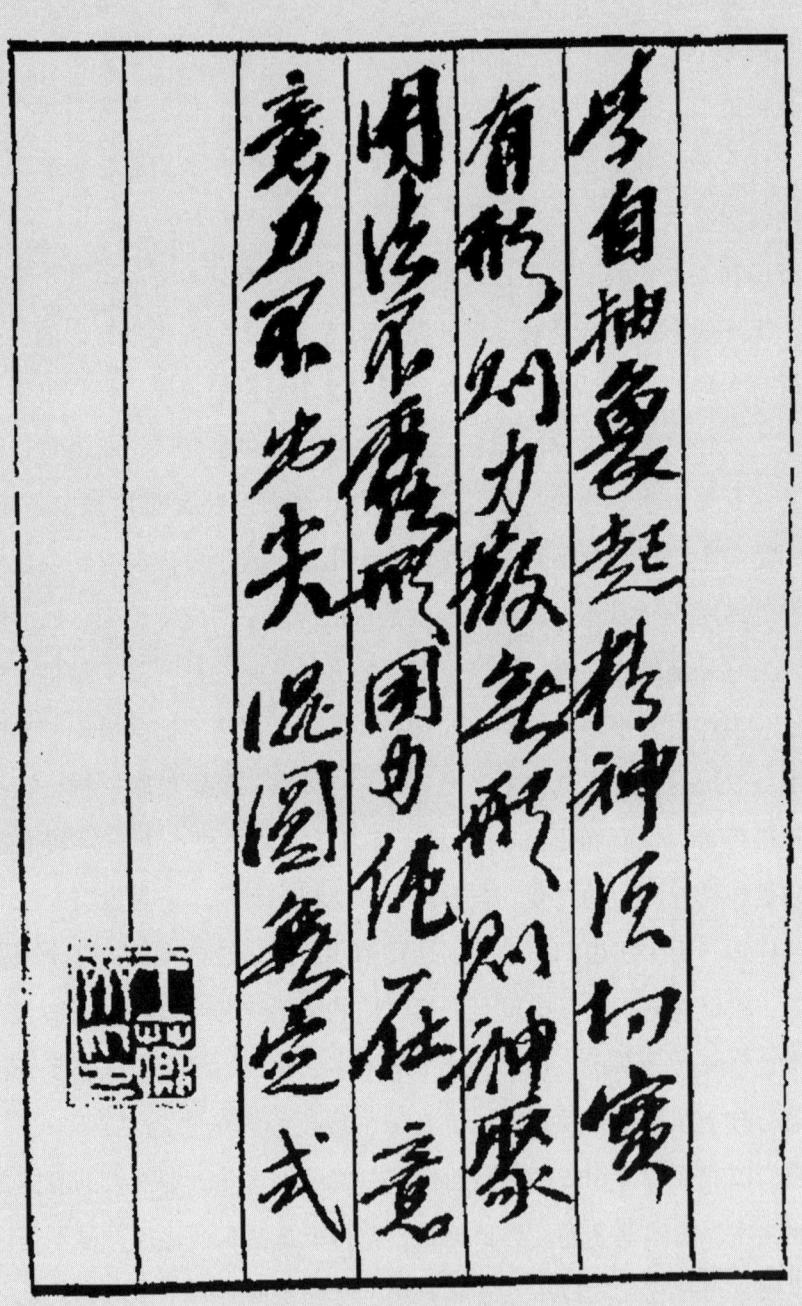

是神、意、气的时候,他突然感觉到找到真正的理、法了,他就把有形的东西放弃了,这是不对的。有形的东西和无形的东西俱备统一才是整体,古人把这个叫做神形俱备。①

再往深一步讲,学问也分有形的学问和无形的学问。区别在哪儿呢?有形的学问练好了才能用,无形的学问直接用就是练。这就是为什么过去普通人学不到这个学问,因为这是治心的学问。有形的学问,比如说镰刀割草,你每天要磨这个镰刀才能拿它割草,它是两个东西,你得先磨快了才能拿去用;还有这个肌肉,你得练,你不练,它就退化了。无形的学问是什么,就是你跑步、站桩出来的那种状态,你拿着这种状态对待事情的时候,就既是用又是练,用就是练,练就是用,用和练是一个。拿着这种状态,碰到问题就是修炼,修炼就是解决问题,解决问题就是修炼,它是一个东西。这是过去的人秘而不传的东西,不是说站桩有什么不传的,站那儿不动谁不会?最上乘拳法的修炼,它没有有劲、没劲,没有厉害、不厉害这些东西,它是智慧出来把这个事情给拉平了,没有分别,没有对待,也没有敌我。就是心有智慧,心很大,大到空了,大到自身有形的身体影响不了心,外面的事物影响不了你的心,我们练的是这个东西。那怎么练呢?就是用这个有形的身体练无形的那个心,只要你有身体,就是好事,就有机会练这个心。把这个身体用纯熟,它影响不了你的心以后,再用外面的事情练,比如你吃素,看别人吃肉你不动心,这就是拿外面的事情练心。给大家把这个事情说清晰了,你就知道怎么站桩、怎么跑步了。比如跑步,你要把那个乐的状态跑出来,并且那个乐的状态不能受身体累的影响,也不能受谁跑得快、谁跑得慢的影响,那个乐出来以后,它是不变的。那怎么出这个乐呢?就是跑的时候,跑着、跑着,知道腿要弯一点,背要松一点,精神要领起来,一下找到了,就找这个东西,找到这个东西,就把肉放下了,不要肉了,就拿这个东西跑。镰刀是越用越钝,肌肉是越用越僵,心是越用越灵。

---

① 上图为王芗斋先生论拳歌诀墨迹,由汤汝琨先生提供。

有序化

身体要有序化，通透，没有障碍。它的有序不是有意的有序，就像你碰我身上一个地方，我这个地方就没有了，但是其他所有的地方都围着你，这地方不但没有了，还要给其他地方帮忙，无形的根催着它一起帮忙。"浑元一气，聚者成形，散者成气，一气之流行，自性之流露，乃良知良能之挥发耳"，① 就跟流水一样，跟气一样。你说是有序化，它还没头没尾，这前面流着后面还催着，它是一个东西，它翻过来还是这样，颠翻倒插还是这样。不是这个来了，那个再来，它本来就是一个。有序化也是一个的有序化，不是一完了是二，二完了是三，它就是一，这一里面随时有序，就是浑元桩鼓荡之气。

它这个有序什么概念？你拿着我的手，你用劲，我也用劲，这就不是有序。你还拿着，你用劲，我不用劲，但我里面的东西过去了，这是有序。我全身是这样一个有序的状态，你拿的时候，我里面已经过去了，然后才跟着形体，我跟你接触的地方不卡。这都是桩上的功夫，我就是空空地出去，你摸不着了，因为不知往哪儿用。

王芗斋年轻的时候，跟李存义②、佟忠义③、尚云祥、刘纬祥等先生④等人在一起，有人说王先生："你手臂那么细。"王先生说："我腰粗。"大家乐了，都懂啊！他敢说这话，意思是："你来吧！我腰粗，你要认为你比

---

① 作者的拳学倡导。
② 李存义，拳学大师，形意拳、八卦掌的重要传人，骁勇忠毅，心仁好义，世称"单刀李"。
③ 佟忠义，拳学家，与王子平先生并称"沧州二杰"。
④ 刘纬祥，拳学家，著名的形意拳传人。师承郭云深等。

我的粗，咱就试试。"他们都是行家，都懂得其中的奥妙。王芗斋对自己的腰很自信，他这话很真。田径运动员的腹肌好，它不是肌肉好，是弹性好，爆发力好。腰好，一下子就超别人了。看着显不出来，可有生机啊！随时能生发，那才叫好。

有一句话"肩能放到胯上"，他这中间没有东西，他没有肩，直接去！他通道打开了，里面的东西活了，那个东西在出，能量不受滞碍。光练不行，还得讲，把理聊通了，你练时就有方向了，真正的拳法随时是那个状态，可以不用，但必须是，是那个东西就不能用。但你得具备那个东西，具备了这个东西风水就变了，也就不用了。真正的大用就是不用，不用之用，因为它不用"用"就解决问题了。

练拳要学原则，学原理，学根本之法，不是具体的方法但又包含着具体的方法。这需要悟性。悟，不出这些原则才是悟，脱离这些原则就不是悟了。每个人的见地不同，很容易想到别的地方去，原则不一样就不是这个东西了。站桩就是遵循原则，就像种子放进地里，有水有养料，它就会长出来，你把种子放到石头上还能长出来吗？站桩必须间架结构得对，心的位置得对，有一个不对都不行。对还有一个层次的问题，有的人对的程度好，有的人差点，如同种子长出来，有些茂盛，有些仅限于长出来而已。每个人站桩都不一样，有的人关节也能打开，有的人打开得最合理，全身打开得最协调，重量重心最协调。就像齿轮一样，你这咯噔咯噔也能套上，有的人套得严丝合缝，非常合理，磨损、损耗最小，一点声音都没有。所有的关节、肌肉都是这样有序，有序两个字做到很难。要在生活中找符合拳理的那一点，如果找不着你就拿你的拳理套生活，让拳生活化，等于你一天到晚都在练拳，这是秘诀。

通　道

　　推手是导体之应化。推手的时候，对方用劲时自己不能用劲。一用劲，用意的通道就没有了，就不是桩上的东西了；一用劲，对方就能用你用出来的这个劲。就是在任何势的状态下，你都不用劲，这才能得机得势。全身始终在一种通畅的状态、准备的状态、头头是道的状态，这就对了。你可以跟家人推，在外边不能推。让家人推的时候，就是慢慢地先吃住了，吃住了再让他落不住，吃住了化。它没有顶，但是很厚，就拿这个厚化对方。它很厚重、很大，而且还没发动，它始终在一种蓄势的状态，随时能发，待势而动。虽然它还没出来，但已经把对方拿住了，拿住了并且和上了，然后任何时候都能打对方。要这样推，不能一上去就硬来，硬来是用劲了。一用劲，桩上那种柔化、那种厚重、那种中、那种次序，全用不出来了。

　　推手，要把自己的面子、过去的功夫这些东西全丢掉，就是拿人练，把这个厚重的东西调出来。调出来以后，你就从容了、自由了，就不是肌肉的力量了。这个时候，我再带你推。腰松下来，把通道打开，把不用力的通道打开，用意的通道就有了。不用力的时候，把用意的道给腾出来。然后拿意用，意就是力。肉松着、沉着，就跟土一样，让开，让底下的那个豆芽发起来，让它出来工作。不用肌肉的力量，它才有那种东西，要把这个体会出来。慢慢地有一天自己知道了，哦，不用力是这个东西！那后面的事情，一天一个样，就进来了。通道没开之前，就跟盖房子挖地基一样，你一天两天，老看不见这个房子起来，它是往深挖的，怎么能起来？等地基打好了，上面的东西几天就起来了。等哪一天身体松得一摸人自己用不上力了，就用里面的那个东西。用那个东西的时候，就调动一次长一次，进步就不是按天算了，是按一会儿一会儿地算，它一会儿一会儿地长。这就是为什么原来老说，只要这人有功夫，一教就厉害了，几天的时间就厉害了。

所谓功夫，就是通道能开。古人说，浑身是铁打得多少钉儿？我们用的是这个通道，通道打开了，那就是天地之力。《拳论》讲力含宇宙，怎么含？你含不了，是力通宇宙。所以，就一句话，把通道打开。就像你拿一片树叶，把它平放到地面上，然后踩上去，这个树叶就把你托起来了。这不是树叶有多大力量，是它直接接地了，如果不接地，它能撑得起你吗？

人跟自然比，人胜不了天，但可以跟天合。拳练得好的人用的是自然之力，不是用自己的力。用自己身体有限的力，那不够，身体只是个通道而已。

所谓通道，是意在用劲，肉和骨头附着意往前走的这种通道。到时候意都是通道，它不停地往里走，通道里攒的东西都不一样。王先生的手，就这样撩一下，对方就起来了，那不是肌肉的力，它是通道里面的东西。通道里的东西要破出来，散发开。为什么身上不能碰呢？一碰里面的东西就炸开了。就像水在水管子里面，是水管子不动，里面的水流过去了。

常人的功夫为什么不行？超凡脱俗的功夫就是所说的神灵，"一练一敬，天之神灵"，就是没有自己了，心意变了，自己知道自己是通道，不用自己了。俗人老是用自己，用自己就是局部，就是有限。通道怎样才能真正地通呢？就是纯粹了、没有杂质了、空了。空就是纯粹、没有杂质。要变性，如果不变的话老是后天的习惯，老在这里出不来。我给孩子们讲，"人生是时时刻刻地学习、追求的过程。"孩子们问："为什么学习？学到什么时候？"其实，学习才能懂道理，懂人与人相处的道理、事物的道理，就知道人的终点在哪儿。那学到什么程度呢？学到生活中了，学到不学而学的程度。练拳达到不练自练、不养自养时，那个通道才能通。这个境界有的人可能三十岁就达到了，孔子七十岁达到了，应该是二十岁就能达到，达到那种状态就进入了那个通道。大家都是俗人，俗人就是生活、学习和工作等折腾不过来，一忙，累了，就把这事放一边了。拿通道那个东西生活就不累了、不忙了。就练拳来说，如果说追求技术，那真正的技术就在于通道的随时能用。形、意变化的时候通道要跟得上这个变化，适应这个变化，在任何变化了的条件下都保证能用。再一个是辅助这个技术的条件是通道要坚固，质量要好。什么意思呢？就是通道不仅可以适合各种变化，它吞吐的容量还要大，这是通道的能力，不光是通道的作用了。就是说通了之后还要再不停地培养它，光通还不能用，它和平状态下能通，应敌的状态下能通吗？心理变化的时候能通吗？通了能不能炸开？所以，要培养它在任何状态下都能通，时时处处都能通的时候它才能起作用。通了之后还要让它大，通道只有够大，作用起来才有力量。要使通道壮大，一个是培养心，从心上入手；一个是从身上入手。很多人站桩站得高，他能通，但是没有力量，原因是他通的东西不够壮。为什么有些人站桩站得低？他就是借此来让通道变得很壮，很强。不过他要知道这么练是为通道服务就没问题，如不明此理，将站低桩当成主体技术，那就练偏了，失之毫厘则谬以千里，最后成练劲了。灵机上身之后，桩站高站低都可以，但要明理，守得住。

不住不断

《拳论》讲,"形不破体,力不出尖",如果用白话说,就是身体跟地呈垂直状态,是尽量这样,不是绝对的,像数学公式一样精准谁也做不到。保持垂直状态有两个好处:第一个是能做到真正的"形不破体,力不出尖",第二个是动作可以有连续性。要是破体出尖了,你打人就很难有连续性,势就断了,势一断就没有力量,进攻的力量就弱了。这个问题两面看的话,从进攻上看打人要有连续性,你一破体,连续性没了;从防守上看,你一破体,对方就容易乘机进来,自己不能自护了。还有一个更重要的东西,就是这个要领逼着你的步法发生变化,步法变化是根本意识的变化。什么根本意识?你打人的时候你自己得定位,因为"形不破体、力不出尖"这个要领的限制,你不能追着对方破体地打!打不着就只能上步,只能变换步法,你就是个导弹也得用火箭送上去。步法就是膝盖的变换,膝盖里面藏着神,膝盖可以屈、伸、迈、提、扣、摆等,这是从根子上说步法。膝盖的提、落、扣、摆等,形成了无数各种各样的步法。这个和平常练的是一个东西。我老说站桩的时候膝盖得有弹性,这跟步法有关系,跟桩的整体性有关系,跟什么都有关系。

这就是我们练的基本功。为什么一个动作刚找到感觉的时候,不能住,不能享受那个感觉?因为享受那个感觉的时候你一转换就丢了、就断了。不享受那种感觉,继续往下走,你就可以保持不断。所有的动作都是这种状态,不住不断。我们现在做的准备活动,各种形式,从形上已经有利于身体的健康和格斗的状态了,但更深层次的目的是通过各种动作的变换,让那个态势不断,我不住到这儿,它还不断。你要理解到这个东西了,再看我们的准备活动,多有意思!这样一来,你膝盖有弹性了,这些东西有了,你站桩就饱满了。因为你各种状态都有了，站桩是所有状态当中最容易的一种，它就很容易让这种东西准确。不是姿势的准确，是状态的准确，状态是无形的，无形的那个东西很准确，不是动作很准确，是不住不断的那个状态很准确，老有那个状态。

就跟平常人练拳一样，练形意拳、太极拳、八卦掌，对身体都有所要求。那些要求也对，就跟"不住不断"这四个字的要求一样，这四个字是我们通过各种实践、练习，包括继承的拳术，琢磨、总结出来的，原来是这样，这是原理。就像沉肩坠肘、虚灵顶劲等，你仅仅看这些东西，怎么能学会？一个道理，光看书上写的这要领那要领，怎么能学会？只有给你讲练习的方法，给你解释透了，你才能学会。只把实践出来的理告诉你，你就容易住在要领上，而不会通过要领恢复良知良能。

人们有惯性啊！为什么要不住呢？有些人问，我这个挺得劲的，为什么要变换个身体？因为所有变换的姿势不是常态，你不能把不是常态的东西练成常态，就像弓步，你找到那种感觉就可以了，因为你不是生活在弓步里面，所以你得变；变了之后感觉还得有，形式变了，感觉不变。这样虽然你老变，但那种状态始终没有断。那种状态才是你要始终都得有、活着就得有的东西。

这个理懂了，你现在跟我说话的时候那个状态也要保持不断，你走路的时候也要不断，生活中落实它，时时处处都不断，这才成。只是听懂了，一转身又没有了不行。要落到实处，这很难，事理不二才是真懂了。

把自己这么多年的习练实践中总结出来的对身体有好处的动作，组合成一套连贯的序列，犹如专业训练前的准备活动，如抱完肘以后需要抱膝。这些动作或是顺序的，或是对应的，这是两个原则。形很重要，形在中国文化里面有个对称性、对应性、连续性、整体性、系统性，这几个东西全包含了。这是形，形可以不住，形里面的那种不断的状态是最重要的。这个理不讲清楚，你光练这个形，虽然健身没有问题，但你若知道这个理，再跟形融合起来，那就更好了。不知道那种状态，你扳肘扳住的时候，别人一推你就倒，就

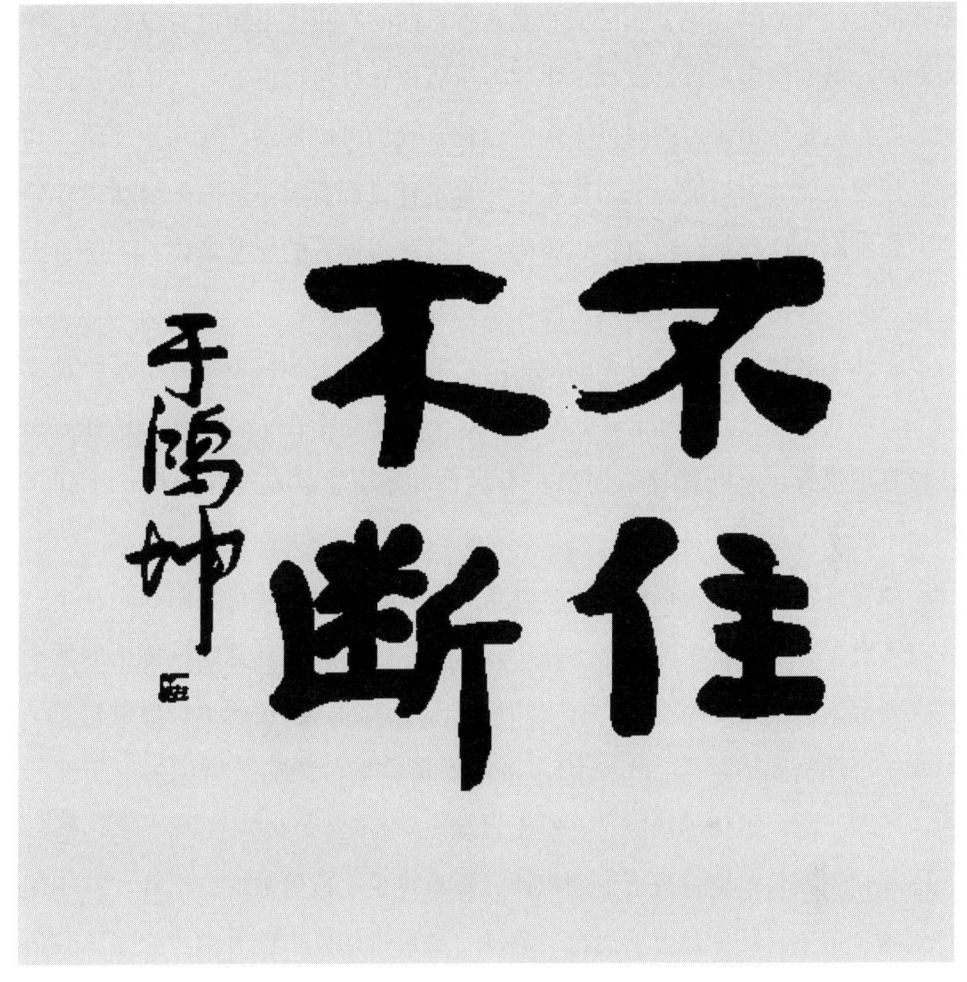

合不上了。要知道，这个动作不重要，这个状态很重要，这个状态你有了就能用了，任何状态都能用了。如果你不能用，光练动作也没问题，对身体也很好。我们选动作的原则是健身性、对称性、艺术性、实用性都考虑。

基本功要不断地练，练的时候心里要有这个东西，没有这个不断的东西就成健身了。意要贯穿这个不断的灵机状态，就能练成拳。不管哪个动作，站桩不住于形式，你这样站与不站，这样了你全身上下还找一个跟站桩一样的感觉，这就是不管干什么你都是不断的。

有一天说要弄个沙袋，里面需要填充些碎布片，有人问小正哪儿有卖这东西的，他就急躁，说怎么可能有卖这种东西的？我也不知道有没有卖这种东西的，就到淘宝上查，发现这个店那个店都有打包待售的。这个故事什么意思呢？就是你不知道的时候不能下结论，我们可以探索，找几个思路，如服装厂之类的地方可能有吧，现在市场真是什么都有啊。所以人要活得轻松点儿，别跟自己较劲，给自己设障碍。自己跨不过去的那些障碍，等绕过去以后一看，才发现这不应该成为障碍啊！

不住不断地练拳，不住不断地生活，要体会这个不住不断。不断就是没有丢，形式上没有，实际上还是有；形式上好像是不在了，实际上还在。不住就是不执着，不断就是不懈怠，不执着、不懈怠就是不住不断。不住于形，不断于神意。

就像平常在生活中训练放松，念头一起就把放松的状态带出来，这个念头就不要了，这是念起即息，不住于念；息了以后，念息觉起，觉悟的那个东西要起来，这是不断于觉。有一句话是不怕念起，就怕觉迟。要觉悟，一旦觉悟，烦恼即是菩提；不觉悟，烦恼还是烦恼，烦恼转增烦恼。不住于念，不断于觉；不住于烦恼，不断于智慧。

不住不断，不是一成不变的东西。你看推手，哪里被对方堵住，就不能住到这个点上，其他地方要运行、启动，然后带动这个地方就过去了，其他地方始终没有停过，这叫不断。拳理就是生活之理，人要有一个不断的东西，要立起来一个东西。儒家讲诚明，就是心里要透亮、端庄，要立起来这个东西；西方讲绅士教育，你把它立起来，这也叫不断。你学的是圣贤教育，心里要立起来一个东西，这个东西始终不能丢。再深一层，不断什么呢，不断的是事情的真相、事情的真理，这个是不能断的。因为现在国家比较祥和、比较安定，真正的英雄豪杰你看不到。过去在民族危难的时候，他可以不住于自身的尊严，可以牺牲自己，甚至可以连绅士风度都不住，连自己的生命都不住，因为他有自己不断的东西啊！那他不断的是什么？是民族大义，是浩然正气。所以这个"不住不断"是大成的主线，时时刻刻要提醒自己，不住的是什么？不断的是什么？这个要能听懂了、学到了，那会很受用。因为这是圣贤教育。

圣贤教育，在生活当中就要体现出来。

古人讲游学，也是这样，要不住不断。你光在一个地方学习，对这个地方就容易产生一种依赖。心存依赖，本身就是一种惯性，这种惯性很容易把自心给蒙蔽了，心又住到了一个地方。心要不住，就不能停留在惯性当中。所以在那里修炼一段时间后一定要出来，古人叫游学。不过需要提醒的是，保持住修炼的那种心，出来才有意义；如果出来一放逸，游学就变成游玩了，你嘻嘻我哈哈的，这样出来，不但没有好处，还把原来修炼的成果也给抵消了。所以，不管到哪里，一定要守住自己的心，出外游学，这个非常重要。这个做到了，在游学的过程中，对原来学的东西才能理解得更深刻、掌握得更牢固。从理论到实践，这就是实践。《论语》说"学而时习之"，这就是习。但在习的过程中你得有东西，这就提出一个问题，就是要习的是什么？要实践的是什么？在一个固定地方学的东西，你换个地方能保持这个东西，这就是习，习就是时时、处处都能保持这个东西。换个地方就没有了，一换环境就没有了，怎么可以呢？学了东西就要落到实处，要落到实处，就要在生活当中体现出来，体现不出来，学了又有什么用？现在的国学很多都是空对空，坐在那里背经典，背完了一转身就没有了，生活里见不到了，这就是断了。现在的教育比较难，难在孩子以自我舒适为中心，你跟他吻合了他就认可，不吻合了他就认为不对或者不认可，有意无意他都带着这个东西，就是住了。

《金刚经》里有"应无所住而生其心"[1]之语，《大成拳论》有不执着、不离开[2]的训诫。但是这种东西是从心里萌发出来的，觉得他们写的就是，你要是讲这个东西，很难恰如其分地表达出来。什么意思呢？就是同样的东

---

[1] 《金刚经》（第十品：庄严净土分）最经典的名句，六祖慧能大师闻此而悟道。
[2] 《大成拳论》：执着己身，永无是处；离开己身，无物可求。

西，我们用自己的语言把它表达出来，而且跟他们的体系相融合；要不就还是借用，借用就没有力量，因为你借用这个，有些人就会借用那个，真假就难辨了。这是我们自己心里冒出来的东西，对学的人来说，这更清晰一些。但从个人角度来说，这都是学古人的。自性的流露，心里冒出来的好处就是方便，符合时代的需要。王芗斋当年也说过，他这个拳是学古人的，说这个拳是千年文化传统的延续，是古拳法，只不过是比较新兴的古拳法。只有他自己知道这个拳不是他自创的，是他变的，他把古人的东西变了个形式重新表达了。但是和他同时代的那帮人，他们攻击老先生，说他胡编乱造，根本不理解老先生的拳都是古法，他们说你刚创了个新拳，那肯定是新的东西啊！老先生说它真是很古老的新东西。就跟做普洱茶一样，散茶存了二十多年了，今年拿出来做了个饼，很多人会说，什么二十年的茶，你这明明是刚做的嘛！

传　授

大家来这里求学，首先要明确自己的初衷是什么。我不知道你们到底想学什么，我能教的只是让你心里干净、快乐、有力量，身体有智慧，这是一个基础。在具备了这个基础的前提下，让你在生活中有洞察力、有觉知力，培养你看透事情真相的能力，不容易犯错误；让你在跟人打交道的时候，能使很多人觉得你温暖、有吸引力，这样，不仅你自己通透、有力量，而且能帮助其他人。我也能教人认识身体本有的能量，就是身体不光有智慧，也有力量；再就是心干净、有力量，变得广大无边，大到什么程度呢？是空的，像大气一样，人不见，但容纳万物，含摄生灵，这是我能教你的东西。

传授的形式和方法，有站桩、跑步、坐、吃饭、见人、走路等，总之很多。不过对孩子来讲，刚开始可能比较难适应一点，为什么这么说呢？因为现在的这些孩子遇事往往以自我舒适为中心，更重要的是他那个生活的方式和习惯，非常的自我、狭隘，在家里老是这样，早已习以为常了，自己感觉不到有什么问题。但是社会不是家，要改变就得学，不仅要学，而且要"学而时习之"，时时刻刻要保持学习的状态。所以每一件事情都将是学习的机会，一件事情做错了就要提醒，提醒了就抓住机会马上学，赶紧学。

我的这个法是最普适的、最根底的法，因为学通以后，在生活中能起用，很方便、实用。有了它，你为人也好、处事也好，处处得机得势，一言一行都能抓住事物的机，洞察入微。对方眼神一露，你就抓住他的心了；对方一迈步，你就抓住他身体了。这样，就时时处处能为人民服务，别人犯错误，你可以原谅别人；别人有困难，你可以帮助别人。这样你的心就变得更大了，正反两面你都可以掌握。对方坏，你知道；对方好，你也知道。好的能容，坏的也能容，这就有了心量，这是最终的东西。你得时时处处能看透事情的真相，你得有这能力，这是根本。所以最普适的就变成最高妙、最究底的，这样它就没有真的、没有谬的了，就打成一片了，通达的、无碍的状态就出来了，就可以自利、利他了。

达到这个地步的前提是你得有功夫，有什么功夫呢？就是一言一行，一举一动，都在这个状态，就是我说话的一瞬间你们就入了，这就是功夫，就从这儿入了。吃饭的时候、出门的时候，都能做到不忘不失，然后把这个东西由不自然变成自然，这叫自然功夫。自然功夫难一点，你就先练专门功夫，然后把专门功夫带到自然里面，自然功夫也就有了。

有些人来到这里，只有在站桩的时候是乐的，什么活儿也不会干。其实你干活，可以拿着桩态干活。一干活你乐不起来，说明你心里的功夫只能用到站桩上，用不到干活上。那你一辈子不是站桩一件事情啊！除了站桩，你在别的事情上都没功夫了。就像中午开饭这件事情，自己要有觉察力，别人跟你说"准备吃饭"四个字，大家都要吃饭呢，自己过去就不行了？如果没人叫你，你这饭就不吃了吗？这个是什么，这就是个机，你要不停地练，把自己练得能够通晓一些东西，要通达无碍，不能老是落到自己那个惯性里面，不能这样。惯性不是自性，这两个要分清楚。

现在听不懂没关系，慢慢地就会听懂了，只要在小院里待着很快就会懂了。你生来心里就是空的、干净的，现在把家长对你的影响装到心里了，把社会对你的影响装到心里了，把学校对你的影响装到心里了，你心里装了这么多东西，你看事物的时候，是通过这些东西看，不是拿那个本来干净的心看了，你那干净的心没有了，全是老师教你的东西、书里的东西，你是拿着知识对待这些东西，而不是拿心对待这些东西。后天装到心里的这些东西去掉以后，心就是空的，空的东西，跟这些就没有对立了，就把这些东西容进来了，好的坏的都能容进来了。对方的一举一动、一言一行，夺不了你的心，影响不了你的心。身体也一样，不能天一冷你就站不住了，身上一疼就站不住了，心就跑到那个冷的地方、那个疼的地方去了。

慢慢地达到通达无碍的状态。你用上两三年能够做到这样的时候，学一个什么具体的技能，那是招法、技术了。你的本有了，而且这个本里面本来就有技术，只是这个技术是隐性的、感知的、无形的，它不是有形的东西。

在这里，你们能学到的是一种身心通透、安乐、祥和的状态，在生活当中不管你们遇到了什么样的事情、碰上了什么样的形势，都破坏不了、影响不了你这个身心安乐的状态，这是生命的本来状态。不管是让你做俯卧撑还是跑步，它的内涵是以这个状态为主的，是通过种种形式把这种状态给激发出来，当这个状态越来越强的时候，其他的形式都破坏不了你的这个状态。这是人生最宝贵的财富。

通过拳学之道把生命的真义体现出来。相比之下，人生之道很容易，看《论语》、看《孝经》之类的经典，再加上生活当中的一些实践就可以心印证。但是生命之道和拳学之道，不是你学就能学来的，要靠师父的养护，才能出来，师父得看着、维护着，就像看着那刚栽的树苗一样给维护住，这个东西光靠自己是冒不出来的。

拳学之道的主体是生命之道，然后是人生之道。我们的拳学体系清晰，形式简单，意义非凡。讲清楚了就能听懂，孩子们没有问题，都能学进去，只要做就行了。为什么高放开始时跑不动，我说跑，跑到乐出来，等乐的状态出来就行了。跑步是为了什么呢？不是为了跑而跑，是为了激发这种状态，这种状态是主体。慢慢地，走路也要出现这种状态，站也要出现这种状态，吃饭也要出现这种状态，说话也要出现这种状态，做事也要出现这种状态，然后拿着这种状态，你跑步也行，走路也行，用这种状态工作、生活，跟人打交道等，这种状态就成为你生命的主体了。现在就是用各种形式来帮助你们达到这种状态。比如吃饭这件事情，你能怀着"恭敬欢喜受"的心态的时候，就是文化了，这能让你的心很容易达到这种状态，你就不会嫌饭食不好了，或挑挑拣拣了，因为感恩、喜悦成为主体了。

传　承

中国文化好的一面，非常好，作为中国人，我们有责任把这些好的东西总结出来，传承下去。现在讲中国文化的人很多，但是很少有人能讲出来一个极有力度的东西。包括讲拳，很多人都在讲，他们讲的拳理，也有一部分听众，但是他们讲出来的，或是艺术化，或是理想化，或是文辞化，或是文学化，或是哲学化，而不是身心感知的那种生生不息的生命状态出来的拳理。讲国学的人也一样，他不在义理实中上下功夫，而是在词义上做文章；有些人讲《论语》讲了好多年，可以把《论语》里面的几个字讲上一学期，就是没有切实的功夫。还有一些人讲拳，在台上跟朗诵诗歌、散文一样，下面还有好多听众听得津津有味。讲中国文化的有各种各样的人，谁真谁假，两眼茫然，多数人没有辨别能力，只会盲从。即使是传统文化学了好多年的一些人，也没有辨别能力。所以，我们有责任把中国文化里真正好的东西给发扬光大，传承下去，为人类造福。

大成拳吸收了很多东西，儒家的、道家的、佛家的，都有所吸收。良知良能，都有方法，而且是个整体；都知道道家讲阴阳、虚实、无为等，但不易理解这些东西都是为了一个东西，就是整体，就是你从这边要看到那边，不光是这边。

这些东西都有脉，都有传承。王芗斋先生跟弘一法师[①]、马一浮先生[②]这些人交游，还习学王阳明[③]等人，这就是大成拳的正脉。王阳明说他直接

---

① 弘一法师，即李叔同，近代高僧，精研律学，为律宗十一代祖师。
② 马一浮，理学大师，兼通佛、道、书法、诗词等，读书过目不忘。
③ 王阳明，中国明代著名的政治家、军事家、哲学家和教育家，儒家正脉传人，"心学"流派创始人。

孔孟，马一浮也说自己直接孔孟，是孔孟心传。大成拳也是直接孔孟，而且拿佛法修证支撑儒家的东西，这就确立了大成拳学。大成拳是把国学一脉作为根基的，不仅仅是一门拳术。所以，习练大成拳者要读王阳明、马一浮的书。因为他们把经论用自己的语言表达出来了。读《金刚经》《道德经》《论语》，都需要老师的指导。你读了这些人的书，对大成拳就有了基本的认识。大成拳不是普通的拳，一定要端正这个认识。要是没有这些国学的根本做支撑，你的大成拳就不是真正的大成拳。大成拳不是形意、八卦、太极等精华融成的拳术，这是王老师无奈之下取个方便的说法，已经是下之又下了。他要教人，他就说你不是练太极吗？你不是练形意吗？你不是练八卦吗？我这个拳是太极、形意、八卦的精华，这是方便的说法。实际上根本就不是这样的东西，它不光是练武。你要学王阳明就得站桩，你要学孔子就得站桩，你要学老子就得站桩。这才是大成拳。

佛教修行的一些东西跟拳法的修炼，有些人能和上，有些人脱开了。你看练拳的人，有些很僵硬，或者很浊，或者那个相不好；还有学佛的人，有些很顽固，或者很自我，或者很狭隘，或者是我执严重，这两个东西他不能打成一片，他不能打通。真正的拳术修炼，如果用佛法，或者用道法，或者用儒家的一些心法做支撑的话，是很壮观的。但是很可惜，现在都脱开了，脱开了就显不出它本有的壮观了；不但显不出壮观，而且显得萎缩，显得狭隘。

继承这个东西，找个合适的人很难，要碰见个合适的人真不容易，尤其是小孩子。因为它不光是拳术的问题，还有孩子自己的理想、家人对他的期望等很多东西。真学进来了，他就会把自己预设的一些所谓理想或计划放到一边，把我们这个作为主体。他现在就跟大人学东西一样，是拿这个东西武装自己，而不是让这个东西把自己给变了。有人认为这个东西不错，我借鉴一下，我把自己武装起来，我就厉害了。这样是因为太自我了，他不会把自己化掉。实际上打这个东西，不能以自我为中心，你打敌人，敌人随时都在变

真精氣神

李景林題

动之中，你是以敌人为中心打敌人，哪能以自己为中心打敌人？当活的打它，它怎么活动都能打，不是等它定死了你再打，它都死了，还用你打？因为你自己是死的，所以你需要个死的，这就配套了，是不是？所以，一定要转变观念。很多拳学家都迈不开这一步，这是人们的思维方法出了问题，实质是心出问题了。心的问题就是我、我、我，心里装的都是我，老有个我，这怎么行啊！？学佛学拳最要命的东西就是这个，就是我在学佛、我在念佛、我在练拳，这就完了，这已经不是了。大成拳是禅拳不二，禅拳一如，就是用桩把你的这个我给换了，不是说你把桩往身上装，你硬装怎么能装进去？这拳没有别的，就是把心打开，自己融到桩里；或者把心打开，让桩进来，心里全是桩，心就是桩，桩就是心，这是大成的理念。还有一个重要的，就是拳术要生活化，把拳的这种感觉带到生活里面，拳术就生活化了。

我在清迈的时候，有一次跟慈法法师聊天，就说到我师父原来跟我说，这个拳不能教师兄弟，不能教给朋友等三种人，这三种人不能教。为什么不能教给某些人？你把拳教给他们，就是自己对这个修行的心设障碍。为什么不能教朋友？因为朋友跟你没有师承关系，没有师承关系的话，这里面就有麻烦。不能教师兄弟的原因，就是少烦恼，你教了师兄弟，师兄弟说这是我跟我师父学的，不是跟你学的，这就会对修行的心产生障碍。法师讲：为什么要有这些不能教呢？就是对自己进行保护，对法进行保护，对学的人进行保护。特别是对学的人，这样一来，学的人没有妄心了。为什么学法要顶礼？你只有顶礼，心才能落地，心一落地，才能出现那种状态，要不出不了那种状态，出不了那种状态你就接不住这个东西，因为不是从自己心里生发出来的，是在那里硬学，凭自己的聪明和经验来硬学，一边学还一边评论、对比。为什么这个拳不是学的，不是练的？它是生命生发出来的啊，你硬学，怎么可能学得到？具备这种状态，才能把中国的优秀文化传承下去。

学习之目的

　　一个人学习,应该学什么,这个必须要清晰。大家都在学各种知识、技能,包括一些学国学的人、学拳的人,都是在学习。遗憾的是,大多数人并不知道自己到底需要学什么。就大成拳而言,这个拳是本能之学,它能让人恢复良知良能,但是很多人的感觉是它的理很高妙,但实践起来却没有入手处,这就是不清晰的缘故。怎么恢复良知良能呢?古人常用的说法是变换身心,有些人用抽象的说法是变化气质,其实是一个事情。但变化气质都以神气为宗,王芗斋说,"但求神意真,何须形骸似";孙过庭说,写字要"神采为上,形质次之",[①] 什么意思呢?说明外形不重要,神意很重要,形就要淋漓尽致地体现神,不增不减,不多不少,恰到好处,形是神的需要。变换身心,就是心很重要,身次之。变换身心有很多方法,有些人从心入手,有些人从身入手,我们练拳是把身心作为一个不二体入进去,这就是我们要学的东西。

　　变换以后的身心和变换以前的身心不一样,变换了以后人就有安乐、喜悦的感觉。你看一些人跑步,现在老叫他跑,老逼他跑,他气质没有变换之前,还在原来的身心通道里干这个事情,就会有抵触,就会生烦恼。要是他跑着跑着有一天突然心变了,一下子变得很喜悦,他说跑步原来这么舒畅,我也能跑呀,这样变换以后的那种生机就出来了。还有踢沙包,他连续一条腿踢十五下,找到那种感觉了,他心就变了,踢起来就有乐趣了,就是主动地踢,不是被迫地踢了。也有人学了很多杂七杂八的东西,日语、满语、德语之类,他也学佛,但根子上还是喜欢儒家的东西。这个年龄段的孩子,还

---

① 孙过庭《书谱》。

没有辨别能力，见到什么都想学，换个角度讲，就是根本不知道自己应该学什么。你看他一边学儒家的东西，一边不爱跟人打交道，喜欢矫情，凡事以自己为中心，老在词章上下功夫，义理上却一窍不通。义理是什么？就是道一以贯之。大道通到这里，他不在这里下功夫，却在那里研究这个字是谁发明的，过去是什么意思，现在是什么意思，干这类事，在一些非常细小的事情上矫情；越这样矫情就越没法跟人打交道，越矫情自己心眼越小。如果他通过练拳让身心发生变化，他的新通道就能打开，心里就会生出另外一种欢喜，就不会在这些细枝末节上扭捏作态了。还有人学了东西以后松不下来，跟他练拳一样。即使你有功夫了，对敌的时候，不管对手强弱，你得拿着变换气质以后的那种松灵的东西对敌，不能着急，不能影响这个松灵的东西。

所以说，我们每个人都需要学习，那最应该学的是什么呢？就是变换身心、变化气质。这是通天大道，不是在工匠的路上越走越远，不是用刀子我越用越熟之类。身心变了以后的那种状态，这是要学的东西。中国的文化要用心研究，它定的位置是大道，这是根本。但是大道是脚踏实地一步一步走出来的，这一步一步是什么呢？就是"时习之"，就是头头是道，就是当下。

法之用

如果身心没有变化，任何练拳的人都跟普通人一样，有的练拳者的人格道德水准甚至还比不上普通人，因为他惯性的力量更大，速度更快，可是方向不对。方向没有变过来之前，他越有力量，延续自我惯性的资本越大。所以，我们习拳的第一步功法就是方向得对，时时刻刻印证、保证这个方向的正确。必须有法可依，有法之后就可以做到，要是没有法他再控制也控制不住，即使硬控制住了也不是那个东西，熟练只是个假象。

法不能切实地贯彻到生活当中，不能在生活当中时时启用，这是最大的问题，不能变成形式化的东西。有一个很伟大的词叫"虚怀若谷"，现在的人我执坚固，早把虚怀若谷沉到谷底了，而不是作为人生修为的一个主脉，他作秀的时候才虚怀若谷，不需要的时候就没有了。道不是这个样子的，道须臾不可离，作为生活的主脉才对呢。

练拳练一个，变一个，等变好了，练一个，变一个。学得多就不会用了。大成拳就一个东西，就是站桩，原理很清楚。

站桩的第一个动作，手指朝下的这个，就是要你变换身心，把身体和心分开。解决了这个问题以后，在这个基础上增加一个东西，就是第二个动作：手指朝前，这时候脚脖子、手脖子跟脖子，这五个脖子能树起来，其他地方还能放松，这难度就增加了，就往深一步走了。再维持一段时间这个桩就很清晰了。但是老这样，一些人就不行，有些人站一天第二天就想变，有些人一点儿也安不住心，那练这个拳就难。

学了以后就把这个东西马上印到身上，拿这个东西把身体变了，让这个东西代替原来的习惯，这才叫学会了。拳没有别的，就是变换身心，把原来

法之用

杨澄甫先生

的东西放弃，把原来的习惯舍弃，然后变换气质，变换身心，就是变。还有就是要会学，不只是会学拳，还要会学习，慢慢养成会学的习惯。你一举一动、有意无意都得盯着、看着，一眼看过去就要学会，而且身上要起变化。一个你没见过的人在你面前走一下，你都能学会他身上好的东西，时时刻刻都是这样，时时刻刻都在这种状态，才叫会学呢。别人身上有好东西要一下子拿过来，当然你首先得知道，得能看出来。有些人身上好的东西很少，你比他具备更多的好东西，这也可以学，就是他有不好的东西，你要马上告诫自己不能有这个东西。时时刻刻都在这种状态，但不是有意的，是无意当中的这种状态。你老这样做它才能变成一种自然的状态，你就在这里面生活了。每个人时时刻刻都要有这个，把这东西化到生活当中，生活当中就会这样。这就把法贯彻到生活中了，拳术就生活化了。

要了解这方面的知识，心是什么，性是什么，以及气、意、神、形、劲等概念。让这些概念、知识生活化，然后用着就方便了。怎样才是虚？怎样才是松？怎样才是空？脑子里多装些东西，然后在练的过程中不断地印证，不断地觉悟。比如说松，松是为了什么？松是为了让身体能畅通，那什么是畅通呢？畅通就是所有的关节能活动，力量传递的通道能打开，它有次序，就是前面领，中间跟着，底下蹬着，这就过来了。关节有次序，让它松，不能让它紧，一紧，关节就动不了了。

你东西理解不了，就把这个东西放到生活当中印证，拿生活中所有的事情跟这个东西印，总有一天能印上，印上了你就理解了。再一个要拿桩的这种状态去生活，不是在生活当中你还要挤出时间来站桩，这个本末要搞清楚。你说腿不通，腿不通也没问题，生活当中也能印证，下雨天，地上流水，有些地方水就流不通，你老联系这个东西，你突然发现地上这个不通你明白了，身上这个不通也就明白了。吸引力法则嘛，你老想这个事情，当然它就出来了。这就是生活拳术化了。

法要落到实处，但又不能执着。法的作用是为了让你达到那个状态，状态有了，就要放弃这个法。就像《金刚经》里面讲的法"如筏"，是说法就像筏子一样，过河需用筏，上岸需弃舟，你上了岸，筏子就没用了，就应该把它舍弃。但是，很多人上岸了还背着筏子不放。还有一些人陆地坐车，说人家走水路的，嗨，你用什么筏子啊？人家走的水路，跟你一样吗？你说人家不对？它是因时、因机、因地而异，所以法也不一样，不是一成不变的东西。法无高下，随机施设，就像有人学拳，有人学道，有人学佛，有人学儒，皆为修道，各有其法。所以不能执着。

《金刚经》里还讲，法尚应舍，何况非法。[①] 什么意思呢？就是真正的法都要舍弃，都不能有任何的固化。

以前一个电视节目谈武术家碰见了行凶的要不要见义勇为，说你有功夫了就要勇为，没有功夫就别管这件事情。王老师当时听了此话很愤慨地说，你还是个武术家！你敢不敢去，这是标准，不是你打不打得过，打不过就不救人了？这是敢不敢的问题，不是行不行的问题。从王老师的角度讲，这是

---

① 《金刚经》第六品：正信希有分。

对的。但是法无定法，他跟我相合，我是对的，他跟有些人不见得对。我要做这个事情，我敢；但有些事情，我也不敢，不敢的他就不对了。

所以要破相、破形、破意、破执着、破惯性、破习气、破固定的模式、破程式化，全给破了。一些东西是入门的方便，不是究竟。这是因为你没办法，必须先作个意，就像你吃饭要用筷子，你吃完了还拿着筷子不放，那有啥用吗？更可怕的是，有些人说别人用的不是筷子，是叉子，咱怎么跟别人不一样？你有这种想法，这是你心的格局、思考问题的方式和方向出问题了，这很严重，是大事情。要破这些东西，真实才能显现。

"一切贤圣，皆以无为法而有差别。"① 以一些人来说，他把有为法练到极致了，也是很厉害的，但它不是。不是它就不能圆融，不圆融就还有障碍，就算你很有功夫，只要没有见性，就还有烦恼缠缚。不过，对一个普通人来说，站桩站到"整体如铸，身如灌铅"，能练到这样，也很有功夫了，但可惜这不是，实际上已经练偏了。

我们练的所有的法只是为了到时候自己能释放出去，能释放出去是通道的作用，仅此而已。就像别人搭你的手，你练过蛇缠手，你就势就能把对方的力量化掉，你没练过这个就不知道怎样把自己身上的能量释放出去，怎样把对方的力量化掉，练过了就知道。这就好像标月之指，不能为其所障，看到月亮了，你还用得着指头吗？

"拳本无法，有法也空，一法不立，无法不容。"把《大成拳论》里的这四句话搞清楚，就能续上拳学之道这个脉，搞不清楚就续不上这个脉，会一直在外边打转，进不来，门都进不来，更不用说登堂入室、一窥拳学之道的奥妙了。拳理要搞清楚，身上也得搞清楚，身上搞清楚就比较难。理上的东西，讲一讲，熏陶着，慢慢地就都明白了；身上的东西，必须下大功夫，不下大功夫还是懂不了。理上懂了那是假懂，身上不懂啊，知行不能合一，打成两截了。所以，一定要练、要站，要真肯下功夫。

---

① 《金刚经》第七品：无得无说分。

尊师重道

不管修道还是练拳，古人说是游于艺要据于德，① 学习任何东西，恭敬心都是第一位的！过去家里请个老师，老师在那儿吃饭，家长在旁边站着陪着，这都是有身份的人家，什么时候老师吃完饭转身走了，这家人才开始坐下自己吃饭。所以一定要有恭敬心，恭敬心不是对某个人，是对道。就是没有自己，把自己融到这个里面，只有恭敬心才能这样。老师在这里的时候，叫师父、叫老师，一转身就变了；你变了，对师不重要；你变了，跟师有什么关系？是你自己的心跑了，这才是最重要的。恭敬心很重要。《大成拳论》里有"恭、慎、意、切、和"五字诀，恭行慎言啊，没有恭敬心，什么都没有。求道之意要真切，才能跟道相合。不诚则无物，第一个就是把恭放在心头。你看私塾教育，他们背经，他第一个就是恭，只有恭敬心，才能把心安住了；第二个是熟，熟练，熟练以后他就进入了。若没有恭，也没有熟，没上身啊！光在本上记，记完就忘，就没入心，要入心啊！入心以后再忘，脑子里没有这个东西，身上有这个东西，这就合上了。恭、熟、忘、合，才能出灵气。大成拳学比背经典直接多了，就是把站桩的灵机拿出来，直接就是了，这个灵机才能跟古人对上，浑浊的人怎么能跟古人对上？拿自己的想法跟古人那个能套上吗？就像一个人写书法，眼里只有那些死框框，他怎么能和古人的合上。大成拳法是"灵、入、出"，用站出来的灵机入古人，入进去，出来以后把古人的智慧带到自己身上，这三字诀，多省事。

给孩子们讲《论语》，讲什么呢？一学期、两学期甚至一年之内就讲五个字，哪五个字？"学而时习之"。一学期半部《论语》都讲完了，可你说

---

① 《论语·述而》：志于道，据于德，依于仁，游于艺。

王芗斋先生像

那有什么用？你这里是背过了，可一出门还是该干什么就干什么，有什么用？就多了知识，来助长你原来的习气，让你身上更有力量，拿这些知识来武装、帮助你原来的习惯。要把原来的心变过来才行。这五个字怎么能搬过来呢？学什么、什么人学、怎么学，就"学"这一个字，就要让你时时刻刻在这个状态，就是这个东西！让别人说你，不是你说古人，你跟古人的心就是相印的，以心传心，直接接着古人那个心在自己身上，这叫学！要学做君子，君子之学，要时时刻刻警策自己。

恭敬不是让你拘谨，不是局促不安。你伸缩要有度，你要有方向，要有度，就像你写字绘画，法度之内你可以随便，不是让你认真也不行，随便也不行，是要张弛有度，要有法度。你没有法度，怎么行呢？没事开个低级趣味的玩笑，然后心在旁枝末节，就没在大道上，这是什么？就是没看住自己的心，心跑了！咱这个法度的范围多大啊，无限地大啊！你在这个范围内，只要是正的你随便游。恭敬不是拘谨,没有拘谨,你看古人,豪放得很!李白"天子呼来不上船",① 皇帝叫都没用,多豪放!他这么做就对了,换个人就不行,脑袋都没了。你得在法度之内,意象之外,是这个东西。

要有恭慎心,谨言慎行,往中道里进,这比拳重要得多。如果你本来有坏习气,不明白这个,练拳越有功夫,坏的资本就越大,到时候害人害己还不自知。练拳跟不会练的人一样才对,不能拿这个东西武装自己,练拳是要把身体融到拳里去,拳是不显的,自己的身体也是不显的,不用时无,用时方有,是这种状态!一些人记不住这个,练拳很久变化也不大,这很遗憾!哪怕每次改变一个事情,就很了不得。学东西,就是要变自己。得先把自己变了,就像一些书法家教人写字,有多少人跟他学,他就害多少人。人家本来天性还在,会不会写天性是有的,跟他一学,天性没了。让他给束缚住了。我们练拳是恢复自然,你本来身体有问题,这样站,就能站出自然状态了,还用你再给加几个东西?自然状态出来以后,他就不是造作了。元神不出来,修炼的所有东西都是假的,都是人为的。现在都是抓住假的不放。

要有觉悟,自己不觉悟,怎么都不行。有些人说话,话一出口就后悔,这是没看住。再遇到这种情况,得赶紧看住,下次一定不犯这样的错误!这话为什么会冒出来?要反省是什么原因促使你出来这句话,是紧张?是虚荣?是显摆?还是有别的目的?背后什么东西支撑你说这句话?要看这个东西。把这个东西看住了,再往深里看,它就出不来了。再出来的,就是事情的真相,再出来就是语不惊人死不休,一句话说出去就是一句话!没有觉悟,懂了很多知识,这些知识就帮助你的习气,助长你的习气。方向没变,越跑越偏。

现在的人普遍犯的错误是什么呢?你看六祖慧能,② 他厉害在什么地方呢?所有人都贪婪,只有他把自己融到法里,其他人都拿法武装自己。他听

---

① 李白:盛唐诗人,性情豪放,不拘一格,人称"诗仙"。
② 慧能,禅宗第六代祖师。

了一句"应无所住而生其心"，马上就入进去了，后面他就不用学了，他就不停地入，这是个门径，他进去了！这门一开，你就进去啊，其他都不要了，进去以后一个新天地就开了。所有的东西都在里面！每一个东西，触动你的心灵的时候，不要等，马上就往心里入！

就像你站桩，站桩你得把身和意分开，然后你走路的时候身和意都要分开，跑步的时候身和意要分开，就想这一件事情，这是大成拳的基础。虽然还不是大成拳，但这就很接近了。一会儿听这个，一会儿听那个，一会儿还抱着希望在那儿寻思"是不是还有别的"，有什么用！所有的东西，就跟盖楼一样，这就是第一块砖，你把这一块砖先铺好了再说，现在站桩就是铺这一块砖。你底下老是空的，你光想再往上走，走得上去吗？你先把它磨满了，磨满了再往上加一块，不就上去了嘛！

能坚持下来、真练拳的人那都是学拳不容易的人，而且是特别爱拳的人。遇到这个东西不知道珍惜，说不定哪一天就没机会学了，真是没机会学了。不把每一天都当作最后一天来珍惜，这个东西你怎么能学得到呢！我在外面学拳，那都是不惜一切代价，把每一天都当作最后一天，我说他明天要是心变了不教我了怎么办？这是我从王老师那里总结的经验。王老师在的时候我不着急，也不在乎，反正就等呗，等着等着王老师突然去世了，哭都没地方哭去。没人会了，你从哪儿学去？如何续这个脉？

学拳就是用功夫，你想变换气质，你想有感知力，有很多东西，就必须用功夫，不用功夫你怎么能变？行站坐卧都是那种状态，才能变。原来我跟王老师练拳，手老是端起来，有时候刚一放下，王老师就说，噫，你手怎么能放下来，你干吗来了？我赶紧再端起来，除了吃饭、站桩的四个小时，手一直端着，站完后活动活动，下午不练了，聊天的时候手也端起来，就一直端着。有时候手一放下，王老师就很奇怪，说我，嗨，你干吗呢？只有这样，才是那种状态。现在想想，有师父在旁边看着，那种踏实、安心，是什么也替代不了的。

这拳里的理奥妙无穷啊，太有意思了！包括传统国学经典，你不站这个桩，你怎么能体悟啊！全是文字解释。学而时习之，就这一句你怎么能读懂？"学而时习之"，练了拳以后就想得多了，哦，原来是这么回事。你站了这个桩才知道，生活中就能把它融进去！这个"时"就是无始无终，无始无终就是"时"。学，什么样的学？君子之学。学什么，要干什么？要做圣贤。最起码做一个人。怎么学？时时刻刻在这种状态，这样学！练了一身功夫，开玩笑的时候，一伸手，没有了，那不成。行站坐卧不离拳意，拳拳服膺，是用拳意生活。

道家全真派的祖师、全真七子的师父叫王重阳，[①] 他有一句很经典的话，他说哪里有仙啊，哪里有圣啊！但是有，怎么有呢，就是"身在凡间，心在圣境"，是心变了，心在圣境，就是了。心跑了，跑出这个圈子，就不是了。你老在这个圈子，就是。时时刻刻，法度之内，超乎象外，合于法度。看着跑了，我的圈子大，也没跑。这个圈子是无形的，很多时候小小的一个眼神就算跑了，那个圈子就这么小，一皱眉头、一斜眼，这就跑了，傲慢之心出来了。这是心跑了，它是无形的。一个很不起眼的人瞪你一眼，或者不给你让路，就把你的心给勾走了，你说就你这破玩意儿还跟我较劲！一个破玩意儿都把你的心弄跑了，你那心力多强？往往是不起眼的东西才把你勾跑了，人家要是真厉害，你还会说，唉，这弄一下就算了。错了！这个时候你可以出来！

我教人练拳是很慎重的，不是保守的那种慎重。我很小心翼翼，害怕教你的东西太难，把大家的进取心给挡住了。因为这拳难练，我是慢慢地把他引上来，引上来以后，再把心法加进去，这样一步一步地教。就这样好多人还是学不了，都落到这个世俗的惯性里。这难教得很！我教拳很随意、很用心，就

[①] 王重阳，道教全真道创始人，有弟子七人，后世称全真教七真人。王重阳主张儒、释、道三教平等，三教合一，提出"三教从来一祖风"的融合学说。其传世著作有《重阳全真集》《重阳立教十五论》等。

是站桩，别的东西都不敢教。因为他有原来的经验，很容易把新学的东西和原先的经验融到一起，这就杂染了。

我跟王老师家人感情很深，平时常去家里看看。尊师重道是必需的，王老师不在了，我一如既往，就是家里的一分子了。中国人你没这感情，师徒的心怎么能相印？感情和法脉同等重要。光有感情解决不了问题，你得脱胎换骨、变换气质才能维系这种感情，这才叫志同道合，这个东西是长久的。感情很脆弱，但是法脉可不脆弱，感情动不动就变了，夫妻离异、兄弟反目、父子成仇都会发生！但是法脉之传承，几百年不见，一见面还认识！

古代先贤，这些修道的人，他们都明白人心会变啊！都是俗人嘛，他晚上做梦自己知道，谁能知道白天也是做梦，大家都在梦境之中，不知道啊！只有那个真心出来了，那个东西不会变，我们要把那个东西弄出来了，感情不是越来越好？那才叫真感情，才不会变！梦幻泡影啊，感情随时就变了，因为你做梦你自己控制不住，因为有情绪，有习性，有惯性，所以随时就变了。我们现在一切的改变都是为了以后自性的、觉性的那个东西不变，那个东西得出来！变是为了不变，你现在守住想让现在这个感情不变，哪能守得住？越想守越守不住！

拳法归一

现代体育运动跟中国传统式运动不一样。中国式运动是整体运动，是内运动，是意识运动，是神运动；现代运动是肢体运动、间架运动、筋骨运动，最直接的表现形式就是肌肉运动，它靠几何图形支撑着，它的间架结构合理，讲究攻击路线、角度等。中国式运动讲势态，就是你全身是一种什么样的状态，一种很深层次的放松协调的状态，讲究这种势态。

要具备这种势态，就必须站桩，每天七八个小时地站，这样站上一年以后，身体脱胎换骨，变了，是这种状态了，它就打破了几何图形，打破了拳打脚踢，打破了这些东西，它无形了。但它是无形的有形状态，它的有形的形式就是无形，跟水一样，甚至跟气一样，这是中国式的运动。这个东西靠什么支撑呢？靠心支撑。通过站桩，一个是把身体和精神回归到这个位置，再一个是心要支撑得了这个东西。如果从站桩的角度来谈拳学，来谈武学之道，那就是必须把桩站对，一个人的时候桩态是这样，跟人试力的时候，桩态还是这样，它不丢，这就是功夫；跟不认识的人搭手的时候，这个桩态同样不丢，这就是功夫。支撑这个功夫的东西就是心，心就要适应这个东西，所以拳学之道的训练就是心的磨炼，由身体再到心，然后拿心做这件事情的时候还要无心地做，这样心就不会累，心就不会困，用心而无心，然后见到其他人的时候还能保持这种状态，拳学之道、武学之道就入门了。

大成拳从头到尾就是桩态，没有别的，就是站桩。这需要功夫，你不能站桩挺美，一见到敌人马上就变了，这样就不是桩了。你拉开架式，拉的必须是桩态的架式，不是几何图形的架式，不是肌肉的架式。有些人的架势都是几何图形的架式，都是肌肉的架式，这就不是中国式的运动了。

王选杰先生像

桩态就像水一样，它本来没有人的时候是最佳的状态，四平八稳的状态，有人的时候你这个桩态没问题，但形态不对了，这个形态不适合对敌了。你就要改变这个形态，形态变了，状态不能变，换句话说，就是桩的形式可以变，桩的状态不能变。拳道万法，归于一桩。

大成拳法

技進乎道

孫祿堂家題

站桩之要领

大成拳是无为法，是良知良能的体现，修习大成拳要从站桩开始。

现在要有一个新理念，就是把过去学的理念全部打碎，要不然过去的东西在心里会成为障碍。站桩不是熬时间，而是要站"对"。站对先从两个脚开始，两脚平衡，平行站开。为什么要平行？如果外八字站，阳气虚了；如果内八字站，阳气就盛。内八字不行，外八字不行，要直着平行站。调到与肩同宽、心能平和又不失灵机的状态为合适；但也不绝对，有人宽一点，有人窄一点，都行。

接着是踝关节松开，踝关节一松，脚就沾着地了，人就有根了。不是五指抓地，五指抓地是人为的套路，一抓就死，有功夫后是自然形成的。松开以后跟树一样，树根不抓地，它是长开跟地合。树根没有钩，但它长开合着大地很结实。要长在地上，不是抓在地上。脚平着放在地上，最后有功夫了，就跟吸盘一样吸在地上。踝关节一松，脚的问题解决了，身体与大地相合的问题解决了。

身体自身的问题是胯，胯松开，胯和踝关节要有弹性关系。胯与踝关节的弹性连接，靠膝盖往里合着上提到尾闾，这全是意不是力。合而不散，使它们合成一个东西。慢慢就能体会到双手用力时，力点是一个。两手打一个点对方就顶不住，如果两个点对方就能顶住。这已说得很细，明白后别刻意追它。两个膝盖有合的意思往上找尾闾，尾闾往下找，合成一个，然后别丢尾闾与踝关节的合，底下就有了有生机的东西，有生命活力的东西。中国传统拳术中有句话说，下节不明，[①] 失根拔跟，如果下节不明了，明眼人一看就能打

[①] 谚云：上节不明，无依无宗；中节不明，满腹是空；下节不明，颠覆必生。

你下节。中节不明，不能进退。上节不明，不能自顾。上中下三节要明确。

下节明确了之后，就是胯与肩的问题，腰背松开，颈项领着，小腹长圆，虚接实合，腰灵活了，全身成为弹性连接，身上要领全符合了。站桩就是培养这种状态！培养到什么程度呢？一直到没有身了，里面无形的东西要出来。练形求意，让意活了，形没有了。一伸手，那个意挡不住！上领着往下沉，即沉而不失上领之意。自身的动静之机明确，拿动静之机，处处应敌。这是中国传统拳学！这是大成拳技击的资本。这样站桩就是培养技击资本。除此，那些训练动作形体变化的拳脚功夫，不是原地（不动之动）变化的上乘功夫。原地变化是挨到我身上直接就入你，不需要动作来解决。

站的过程中，最开始先感觉到没有肩膀，再感觉到没有胯，大成拳讲"肩胯"意思就是没有肩胯，无肩无胯，一抬腿一伸手就是，出去与回来都没有障碍。人体中枢最关键的部位，两肩、两胯和腰都没有障碍。无肩无胯，但是腰必须要有，腰领着松。没有手有意就行，不要把意注在手上，没有手，全身任何部位才跟手一样，挨到哪儿都是。不抬手，随时随地都可以站，没经历过的人看不出来。过去老拳家是拳拳服膺，一举一动都在状态当中，行、住、坐、卧不离这个。拳术生活化，拿着这个东西以应万物，不会做别的事把这个给忘了。过去老拳家蹲在地上洗面，别人都不能在他身后碰他。因为身上有了这种状态，第一个功夫就是本能反应，所以不遭偷袭是练拳的初步功夫。

腰背松开，胯上一圈的腹部松开，腰一活，大腿面松开，一边随着膝盖往下沉，一边随着意念往上提。提就是入，想脚入地就往上提，它们是一个东西。动静等观，一个东西。站的时候，身上哪里紧了，用意识观照让它放松。还有一个心法，就是"一直松放"！松着往出放，身上不留一点东西，不是练功夫，就是"松着放"。哪里紧了，用意识调整它松着散开。打人也是身体通道力量把人放出去。那时，身体实的变虚，空的通道变实，通过地的力量穿上来把人放出去。王芗斋说合宇宙之力，实际上打人就是大地、通道、

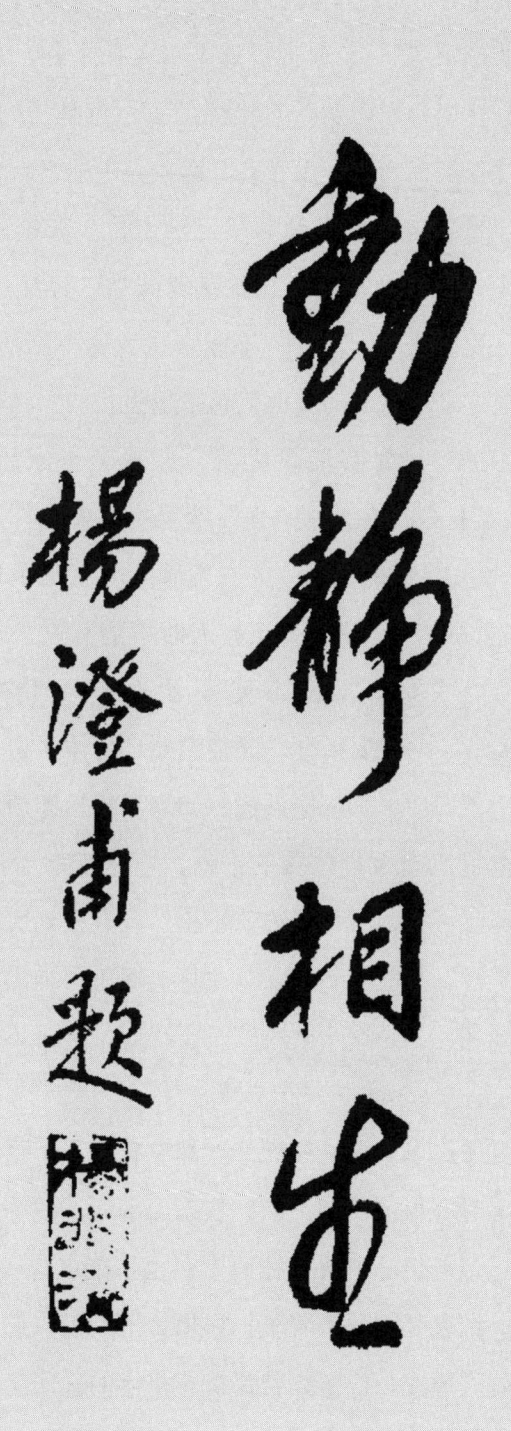

動靜相生

楊澄甫題

对方，虚空力量贯通后形成把人放出去的效果。

形意拳说"练形求意"，就是通过这个形求那个意，求"意"的那个架子，有了意体，那就"舍形取意"直接练意了，意是活的，让意成为主体，形不要了。这个过程是有变无、无变有。意成为主体之后，应敌时就可以定位，范围可以随"意"定，如果是形就无法定位。我把意识定位以后，你不知道，但只要你一入那个范围，我就感觉到你已经接触到我，我开始打了。意的定位，是我控制范围内的，不能定在我达不到的地方。随着练习，意越放越大，范围越来越广，功夫也就越来越强。

面部表情要"笑"，要有活泼之机，过去老拳家脸上挂相，有人一"笑"全身一松就能打人，有人一"恨"全身一松就能打人，大成拳讲"似笑非笑"，松开，松开意才能出来。人在发脾气时就是跟自己较劲，全身紧张，心跳加快。"善战者不怒"，真正打人时不能有气，要乐着！普通人一乐就没精神了，所以练拳时"似笑非笑"，让意出来，精神贯顶。

髋关节、踝关节、两肩要松开，这很重要！身体平衡全靠踝关节，踝关节一松、胯一平衡，即使单脚都能站稳；如果不松，即便双脚站稳了也是硬撑。它没有根，全是肌肉力量拉着的平衡，不是松散着沾着地上。走摩擦步，如果站不住那就不行，因为踝关节不松，没有松到底就站不稳。靠全身肌肉撑拉，那就不行，神气出不来，全在身上捆着。神出不来，就不是！即便再有功夫也是硬来，不是这个。所以，要练对，不对不行！大成拳是全身无一处着力。

最初阶段，身体往前一点或往后一点都没有关系，重要的是站住，不能绝对化。刚开始练时要保证要领正确，状态出来后，就练那个状态，要领就得忘掉，不能老想，老想心中就有挂碍了；也不能老想着"松"，就像失眠时老想入睡一样，结果是更睡不着了；如果哪里紧了，想一下松就行，练拳养成这种习惯才好。想完，松了，就保持着整体的一团生机。这种生机有弹性，跟水一样，能随能入；跟火一样，生生不息；跟风一样，能出能进。刚开始有形，后来无形，意就是这种东西。意识和身是同时出入，就跟提和沉一样，同时有东西提起来也有东西沉下去，二者同时存在，是一个东西。有人理解为"二争力"，腰以下是往下，腰以上是往上，这是不对的。腰膝一合，是一个东西，不能分了，所谓"二争"是整体的二争力，整体地向上，同时整体地向下。整体向下的时候，是提着向下；整体向上的时候，是沉着向上，全是整体的！这是第一步。检查腿对不对，就看有没有弹性，在弹性状态下就是对的。有弹性状态，又有弹性强度，就非常好！

体会腰松开，腰能活。两个人对抗时，如果蓄力来不及，拿腰可以蓄。二次击打如来不及收腿收拳，就拿腰转换，因为它是中枢，不用形来回转变，腰一变就可以，腰一活就有力。有个很重要的概念，就是用拳的时候，用上肢时，腰、背、胸、肩是散发力的源泉，用腿时也是腰、背、肩、胯。换句话说，人站着的时候，不是站在两个脚上，而是站在腰上，实际上，是腿长在腰上，从腰上伸出去两只脚，不是把身体放到两只脚上，就像转八卦一样，转起来是脚从腰处伸出去，不是脚自己出去带着腰走，一切从腰上出发，脚不是根，腰才是根。形意拳下三节，根节就是腰，中节是腿，梢节才是脚。根节不在地上，一定在腰上。时刻想这个道理，身体会发生变化，拳就能进步！腰活，所以穿裆脚可以含着从胸前出去；腰活，掖着肩可以打人。腰不松，心就开不了。心不开，意就出不来。拳谚"练拳不活腰，终究艺不高"，就是指腰松开以后那种有生机的活，不是动作摇摆的活。练枪也一样，关键在于拿人的腰、使枪的腰。人如果没有腰，刀枪拿在手里也没用。

站一站，完了走一走。这个拳，站桩是一条主线，然后才有别的功法，试力、摩擦步等，试完力、走完摩擦步还回到站桩。做完试力、摩擦步，再来站桩，这时的桩又不一样了，试力与摩擦步修正了原来的桩，使之更加完善，无形中桩里面就有了那些东西。然后是推手，推完手以后，桩里面就有推手的东西。虽然说这个拳从头到尾就是一个桩，但桩跟桩又不一样，每个阶段都不一样。老一个桩站着不行,但第一个阶段就要这样站着,就是没有练其他功法。推手、摸劲之前,这个桩的基础要过关,有了这个桩才能更进一步装别的东西。如果没有这个桩的基础,别的功法一练,桩功没了,全变成那些东西,拳就练偏了。所以,练这个拳,光站桩不练别的功法不透,但是桩上没有功夫去练别的功法,也就不是这个拳了。到了最后,别的东西都融到桩里面了,行、住、坐、卧都成这样了。到那时,摩擦步,试力,用意识跟人接一下,都是桩。遇到外力,就调整桩。这就是王芗斋所说的"不动之动"境界。外在动时,桩里面有个不动的东西。打拳时就是动那个不动,拿着"不动"来打人。桩里面那个"不动"是静,手一动不是动手,是动里面那个沉静的、不动的东西。与人对抗,就是用这个东西。这个东西别人不知道。太极拳说,人不知我,我独知人,英雄所向无敌。形意拳,硬打硬进无遮拦。用里边那个东西硬打硬进,别人就顶不住了。那个东西就是纯技术!自身次序做对了,你硬来都行,对方根本用不上力。

走一走,放松!练拳不能认真,心里有就行,就是放,就是散,身体是通道,身上不存力,心里不存事。

站桩之形意

古人创拳，妙用大道之理。真理原本就朴拙简单，没有多少曲折。依理练拳，应以简单动作揳入其中。动作虽简单，但简单之中蕴含无穷妙义，犹如一月普现一切水，一切水月一月现，待真做到合理的简单，就变成不简单了。拿站桩来说，只一个动作站下去，要清晰体会动与静在身心中的交替变化，身外静而身内动，动起来欲将身体各部位后天所成气血化掉、松掉，而让身心的良知良能呈现。这过程包含了很多曲折与变化，表面看似简单，内里其实复杂，单用一个动作就将一套拳在身心中发生的一切变化包含在内了。这些道理、过程、境界，细加思量，是何等不可思议啊！唯其简单，所以甚难！此平实之理、正确之法，不知多少古今练拳人当面错过，穷尽一生而求之不得。

练习大成拳，要通过站桩从身心质能变化中不断体会：形体的松、通、虚、空，神意的灵、活、圆、满，达到身体通透空灵、杂念销溶尽净之后，精神即从身心的桎梏中透脱出来，然后慢慢放大以至浑圆饱满笼罩之状，将自己及周身一切事物含摄无余，自他事物形成一个浑然的整体。此时，自身的形体逐渐虚化，外界的事物逐渐实化，精神活活脱脱穿透一切，意念明明历历感知一切，外界不动则已，若有微动，意念马上就感知到了，立即通过身心释放出本能的自然之力，一击必杀。《拳论》说："凡遇之物，则神意一交，如网天罗，无物能逃。"[1] 所以，王芗斋先生说："本拳之所重者，在精神、在意感、在自然力之修炼。"[2] 与形意拳相似，都是无形有意，用神意控制对手，硬打硬进无遮拦。大成拳的意即是力，用意即是用力，因此练习的重点在于：把神

---

[1] 王芗斋《大成拳论》技击桩法：神意之运用。
[2] 王芗斋《大成拳论》自志。

意练得灵活圆满，把形体练得通透空灵，不必另外"刻意"训练发力，只要安心站桩，做到意紧力松，筋肉空灵，随时处于蓄力状态，久而久之，自然可以达到毛发飞涨，力生锋棱，体会到"得意中力之自然天趣"。①

站桩就是要练出这种东西才行，只有这样才能保证对方的任何力量都不能进来。这个时候形不重要了，练拳的人大都在形上跑了一辈子。前辈说得很清楚，"有形有意都是假"，练意脱形！其实不用古人说，你自己练练就知道了。王芗斋在20世纪50年代表演的时候，有人就认为他不会练，不懂的人就看不出来。所以，桩是练拳的第一步，也是第二步，也是第三步，是一辈子要练的东西。过去有练太极拳者，一个单鞭，就是一个动作停在那，能感知两个小时，跟站桩是一样的。

桩要站对，还要多站，如果时间不够，身体深处的变化就出不来。功夫是桩站对了以后各个关节之间存在的一种很微妙的连接关系，这种关系形成了一种状态，这种状态就能让你把身体忘了。这种状态有了以后，随着功夫的加深，它不虚，它成了很强的一种东西，这个强不能追求，等你自己有了功夫，慢慢地它就强了。这种强不一定是你自己觉得很强，也许你感觉并不强，但是用的时候对方能感觉到很强。

就是让这个身体，一层一层地、一丝一毫地松，松放；然后松放的同时，它就有一种生生不息的东西一层一层地冒出来，你松一下，冒出来一些东西；再松一下，又冒出来一些状态。内清虚，外脱化，你站在这儿，脱化、脱化，清虚、清虚，外面脱化了，随之清虚之气就出来了，就练这个清虚之气，壮大这个清虚之气。清虚之气开始的时候很虚，你就培养它，让它慢慢地壮起来，你要用的就是这个清虚之气。脱化的目的是什么？就是避免身体影响这清虚的状态，避免里面的清虚之气刚出来，外面脱化的东西又提起来了，这就坏了。在任何时候、在任何情形下，有形的东西都不能障碍那个无形的东西，让那个无形的东西壮大、壮大，壮的就是这个无形的东西成

---

① 王芗斋《大成拳论》习拳述要。

斜削刀勢

如拖刀懷水以右肩司敵。
彼割右肋用刀斜削開鎗。
則刀偏於右旁彼起鎗割。
而你左足將刀送開鎗順。
砍一刀。

注曰將刀斜削不拘向左向右皆可。
運用勢如拖刀拖鎗根之投身明。
保退步緊閃一經轉身進步讓。
使砍殺。

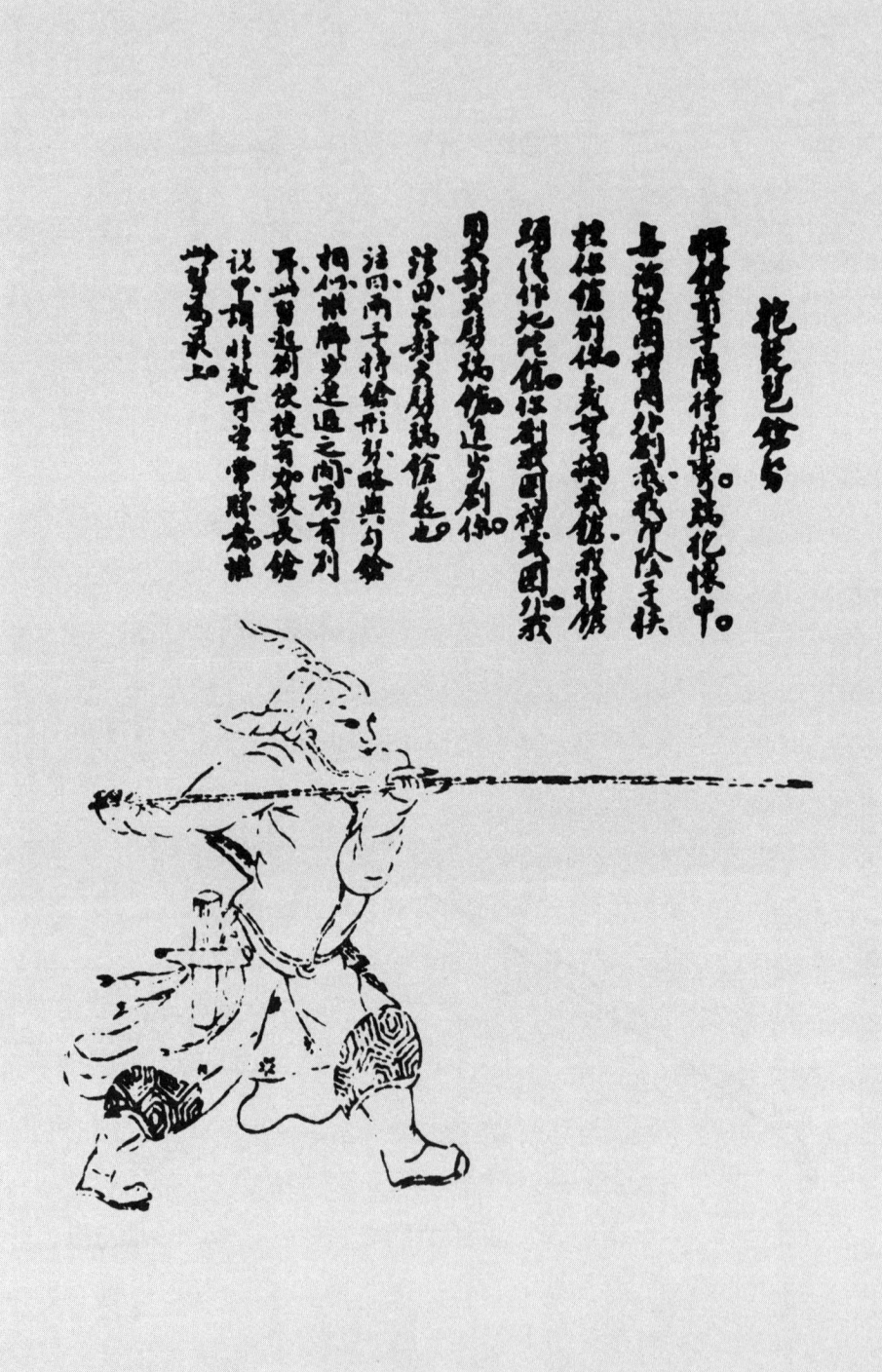

166

为另外一种实相了,那才是真正的实相。这个壮大起来的无形的东西,是比真实更真实的一个系统。

要放松,第一步应该先把身放下去,先松身,肉挂在骨头上,玉树挂宝衣。要求手臂上的肉、胸部上的肉、肩背、腰、大腿、小腿、脚面都得松,还有手背、手腕、五脏、呼吸都得松,必须松,五脏和呼吸也要松。这样第一步做到了,心就松了,然后再松骨头,最后就没有骨头了,没有这些东西了,身体里面的意就出来了。然后身体内外除了意就是意了,没有别的了,这时候意再出去。这个意,就是自己那种真正的所谓觉悟了的东西。这个肉呢,就是被动的智慧,只要能被动就有智慧,有智慧就能应物自然了。提起出去的那个意,这个形自己就会解决问题,因为它没有障碍。没有意夹杂在里面,它就不会双重,不双重就没有障碍,它随曲就伸了、曲折了、旋转了等,它自己就能做到。因为意不回来,意和身体就是分开的,意不回来,身就是应物自然的。意一回来它就有想法,一有想法就是障碍,就是双重。搭手的时候为什么卡住了、滞住了?就是因为它有想法,它没有想法的时候就跟链条一样,是畅通无碍的。一有想法、一有恐惧,它就堵住了。所以,要把意拿出去,别放在身上,用意的时候这个身体让意领着,然后该这样就这样,该那样就那样,它自己自然地就能做到。形的智慧加意的智慧,两个东西形成一个东西,就是不二,就是如一,这就是形和意。

虽然是用意,但是意得有次序。你如果用意,就跟风一样,它哪儿都有,它得有个有序性,具备了有序性它才能出去。意也有间架,并且间架还得对。用意不用力,只不过是用的另外一个系统,这个系统的间架结构也得有。用意的时候,身体的间架要配合这个意,这个意要符合这个间架结构。用意的时候我这个形要做对,让对方不对,这才行。

意就跟水一样,跟气一样,但跟用形不一样。它用的方法很多,外圆内方,形曲意直,曲中求直,上下相随,左右相和,内动外行等。看着是外面动,其实是里面先动,跟外面没有关系,一上手就是这个。意和身体不能合住,一合住、一重叠,就紧了。这时候就是让意出去,必须出去,不出去不行。意出去,意领着身体,不是不要身体,是要着身体,还不能指挥它,是让它们各负其责。意不能管形,形也不能管意,各把各的事情做好,这就不管而管了。无身,没有自己就是身体,但用的是自己的身体,这个身体还是无我的身体。它一定是无形的,让这个有形的身体有无形之用,有形之体为无形之用,有为之法为无为之变。

站桩就是有形站无形。有形的身体具体怎么松呢?第一个踝关节放松,然后胯要有坐意,这两个就有弹性了。这时腰松,松活的,腰有灵性,腰和膝这两个地方要有灵性,调这个东西;膝往回收,还是意,往腰上收,跟腰发生关系,往后站,但是没提起来;然后肩再找胯,肩往胯上沉,用意;然后,头往上领,头往上领时脚就完完全全落到地上了,脚踏得就特实,头和脚就贯通了,贯通的一瞬间身上的要领就都不存在了。这时,头和脚贯通了,连这也不要了,只要这种灵感,这种感觉,就练这种状态,这就是"意",练这种"意"。然后"意"自由地在身外身内发生关系,跟自己有关系,跟对方也有关系。总起来说,就是头顶起来,"意"把身上忘掉了,这个过程是最需用功的。因为人都守着"有"的东西,"无"的东西找不着。大成拳有"打鬼"、"影子打人",就是人未到意先接,把"意"定在"三尺之外,七尺之内"。过去我不讲这些,是怕一讲大家心意就紧了,一紧这拳就错了。现在"意"出来以后,你把意,把你的手、身体放在三尺以外,实际上你还在这站着,对方击到三尺之外的时候,你的意就已跟他接上了,因为你在外头呢!他不知道,对方跟你都是错位,你的神气与他有关系了,他不知道,这就是意拳!很简单,但这个过程比较绕人。这得看着练,因为你们练这么多年,身上都有功夫、有力量,容易随自己习惯,有人看着练,才能出这个东西。

站桩的时候,膝盖不能过脚尖,一些人不知道怎么回事。这里面有个很重要的原理,你看这样站着,膝盖不过脚尖,不塌腰,把腰树起来,往上一拔,这就体现了身体在用腿,身体的劲通过膝盖,直接就到脚上了。如果膝盖过了脚尖，腿就成了承载这个身体的东西了，就不是身体在用腿，而是腿在用身体了，本末就倒置了，就反了。我们原来一直说，手和腿长在身体上，手和腿是身体用出来的，不是身体给腿增加负担。身体成了腿的负担，腿怎么还能灵？你只有这样站，才能长功夫，并且长出来的功夫是活性的、灵性的、能用的、自然的。本就越来越壮了，因为本对了。要是你把身体压在腿上，把腿当成本了，就练不出功夫了。站出这种状态，让这种状态越来越大，你对敌的时候，用的不是力量，不是你那个快，是这种状态，这种状态带出来什么就是什么。

站桩不是纯技术，它是身体和自身、自己和自己、自己和自然界的体认。人和人打交道，它守着一个无形的东西，用身体能练到这个东西。它是拳学之道，但是不强调纯功夫，不强调力量等，它是整体感知，所谓功夫等都融到先机中了。你有功夫，你这个功夫，第一我让你出不来，第二你出来了我让你回不去，这才是真正的功夫。你跟人打交道，有人要动你的心，这时候你面带微笑跟他就合了，你肚子能容，乱七八糟的东西到你这儿就化了，这是人和人打交道。人跟自然打交道呢，你能用自己的身心感应自然界的变化和规律。这就是桩。

有形的这种桩，很多人手一拿起来就把形给做真了，形成为主体了。即使很有功夫的人也常常这样，他不会通过这个有形的练里边的无形的、生机无限的活泼之意，他很容易把有形的也一起练了。当然，这不是说你形就不能做真，你水平很高的时候没问题，水平很高的时候，你可以把这个外形做得很真实，看着是这个，实际上还不是，里面是有的，有那个无形的、生机无限的活泼之意。普通人一把形做真实，马上就变了，变成就是形了，里面没有了。水平高的人，他外面做得很真实，但他还是里边的东西。你做不到这个的时候，就别做外面的，你直接就做里边的，就可以了。一些老前辈站桩的时候，把架势拉得很开，这就误导了很多人，你看他站桩，他拉得很开，虽然他拉得很开，但是他没有，他这样做可以，你这样做就不行。

站桩之放松

站桩，身体上下要松，但不是身体各部位散乱的松，而是要做到整合的松。松，就像一条线贯串着数珠，珠子虽松，却是一体，整合不散乱。里面的线在上下左右前后弹性连接着，中间通透无着力点。

要想肩松，要做到无肩；无肩，肩就松了，别人也就摸不着，但无肩不是跟泥鳅一样在滑，否则，就成了自身太极了。身体想放松哪里，心就不能住哪里，得在别的地方找。肉松有点难，特别是背上的肉难松，因为背上的肉跟身体贴得比较紧，要慢慢体会。一般拳法讲究含胸拔背，这容易误解。太极拳、形意拳、八卦掌，要看杨露禅、董海川、李洛能、孙禄堂、王芗斋、武禹襄①、王宗岳等先辈的拳论。这个高度不易达到，所以有些人达不到时，就根据自己所得进行演绎，但结果不是！腰背一定不能紧，要松，如果含胸拔背，背上一紧，有了对抗意识，中道就被堵住了！练拳本不能有对抗意识，而要令中道出来，让中放大，寓自身于中之中，这样，就谈不上对抗不对抗了，你一来，我就应物自然。所以，让前胸后背的肉都松下来，让精神起来！王芗斋说没有肩胯，练时，先没有肩，胯再往下坐，膝盖往后提，全是意，上身就空了，一点东西没有，全是灵机，灵通于背，处处皆是，别人打着哪儿都不影响意识，练拳时要使任何东西不能影响意识，意识为主体时，意气君，骨肉臣，拳就练成了！有人说意气力合一，这是没有达到那个高度，虽然也很厉害，但这不究竟！对的是飘飘地过去，我来，我不打你，你肯定跑不了，你想跑就得出去，灵机一动鸟难飞，是这种东西出来！意气力合一，才是中乘拳法，它能合上，上乘拳法神光笼罩，所有东西

---

① 武禹襄：拳学宗师，武氏太极拳始祖，有拳论《太极拳经》等传世。

都是意的通道，这才是意拳。

有些人站桩，软，没骨头，是不对的。上身挺拔，腰与胯要有关系，是贯通的，直接到脚上。腰胯贯通，四周圆活，是全身上下的枢纽。腰不能过直成板，也不能过弯合死，过直过弯皆为极端，都不可取！把腰放到胯上，但又没放下，因上面提着，腰胯整个一圆通灵变的状态。只有这样，才符合王芗斋所说的一指之动都是全身整体之动。再放松腰，下去以后，再放松中线整圈部位。放松提神，神起气不起，心和气是相连的，气静心平。眼睛要睁开，身上不留东西，满身空灵意。能把人发走的功夫，是靠空的东西传递的，能把人带走。慢慢体会到肘上，这要求就高了。脖颈竖向，腋下得开，保持松沉状态。静中求动，动不失静，动起来不丢这个静的东西。一动一静，都只是那个东西。慢慢地，连那个东西也没有了，空掉，就彻底自如了。

腰松，膝松；似尿非尿，胯就下去了。背要松，神意领着松。领起来再松，不能让身体各关节"压着"，处于松活状态，能上去、能下去、能伸缩，有拉力、有弹力，力似弹簧，不偏一端。

肩沉下去，气才能下去。老谱说"肩沉气按"，沉肩，脖子要起来才对，否则就不对了。脖子起来以后，劲要松活，不能梗在那里。胸要空，腰要活，腹要实，背要松，胯要落。身体的要求很重要！脖子是这样，肩是这样，胸是这样。"含胸拔背"，实际上不是含胸拔背。胸一空，腹一实，自然就形成了"含胸拔背"，不是拿动作招法去找"含胸拔背"，把含胸拔背弄成招法了。词不达义，传授过程就容易出错。一松，背上不是拔，背上不牵，气就上来了，背上的"绳子"就起来了。如果背上牵着，气贴不到背上，胸空不了，哪里有拔背啊！然后一松腰，腹一实，胯往下一落，浑身处在一种舒适、浑厚、舒展的得力状态中。肩沉的同时，肘是坠的。不是一沉肩底下没有了，是沉在肘上，然后传递到手腕，还要让手指头展起来，同时五个指肚往回收一下。连展带收，收不影响展，展中收，这就行了！身体老是这种状态。然后藏喉头，把它一虚，后颈就实了，一虚一实，前面就空了。空了以后，前面对敌的方向没有障碍。喉头不能梗，放松了才能空。一松就能跟对方很灵敏地接触，如果不空就不能和对方灵敏接触。这是对敌时很重要的东西！喉头一松，心才能松，心松腰活，拿这两个东西应敌，敌人无论强弱都变成是弱。你如果喉头一紧，心一紧，敌人一强大就会产生恐惧。为什么恐惧呢？因为这无形的东西跟敌人对抗了，因为你无形的东西是实的。你可以把无形的东西放虚，让他来，你不怕，他来了就散了，因为（胸喉）这是虚的，可以应他。这些东西仔细听进去，琢磨它，身上就会有。

脖子也得松，收下颌，喉颈往百会提，然后肉像在骨头上挂着一样，往下掉，它掉不下去，掉不下去的原因就是神气在空中飘着。神气就像衣服架，骨头跟肉就跟挂在架子上的衣服一样。所以心里要松，肉要松，肉一松，心里就松。五脏要松，所有的关节要松，关节松的同时，那个架子不能松，那个架子不是骨头，是意，是气。这个时候那个东西作为主体的时候，肉就不执着了，肉才以对方之意为意，才能感知外面的世界，真正的身体的智慧才会出来。这时候，力大力小皆非是，对方力大力小就很难影响你了。身不能执着，就像两个人一搭手，对方用的劲跟我没关系，我拿中神夺他。有人问四两怎么拨千斤，我给大家说，四两永远拨不了千斤，但可以牵动对方的四两，拨对方的千斤，就像牵着牛鼻子的四两就能把整头牛牵过来一样。你拿着自己的四两，去牵对方的千斤，那是不可能的。我们的拳，是你牵着对方的四两的时候，你的注意力还不在四两上，你的神意还能腾出来观照全局，是这样的。

所以要有修行的那种正信，那种精神。站桩就是放松，没有别的任何东西。那你说放松到什么时候算个头呢？没有头，这个过程很漫长，一般人很难坚持，今天这样，明天这样；今年这样，明年还这样，甚至一辈子都这样。有些人可能一辈子也出不来东西，有些人可能出来东西，什么东西呢？

没出来的人不知道，出来的人也给人说不清楚，但就像马一浮先生说得那样，有校验的办法。怎么校验呢？两个人一摸，你就失重了，你再快、再有力，都是这个结果。这是身体的智慧，身体的智慧不受大脑、知见的左右，身体里面出来的东西和外部的刺激直接应答了，跟思维没关系。这个时候是身体左右了思维，不再是思维影响身体了。现在人们的身体都不是自己的，根本就没有出来那种东西的能力，站桩就是培养这种能力。在修炼的过程中，为什么还要推推手、听听劲呢？一个是乐趣，再一个大家毕竟都是普通人，在没有达到那种松后出来新东西之前，害怕心里满足不了、平衡不了，可以拿这些来调剂一下。但是很多人把这些作为终极目标了，甚至他连这都追求不到。这是不得已而为之。有些人不求道，他就是学这个东西（推手、听劲），那也行。换句话来说，在你松不透的情况下，学这些东西和松是一样的。你老推手，老推手，突然有一天松了，你也能找着那个东西，这是你通过推手这条路通了。每条路上都有道，道无所不在。但无论你走哪条路，放松都是第一位的，因为它是基础。

站桩之精神

站桩是为什么呢？是重新让身体有序化，身体有序化以后心就解放出来了。现在给大家再进一步解释一下桩应该怎么站。平常都是从外边说，不是从里面说，这次从里边开始讲。

先站住了，把精神领起来。精神领起来以后，脖子是松的，接着松喉头、松肩；松肩的时候不松精神，脖子不能梗，也不能前倾或者后仰；接着松横膈膜，然后面带微笑，上身就全解决了；松踝关节、松尾闾，胯解决了。把身体放到地上，放到地上干什么呢？就是等着，刚才领起来的精神是架子，现在要让精神满。怎么满呢？就是在那儿等，等它自己丰满了，脚就不沾地了。脚掌是舒放于地面的，刚才是硬，是一堆肉在那儿蹲着，现在它空了，这就是拿起精神站桩。在这个之前，全是没有精神，松肉松得连精神都松了，最后站得好多人都萎靡了；要不就是精神没起来，肉和骨头起来了，这都不是！

不用拳头打人是虚着打，没有障碍，直接就出去了。空（身体放空的空，不是不接触）着打对方就顶不住。这是拿起精神，肉是松的，才有这个境界，肉一紧就没有这个境界了。所以从现在开始，要先拿起精神，把精神树起来再松（肉和骨），不是先松。要先拿起精神，练的就是精神。把精神先树起来，然后有些地方不松再给它剔掉，不是先剔，然后把精神都剔没了；是精神先树到这儿，然后剔这些东西，这个次序很重要。

站要这样：只有精神，没有身体，身上用不上力就是最大的要领，就是用不上力。面部表情似笑非笑才能融，自己和环境就融为一体了。下边似尿非尿，底下的胯就打开了，胯一开就把对方容进来了。一个是把自己融化，一个是把对方容进来，没有敌意的时候才能把对方容进来，就是似笑非笑，似尿非尿。

周身须无一处着力，即使是脚也不着力，脚是放在地上的，但它不是着力，它是松涨，因为有重量压在它上面。等你有功夫的时候，站着的时候它跟空的一样，连一点压力都没有，因为气腾然嘛，是这种状态。意识一提，脚跟地像一张纸一样挨着，这才是对的。还有就是你在地上站着，脚和地是这种关系，脚抬起来，它和地之间的关系要保持不变，中间还拉着，就没断过，和空气的关系也没断过。这个时候，就要弱化自己的身体，让没断的那个感觉出来。要练的，就是这个没断的感觉。就像王芗斋老先生说的，说动它在静，说静它在动，是这个东西。你站桩，脚跟地有关系，练拳的时候，脚拿起来跟地就没关系了，这不行。你得抽丝拉线，跟地就没有离开过，这种感觉要在，这脚跟地就有关系了。推手也一样，你跟对方的关系，就和脚跟地的关系一样，从来就没离开过，没接触的时候也没离开过。

站桩，就站在那儿，精神能拿得起来就行，精神拿起来，但是别跑出去。很多练拳时间长的人，懂得多了，反而做不到这个，因为他不敢拿起来，一拿起来就有敌意，就有人为的东西，这样他有功夫，反而做错了。有些人是对的，但是他没功夫，他没功夫的这个对还不如有功夫这个错，因为它是一层一层的，有功夫这个层次容易犯的错误，就是你有这个东西，就想用这个东西，这样就把要练的东西给忘了。把敌意放下，就是精神提起来。你很厉害，也得是这个东西。这个是主体，然后在这个主体的框架上，面部表情要松和，松和而无敌意；要乐，就是精神，身上不用管，乐的时候别把精神丢了就行。

你练的东西是什么，这个很重要，一定要很清晰。练的就是精神愉悦，精神提得起，把身给忘了，身是松的。常规的练习方法是把身作为主体，在那里松肉，松肉的时候他把该练的精神作为第二位了，他一直松肉，结果连精神也一起松了，最后人没有变化。我们的练法是让精神提起来，身不跟着起来，身是第二位的，精神是第一位的，就是提精神，就是这个东西；还要乐，乐了就是和的；不乐，一提精神，人身体就紧了。

站对桩的第一步就是自己先松开，别跟自己较劲，智慧在神里边，烦恼在肉里边，你先把所有的肉都松开，到最后你是一片神气，是那个东西。提起精神，站桩就是要让精神占主导。普通人是有形的皮肉占主导，一看这个人全是一堆肉，慢慢地，身体不管好坏，成不了神、意、气的障碍。身体很强壮，但神、意、气出不来，这也是下乘。身体要通透，要把这个道给让开。为什么第一步要松身呢？身松就是没有自我，把自我要放下，你生命的能量才能显现出来，生命的能量就是神、意、气，只不过那个东西在你这个身体里寄居，那个东西要没有你就是什么都没有了，所以一定要把身松开。身松开了，还要把精神提起来；精神提起来，身不能跟着提起来，提精神跟身没关系。现在人一说提精神，身都跟着提起来了；以后练得没有身，就是精神强，干什么都是精神。

站桩之神意

站桩怎么站呢？站和站可千差万别。你们看现在我调松了，还有一个东西，如果出来了也是对的，神一提就对了。相对于神来说，身体是松的。如果神在这个位置，就把身体放松，显示出神来。身体不是大吗？你不愿意把身体放松，那你把神提起来，神始终比身大，这样就会站桩了。神一大就出来了，关系理顺了就是对的。神意比形大，桩就是这个，没有别的。站桩是干什么？就是始终在培养神意。

站桩要把身体站松，身体一松，心就开了，所谓神意就出来了。平常人这两个东西是混在一起的，不清晰。经过修炼，身体松开了，神意很强了，这时候以神意为主导，把形放在后边。无我是什么呢？是没有这个肉，要做到这样就得站桩，就是身体放松。放松，意不丢。这样做，就会出现这种状态。

放松的目的是身体不能成为神意的障碍，普通人神意在身体里面出不来。你现在把身体舍掉，让神意出来，这就很厉害了。厉害的原因是肌肉没动，神意摄对方的心魄。好打斗、好搏杀的人比普通人的神意足，他看每个人的神意都没有出来，站桩练的就是神意，他一看你神意出来的时候比他还大，才会觉得遇到厉害人了。到时候你神意脱开了，不在身体里边，你就拿神意在那儿变化了。站桩就是把身给松开，就这样站。就像水蒸气，气出不来，你就闻不到味儿。味儿得出来，这是弥漫的东西。所以就练这个身体，让它达到这种气的状态。

打人的时候，神要过对方，神光朗照四周，一部分意观照自己身上，是为了保持自身的中环的关系不丢。

练剑之要身如游龙切忌停滞习之日久身与剑合剑与神合于无剑处处皆剑能知此义剑道尽矣

古广川李景林题

站桩的时候一边出一边守，一边守一边出。守着意，出着神。出而未出，守而未守，比较复杂。这样才能平衡，要不然就双重了，就死了。这样才有灵劲。你把这做到极致了，就是自然状态了，不用守意，也不用出神。如此才能应物自然，才能有感即应。出就是神，存为意，名为"意"。

灵了就有神，哪儿灵哪儿有神。神光朗照，神无处不在，一个手指都有神。一切具足，本身具有，只是有些人显现不出来，通过站桩修行可以把它显现出来，包括膝盖的神、两肩的神都是这样修炼出来的。两肩只有神了，没有肩了，是空的，对方就摸不着肩了。空才出神，身体要有一个充实的、膨胀的、有的阶段，然后才会慢慢地空。有的很庞大了才会空了，这个空才是真有！让它慢慢地、自然地出来。

再说意。意是自然的流露，有意无意之间就有意了，水到渠成，满了就冒出来了，身体圆满了就会冒出来。身体自如了、舒展了、从容了，就可以用意了。意就是气势，意就是精神。拳在不动的时候意就没有了，因为气机没有动，势没有动。如果此时意动就是妄动，妄动就是没有机的动（就失动静之机）。积累了、饱满了、从容了、自然了、得机得势了、得当了、得体了、大了，这个时候用的意就是势，即所谓"以势打人"、"以势压人"、"以势撼人"，再不是拳脚功夫了。

意把气势带出来就完事了，把精神带出来就没有了，一瞬间就没有了，真正的意拳就是无意之拳。拳学心法"练时无人似有人，用时有人当无人"，只是让你转变心念而已。有人没人跟你都没关系，这才对。你现在练拳有疲劳之心，有欢喜之心，明天练就少个东西，或冒出来个新的东西，一年四季都这样，你这欢喜之心慢慢就很淡很淡了，疲劳的身体也就不会疲劳了。到这个时候，真的东西就出来了。现在是很多假想把真的东西压着。当那个东西出来的时候，对方伸手一犯错误他就输了，这个时候你说有人还是无敌，用意还是没用意？就没有那个东西，就完了。这样练习，人生好多东西都能明白。

练拳要用心，心思一定要在拳上面，要把这事当作很重要的事情来对待。拳不空出，意不空回。手不动，用桩里面的意（桩意），当然你的桩必须有功夫了、有桩意了，才能谈到用意这个层次。桩上都没有意（功夫），你怎么用啊？

有了意以后才是真正开始练拳了，意拳从哪儿开始就从哪儿结束。有了意以后还要把意扔掉，意只是拳里面简单的一部分，不是拳的全部。练拳不能无知、自大，不知天高地厚，那样就是意太重了。还要去掉意，最后是无形、无意、无相。所以，刚开始桩必须傻站，有东西了，拿意才能用这些东西；用得已经很熟练了，你还用用意吗？无意之意是真意。这个时候就自然而然了，这就是练拳的过程。拳很细微、很淳厚，如果不对，那可不是差了一点点，那根本就不是这个拳了。

站桩之时间

　　站桩你站到这儿,要让身松了,这是第一个要求。这是原地不动的身松了,然后是脚腕、手腕、脖子,就跟一个帐篷一样,五个地方要支撑住,一边支撑着,一边身还是松的,这才算是松了。因为你跟人对抗的时候,得有一个东西必须是领着而不存力,要是全松了,就没法领了;领着的那个东西必须舒展,你舒展那个东西,其他地方必须松开;还有一个东西是有弹性的,就是做动作的时候,所有的关节都在一种弹性链接的状态,你才能启动这种舒展的放松。肉是放松的,舒展的是筋,筋要伸展这种状态。

　　筋就是韧带,还有这个肌腱,中国人传统叫筋,这是两个东西,还有骨关节之间的弹性状态。但这些还不够,还有一个无形的东西,就是神意。前几个做到了,这还须配合神意,做到的同时,就都没有了。你不能住在那儿,你还不能断,所谓不住不断。站桩你得有这样四个东西,四个东西都要做到,还得有五脏的松和呼吸的弹力。怎么做到呢?就得拿时间熬,以中而行。没有要领,一有要领就做不到了,因为你会发现,时间一到,所有的要领都是假的,所有的要领都不是。你熬到时间了,你就会发现所有要领都是在说你身上的感觉,都是按照你的状态在说你,不是你在学它。

　　说再精妙、再深奥的东西,都是为了把这个桩站好,就听一下,存着,等着,桩到那儿了就溜进去。没有别的,就是桩。站桩要把上下的关系弄清楚,上下的关系,是肩往下沉,胯往下坐,腰往上提,背往下松,膝盖往上提,这些都是意,不是力;然后后脖子往起提,嘴微张,口张开喉头就放松了。肩往下一沉,后脖子一提这就合上了;胯一坐,腰一提就合上了;整体往下落,膝盖往上提就合上了。从头到脚,所有的地方都往下落,只有三个地方往上提，就是膝盖、腰和后脖子，这个非常重要。

提腰很重要，但这个没有必要细说，因为你站四五个小时以后，这都不用说了，你身上自然就有了。站得时间够了，到时候很多要领都没用，你看书上写那么多要领，那都是胡说，根本就没有到，真正的东西是写不出来的，气吞山河那种东西他哪能写得出来？手往起一扬，把这屋子都铺满了，这怎么写？

要想长功夫，最少一天得站四个小时。若站八小时，可以分两次站，一次站三个小时，一次站五个小时，每个月至少得连续三天这样站。因为第一天你站下来了，第二天你身体会发生反应；第三天就像运动员训练一样，好久没训练了，一训练会疼。你没站七八个小时，你怎么知道身体什么东西跟地发生关系？你这样站上七八个小时，全部都跟地发生关系，你站站，哦，这肉根本没跟它发生关系，是骨头跟地发生关系；你再站，哦，这骨头跟地没发生关系，是脚和地之间有东西，就是气。时间不到你就体会不到那个东西。这个是重要的，站得你浑身飘，什么都没有了，或站得啥都有了，或你站得不能弯了，全身都是肿胀的，手变得非常厚，再站十几个小时的时候，手都没反应了，啥都没有了。你经历了这些，别人没经过，他都不知道啊，你这手一伸，这么大，在你背后呢。你老在这种状态的时候，不管是谁，对手再强大，你也是自如的。这才是变心。因为你看得很清楚，他的身体没有这种经历。有些人每天站一两个小时，感觉身上很得劲，但这是小乐趣，大乐趣还没得到。这已经很好了，已经有小乐趣了。很多人练错了，他跟这个没关系，他一直痛苦地在那里练力量，痛苦地跟人较劲。

要是坚持每天这么站，时间越长越好，但是身体弱的一下子站那么长时间，很容易一下子站魔了。怎么办呢？站桩心里急躁的时候，控制不住的时候就出去蹓跶蹓跶，蹓几圈，把心蹓平了再接着站。站桩出了烦恼，解决的方法就是走路，不停地走。

要想领略桩里边的大乐趣，就得拿时间熬，没有别的办法。你得熬出来，熬过去。为什么要熬？熬就是要变，要变心性。它没有技术，如果说有技术，那生活就是技术，你是这种动物，你再聪明，你学那种动物的技术也是学不来的，你得变成那种动物，你身上就是这个东西，你自然就会这个技术。它没有专门技术，它的生活就是技术；你看动物世界，狮子没有技术，生活当中就是技术，一举一动不用学，自然就是。所以你首先得是那个东西，你不是那个东西，你怎么能学到？学不到的。那怎么才能学到呢？就得站桩，就得熬。

虽然是熬，但还不能傻熬，得在对的基础上熬。在没有"是"这个东西之前，时间长地练容易得到这个东西的积累，是好事。但不能跑了，跑了，时间越长越不好；在得到这个东西的时候，那就得要长时间，时间越长越好，一分时间一分功夫；如果自己感觉到跑了，要少练。为什么说学拳容易改拳难啊？都练跑了。所以说要形成习惯。就是这个桩，别的不用练，别的都是形式转换、外在的东西，有这个东西你怎么练都可以。现在先练这个东西，先变换这个东西，先出这个东西。拳很简单，就是一个东西，跟干别的事情一样，你得是这个东西。要想是这个东西，就得拿时间熬。

那怎么熬呢？心思别"住"到时间上，因无所住而生其心，无所住的心是超越时空的心，时间就跟你没关系了。当你知道一个事情的原理的时候，遇到什么问题你想不明白，就把这个原理拿上去，就容易找到解决问题的方法了。大成拳有个心法，叫不住不断，你练拳的过程中，遇到任何问题，都可以拿这四个字解决，比如站桩的时候感觉时间好长啊，很枯燥、很无聊啊之类，都可以解决。因为出现这些问题的原因是你的心跟时间和了，心住在时间上了，你是把自己的心放在时间上熬，你完全可以把心从时间里解放出来。怎么解放呢？就是你把心拿出来，别放到时间里，把时间放到一边，心放到外头，就可以了。这你就跟时间没关系了，时间的长短就更不是问题了。但要说的是，如果你心里没功夫，心就很难拿出来，这是麻烦事情，所以要培养心里的功夫，时时刻刻培养它，壮大它，让它有力量。知道经常扎扎大枪，手上能练出功夫，这个不难，难的是心里有功夫。心里的功夫怎么练呢？还是站桩，熬。心里有功夫可比手上有功夫厉害多了。

每天站桩七八个小时，你心的历程就比别人远，你就比别人经历得多得多。为什么多？你一天七八个小时安着心呢，别人一天可能一分钟都没安过，所以他动心思；你就知道，因为你的心是不动的，你能照见他，而他照不见你，你是他的镜子，他在你心里印着呢，他有什么动作，你马上就知道了，但是他看不见你，就是人不知我，我独知人。时时处处机都在对方前面，制人而不制于人。

站桩之本质

对于站桩，大家理解上容易出现一个问题，就是把它方向化，上下、左右、前后之类，这种思维很普遍，也很正常。但桩不是这个，桩的动是没有规律的，它是自然的动。在动什么呢？在调整着动，四面八方都有可能，它没有固定的方向，就跟电影《生化危机》里面的动物变异一样，你这手往前走的时候，身体自然的，也许这里松沉了，背就弓起来要往前走了，这个是对的；当你立起来一接对方的时候，也许胸是展的，手就往前走了，这也是对的。所以它不是固定的一个什么东西，它就是里面的生生不已之动，主要是这个。生生不已之动没有方向，也没有规律，但它有原则、原理，就是平衡、协调，动的方向是根据需要出现的，根据什么需要呢？自己的时候要平衡协调，应敌的时候要平衡协调，是这种需要。所以它不能固定，比如说一定要上下，你这个动作上下是对的，换个动作上下可能就不对了。它就是生生不已，始终在一种生发、爆发的状态。它调整的平衡是内平衡，里面的平衡，它是自然的。平常大家做不到的时候才要求肩膀要怎么样，手要怎么样，身上要怎么样。实际上没有这些，它是一体的，大家做不到一体了，才有了种种要求，你这身上不行了，腰上不行了，胯上不行了，腿上不行了等。很多人肩松了，到肋这里就松不了了；肋这里松了，腰松不了，腰松不了这呼吸就没松；呼吸松了，哦，这胯松了，腿松了。所以王芗斋老先生有一句话，一般人理解不了，就是"一指之动也是全身之动"，很多人就不理解，非要把它拿成整劲去做，那就做作了。实际上它不是所谓整劲，它是动指头的时候，拿全身来找这个平衡，配合这个指头的动，并不是说拿这个指头领着全身。拿成这样还是人为的，还是有方向的，还是程式化的东西。它是手方向一变，后面全身都跟着，调着，跟那火车头一样；它一变，后面全都龙摆尾，全要动，是这样地要全身动，不是全身跟个棍子一样，不是，是跟常山之蛇一样。大成拳练站桩，练试力，练什么？练的就是这个，生生不已之动，就是这个东西。

为什么它一有形就不成了？有形就跟物体一样，就变成了固体的东西，无形才能跟水一样，水无常形啊，这个水如果再升华了，就跟气一样，是这三个东西的变化。大成拳是聚则成形，散则成气，是这个东西。它最根本的是只有自性，没有惯性，不执着。练就练这个，没有别的，练这个东西以外的所有东西都障碍这个东西，所以平常就看住心，时时刻刻看住自己的心，就干这个事情。一言一行，一举一动，就是看住心。它没有招法，没有套路，没有动作，什么都没有。你全身都是这个东西的时候，你摸人也是拿这个东西，不能拿习惯。现在不行的原因，就是一用的时候还要找个拳，还要找个怎么能制人，这还是惯性。就没有这个东西，你要是身上的状态是对的，你拿人还是这个状态，那对方必输无疑。但是你一拿人的时候就不是这个状态了，因为你心里没底，还在那儿觉得自己应该怎么样，这就已经不怎么样了。

时时刻刻都是这个，不住不断。功夫用在未发生的时间。这就把这个说清楚了。还有一个观心的法门是观自己，自己身上任何地方都不能影响心；观外边，外面任何情境都不影响心，而且观这个心还要勿忘勿助，这种观心法是修行最基本的功夫。你看我们中国人的东西，多厉害！恭敬心、慎独等，这所有的东西，大成是用一条线全给它穿起来了，这条线要树起来，就跟这一条线能合上，能贴到这一条线上，能把这条线扶起来的东西是对的，障碍这条线，或者在旁边看这条线的东西都是不可取的。中国文化有精华但也有糟粕啊，我们现在就树了一条大线，树了一条大梁，这很难的，就是遇到这个东西也不易。

自身影响不了这个不断的东西，身外的东西也影响不了这个不断的东西，不住于身，也不住于身外。它没有定的东西，它不是一定要怎么样。不能住到身内，也不能住到身外，但是也不能断了，也不能住到这个不断上。

练拳，对敌的时候就用平常的状态，要能做到这个，就是长养这种状态，经常地，里面的事情心不动，外边的事情心不动；自身的事情也要心不动，身外的事情也要心不动，这就没有内外了；好的事情心不动，坏的事情心也不动，这就没有好坏了；跟普通人心不动，跟厉害的人心不动，跟朋友心不动，跟敌人心不动，这就没有人我了，没有强弱了，对敌就拿这个不动的心。就是练这种状态，所有的功夫、所有的言语、所有的行为，都是为这个；就是有形无形为这个、虚实刚柔为这个、身内身外为这个，都是为这个。

站桩之虚实

会站桩就会推手。①

站桩跟外边要有关系，推手反而可以没关系。你想这是什么道理？听上去很矛盾，其实不然。站桩跟外边要发生关系，首先你自己得是个活体，站活了，然后让外边无形的东西也都要活起来，最简单的方法就是把周围的空气当水，它成水了不就有质感了吗，这是说自身和外边的关系。自身内部的关系是要节节有根、节节互根，每一个关节跟另外一个关节都是虚实互根的，你手和肩、肩和胯、胯和脚等，都是虚实互根的，互为根了，它才能用，才能彼此产生呼应，才能有生机，这样它有变化了，就有余地了。节节互根，节节互为虚实，它就不死了。它自身是一个这样的状态，上下相随、内外相合、节节互根、虚实相因。这些东西说出来都是名词，没什么用，但能说明一个问题，就是你身上得活，站桩得站活了，不能站死了，站死了就没有用了。活的具体方法是每一个关节都是万向的，不但万向，而且有根。这个关节和那个关节彼此互为根，这样才能变换，然后拿这个能变换的活体跟外面的虚空打成一片。打活了，熟悉了以后，就是大成拳里真正的意拳了，就开始入门了。这时候练什么呢？就是站桩的时候，假想前边有个人，把空气都能假想成水了，这个就能做到了，就是你站桩的时候跟这个人就游戏上了，平和着游戏着。这样你自己就活了，你本来能活，而且能把外面虚的变成实的，死的变成活的；并且你自己活，是拿那个灵机在活，不是拿这个有形的身体，是互相的关节之间的那种机，那个东西活。然后放松五脏，运用呼吸的吞吐跟它和，拿这种状态站桩。

---

① 推手就是双人听劲试力，试意中力之趣。其要在用以意赋形，不动心。

至于推手呢，你练了上面的功夫，和人推的时候不过是假人变成真人了，这样你自己反而一下子就松了，不用动脑子了。因为你好不容易假想了个人，想了半天还不一定想得真切，现在直接就有了，不用想了，你不就轻松了吗？这样就没有敌人，没有自己了。对方想怎么样，让他尽管来，我的原则是形不破体、力不出尖，别让我失去这种灵机状态，谁要让我失去这种灵机状态我就让谁倒下，我让他倒下的目的不是为了胜负、输赢，是我要保持自己的这种灵机状态，推手就是干这个的，断手①只是推手的放大与升华。让自己老在这个灵机的状态就可以了。

　　推手时，第一步要推合，合到一起，对方合不上了，对方就没了，自己合不上了说明第一步的功夫没做好。全身各个关节都要松开，它有两个东西，一个是站桩的时候空气是水，你这个灵机和水发生呼应，发生关系；第二个是把自身变成水，自身的机变成水，然后把这空气里面所有的东西变成你这个水的通道，包括所有有形的实的东西，你都要把它变成通道；碰到它的时候不是绕过去，是把它看成通道，外面看着没过去，但是你那个意识一直往里渗，它一直往里走，它没有对抗，一对抗马上就弹回来了。这就涉及一个问题，就是如果碰到一个硬东西，打不进去怎么办，这时候，用意不用力，就是推手你用的是气化了的东西，身上不存劲，劲往下走，意往上走，散发开，就用这个散发开的虚气相迎对方。

---

① 断手，把对方之劲、意、气、神断开，就是断手。

推手之原则

推手的时候,要守中用中,跟水一样,无常形。本来自己是水,一上手,紧了,就变成冰了,失去了流动性。所以不能相互顶劲,要迎和,心贴心地迎合,把心贴到对方身上,就是民间把式说的话"头对头,球对球",形意拳说"打人如接吻",意思是只要合上,对方就完了;只要合上,这事儿就结束了,合不上不行。你的心与对方的心一发生关系,他就没有了,就是机一来,你掌握机了,这事情就完了。我们的拳就要练到这种程度,就是你时时刻刻就在机上,别人还要找个机会,你时时刻刻就在机上生活了,时时刻刻不失机!

一搭手,就是一团气、一个势出去了,不是一个间架结构出去了。很多古人都讲间架结构,很多大师、高人都这么讲。讲间架结构,就是靠力量,很多人力量很大,但拳不能靠力量,靠力量在原理上不通。这个在原理上就是错的,比如我比你力量大,我不见得比他力量大,你说你力量大,但肯定还有比你力量更大的,这在原理上就不通了。它就是一团气,这种气的力量,一碰就跟气压一样。要越来越清晰这个东西,所以现在教人的时候敢打,我原来教人不敢打,那时候不用力打不了人,一用力就把人打坏了,现在不会伤人了。

大成拳不是练,是用,用就是练,练就是用。以物用心,没有别的东西,一上手就是这个。它有个原理,就是一个人练时要跟两个人一样,两个人练时要跟一个人一样。一个人练时跟两个人一样,是我一个人的时候,我要把对方想象出来,所有的动作我都要想,想出来和上对方,一个人的时候我还要这样想;两个人练跟一个人一样,就是两个人推手、断手我正想这样的时候，你来了，来得刚刚好，我本来就想这样，我自己还不好做，你一来，正好，就把我帮成这样了，这想象就变成现实了。

不是你来了我要怎么样，不是这个东西，你来了就来了，因为它没有方向，没有人为设定。不是说我一定要怎么样，是我都不知道怎么办，这时候你来了，你的方向就是让我去的方向，这就和上了。这样处处得机，这就是无意，无意的同时，以对方之意为意，这时没有自己了，跟对方就和上了。就是不对抗、不较劲，对方来，不是来打你，是来帮你练这个动作，你本来没有这个动作，因为对方出现了，才形成了这样一个动作。

有敌人的时候，要无我。有些人，就是在应该无我的时候有我了，跟对方接触的一瞬间，他有我了，有我的那个心进来了，这就完了。越是这个时候越应该无我，有我就是有障碍啊！没有我，没有障碍，就是他，他就是我，我把这个是我的他用得淋漓尽致，就跟表演一样，只要你来，我就干这个事情。只有无我，才能做到这个事情；一有我，就做不到了。

没有敌人的时候，还要假想一个敌人出来，自己跟这个假象的敌人周旋，这是中国式的哲学，这多有意趣！很多人一见敌人，首先想到的不是对方，而是他自己；因为他心里不干净，他有恐惧心、胜负心，他就不懂拳学之道，没按照事情本身应该怎么样他就怎么样，他是自己想怎么样他才怎么样。拳是按道理来的，只讲道理。"练时无人当有人，用时有人当无人"，这是中国式智慧。

身体到最后感觉就像水一样，你一用力它就顺着你的力的那个缝进去了。你要做到这样，就得站桩，通过站桩，把自己站成水。你现在还是冰块呢，冰块不能流动啊！你得把自己站成水，成水了就很厉害了，这时候别人不能对你用力了，他一用力，就跟地裂了个缝一样，你这个水就渗进去了。

两个人经常推手，就老在推的状态，你就能推活了，推和了，两个人彼此能和上了，和上了就与对方一体了。推手怎么能和上呢？无我，没有对抗之心，才能和上。和上的时候，才真正进入了推手的状态，这个时候你突然发现，别人说的那些掤捋挤按之类皆非是。和上了，一举一动全是和，不是顺着和就是随着和，要不就是化掉了，要不就是发出去了，它没有这个技术、那个技术，全没有了，它成本能自然的了，跟水一样，水无常形啊。这时，体认断手之意。

推手的时候，没有敌我对抗之心，才能借上对方的力量，所以一定要过心理这一关。心没有经过修炼的人，上去以后就乱来，一乱来，就全是自己的想法了，跟对方没关系，更谈不上借对方的力了。很多人推手，对方要扑倒了，他不允许人家扑倒，他非要硬扳起来，再把对方推倒，他连顺对方一下都不会了。这就是心已经被自己的想法障碍了，意气用事了，已经不是一个和的状态了，成了对抗的状态了，迷失了。

大家推手都追求一个简单的胜负。实际上胜负不用你追求，它只是你做对了或者做错了的结果，所以要做对，做对了就有乐趣了。你心中没有敌我，没有输赢，就拿着那种乐趣推手，游戏的心，这样你舒服，对方输了都舒服，所以我们的推手要醇和，要练出来这种乐趣。在这个过程中，把身上的良知良能也要培养出来。遇到对手的时候，那就是另外一番天地，就更厉害了。练推手，还有个原则，就是你自身很清净、很安宁、很安乐、很祥和、很舒服的时候，对方力量来了，他要破坏你这个状态，怎么办？你可以采取被动，让他来的力量落不住，但你意识到没办法让对方落不住的时候，你可以采取主动，让他的力量出不来。前面的被动也是主动，是被动着主动，被动的意识下主动，它始终在一个中的状态。如果我感觉他力量要出来了，我主动，让他出不来，我这个主动是为了保持自己的状态；我主动的同时，我身体的那种安宁还是被动的，它不参与这个主动，否则为双重，只是手过去把对方制止了。我干这个事情，是为了这个安乐的状态不被破坏，如是而已。

这就需要全身贯通，怎么贯通呢？松着贯通。我这里硬着，顶了；我这里松着，软了，都不对；是松着，而且还不软，能贯通过去。身上不存他的劲，把他的劲卸掉，就跟虚松的土地一样，你得让水渗下去，不能聚在土上面，所以全身要虚，就跟那土一样；松了，水就渗下去了，它是这种状态。呼吸、五脏，全不能用劲；不用劲，这个通道才能建立起来。有了通道之后，就接通了，但你自己首先得有这个东西，就是你自己身上是松的，能把自己的力量松下去，这就可以了，因为你自己先做到了。然后对方给力的时候，你这通道还不能变，在间架上、骨架上还得往前走，就跟平行道一样，你往我这边来，我往你那边去；水顺着我这个通道下去了，我的形状不变；我去的时候呢，你没有通道，你就被连根拔起了。

我不经常跟人推手，如果碰见一个真懂的，像王老师那样推手，一搭手，两个人就进入那种状态，真舒服，这样推手就有意思了。我跟老杜能推到一起，他有点那种东西。老梁推手，他是松着用劲，他有功夫，但是不好。推手不能用劲，你不用劲，才能用中。用力则力死，用气则气敝，只要你用劲，你就形破体、力出尖。你就这样抱着个间架，只要你用劲，它也是破体，为什么是破体？因为中没有了，你虽然这样抱着，形式上看着没破，实际上已经破了，你没有中了；体在哪儿？体就是中啊，你没有中了，哪儿还有体啊？抱得再壮，那也不是，那是形，不是体。体就是中，一搭手，用的就是中。你用中的时候，对方摸起来就是那种感觉，哎哟，怎么这么别扭？但这不是说你松了以后再用劲就能做到这个了，不是的。松着用劲也不错，但不是我们这个东西。咱不能说别人不行，有些人有功夫，他不是这个东西。因为这个东西很难，听着明白了，自己一做，马上习惯又出来了，又不是这个东西了。做都需要过程，需要一个过程这个东西才能上身。

大成教学的方法，都是最直接、最快的，因为这个方法从教到学之间没有杂染的东西，直接告诉你应该怎么做，我应该怎么做，心里很清晰。对于有劲并且习惯用劲的人来说，就是赶紧松开，让你自己自觉，让你自己知道。等你松开了，你说，哦，原来就是这个东西啊，这么简单个事情。这才行呢。当你知道这个东西，而且身上发生变化了，我们就可以在一起揉揉、推推。到那时候，你就一会儿一个样，摸一次一个样，搭一次一个样。不是说你这几天进步了，这一个月进步了，没有这样的，它是一时一时地进步，一会儿一会儿地进步，是这样。

身体变化产生的有形的东西是什么？无形的东西是什么？用力的东西是什么？不用力的东西是什么？中是什么？环是什么？虚是什么？实是什么？要在推手中体认这些。搞不清楚之前，所有的推手都是盲目的，因为没有遵循的一个东西。就跟水一样，水不盲目，水有缝隙就进去，你看着它是漫无目的的，但它有原则，它往低处走。推手也一样，要用你无形的东西把对方有形的东西给包围住，要做到这样，你无形的东西必须有功夫。有什么功夫呢？就是你平常站桩的时候要把那个无形的东西给站满了才行。两个人一搭手，我跟对方接触的这儿不用劲，但我其他的地方要有劲，对方越用劲越不行。让对方落不住，不是落不到形上，是落不到形背后的那个东西上，他落到这个形上，这个形是没有的，我形背后的东西有。

推手就是了解自己，了解对方，跟单纯的站桩相比，加码了，复杂了，变化了。跟别人一搭手，假想敌人、假想自身、假借外边都是自己说了算，自己说了不算的时候怎么还能说了算，这是推手。该用力的时候要用力，不该用力的时候就不能用力；该快的快，该慢的慢；缓急不由己，要由人！

不能有自己的想法，自己的想法要是过了，对方就用你的过；自己的想法要是不及，对方就用你这个不及。所以，时时处处要守中，要得中用中；要合适，时时处处要合适。这种理在生活当中能起用，这个理拓展的范围会根据对手的不同越来越大。过去人说的"什么手都见过"，意思就是什么样的情况都遇到过。这样，你才能从中总结出很多规律，这就能帮助你正确生活，认识人生。

推手之真意

现在的推手主要是程式化的套路，失掉了古人的真意。其实推手是身体万向的圆转中得机得势，能蓄能发。现在都是规定好方向了再练，这初练可以，但首先自己敢在无规则的时候练这个东西。在本来没有方向、没有主见的时候，很容易就落在规则里出不来。我们练拳要打破传统观念，它不是套路，不是招法，不是固定规则，什么都不是，它就是感觉，感觉是主体，别的都不是主体。这才是拳。拳是变化身心的，你得变，变完了以后你才是。不是学了个套路就是拳了，学了个套路，你还是你，唯一不同的就是有一个东西把你束缚住了；你学了个招法，不同的就是又多了个招法把你的心绑住了。练拳就是得开，哪里有哪里去。开得自由，自由了以后你觉得这自由太大有点儿浪费，然后你再练练推手，一搭手，哦，敌人从这个方向来，别的方向你就不用管，这个时候可以再去规。你一开始把它规死了，敌人不往你规的这个方向来，你怎么办？你本来就是一个浑圆阔大的状态，你天生就是这样，像小孩子一样该哭就哭，该闹就闹，你一拿他东西他就抓你脸，你把这东西培养、放大一万倍，四五十岁你还是那样，多厉害！把这东西练出来才对，这是本能拳法，就是兽性也要练出来，不能跟一些文化糟粕一样，越练越多规矩限制人的天性，要自然，自然了以后再规范，再把对的东西留下就是了。

这就要先培养一个人的松、通、空。空不是啥都不要，得要里边那个意，你是拿这个意跟对方感知。用意的时候身上是惰性的，这就有东西用了。空里边要出来个意，身体通了，意出来了，身和意就分开了。练形求意，你用的是那个意，这是第一步。那你和人对抗的时候还不清晰怎么办？就是你打人的时候拿意打，意领着惰性的身体，惰性的身体就是肌肉若一的身体，所有的地方从头到脚都是松沉的感觉，手抬起来也是松沉的感觉；还是拿这个意领着这个往前走，然后光是意的时候就把这个手忘掉了，别人过来拿意跟对方开合吞吐，身上就没有了，身上就随意来变了，这就灵了，就是这个。你这样就是比对方弱的时候对方也找不着你，找不着你的瞬间你又比对方强。对方始终没有你强，这个强弱是在这儿分的，不是说你真正的身体跟对方比强弱，是你的意比对方强。

有些人说推手要以静制动，或者说以柔克刚，以弱胜强。这话是对的，但不是我们这个东西，做出来才是这样三句话。有些人虽然知道这三句话，但做的时候还是拿身体做，拿身体做根本就做不到这个东西。那弱怎么胜强，柔怎么克刚呢？你得拿对方摸不着的那个东西，然后意分虚实，意比对方大，笼罩对方，神就出来了。这个过程很漫长，为什么漫长呢？因为你长这么大都不是这样，都是别的，突然变成这样，你不适应。别的东西很习惯，这个东西不习惯，慢慢地，没有别的习惯，把这个当成习惯，就成了。你要依靠它，要信任它，你怎么信任它？首先得让这个东西上身，经过多次的接触，朝夕不忘地相处，你就跟它有感情了，就能用了。

推手的练习，在欲接未触之际就已经用了，这个用还是生生不息的。两个人一搭手，你就知道了对方的底。别人把劲用完了，你这儿还没开始呢；对方已经不行了，你还没开始用劲呢呢！你老没开始，对方老在已经用完了的状态。而且对方始终在一个没准备好的状态，不是把劲用完了，就是劲出不来。你说你等一下让我准备一下，准备完了，一搭手还是连根拔起。你说我怎么老准备不好，不是你准备不好，是你根本就没机会准备好，不是说给你点时间让你准备，你就没有这个。站桩、推手，这比别的艺术方便在哪儿呢？就是一搭手，一摸，咦，怎么这样了？这直接就知道了。特别是需要身体参与的艺术，比如书法、绘画，你跟他一说这个，更容易领会。你看有的书法家写这一捺，他这个笔要停一下，为的是蓄一下力，我说你不用停这一下，你腰上的力源源不断地就蓄过去了。他做不到这个，因为他身体没有贯通，不能空形，他非要拿着有形的手在那里摆弄。就把手放在这儿，腰一蓄力，不就又入进去了吗？

推手的时候，稍微有点力，对方还能推起来，一点力都没有，对方就真推不动了。无形的东西就是气，它是自然生成的。这个还是要站桩，这拳就是一个桩，没有别的。它不是拳脚的技术，它就是心性的改变。敢没有比敢有厉害，要敢没有，敢没有情绪、欲望、恐惧、面子等，敢没有才是神勇，其他都是血气之勇。有时候、有些人不明白这个理，你还不能非要让他明白，因为时机不到；你非要让他明白，这东西就没法进行了。先这样，不能较劲，不能瞎指教，也不能上来就说你这个不行，那个不对之类。人的理解是一层一层的，这一层牢固了，再让他上另外一层。这种传授的方法，本身就跟法一样重要。现在人能接一个法脉，不容易，难得很。我觉得很幸运，还能接这个法，这个真不容易！现在有法的人很难找几个，全是自己拽的，要不就是自己看书悟的，几乎都不是真正的法脉，因为没有传承。这跟聪明不聪明没关系，只要没有传承就不是。这个东西很难，为什么难呢？就像我把道理都给你说透了，说透了还不是，何况很多人连这个理都不知道，都是自己拽出来的理，那怎么可能是？你现在知道的真的理都不是，所以它难。

大成拳是以禅演拳，就是在果地上用。推手的时候，你可以不让对方的力量出来，或者出来了让它回不去。怎么做到呢？这里有四种练法：第一个是无手，第二个是用中，第三个是互中，第四个是变中，就是全身任何一点，都能拿住对方。一搭手，全身都是活的。对方不用劲，用中夺之，对方一用劲，就用对方的劲。但是这个必须有全身的基础，你没有全身慢慢练出来的灵劲，一上手是不敢这样的，你做不到。所以必须松，松灵状态。灵怎么来？松来的，但不是由松直接得来，是松厚重了，灵从厚重中来。身子还得正，正了就能拿到中，正和中是一个，厚和灵是一个。然后再大，正，大，厚。大了以后就空了，你做个动作就把对方涵盖了。这是嘴上说，实际上一比画就已经涵盖了，对方已经没有机会了。对方在这里跟个小东西一样，瞬间他就丢了。只有大才能空，就是空。但是这个不易了解。

我是空的，你只要用劲，点上就紧，你不用劲，我就夺你的中。所以你用劲不用劲，跟我没关系，因为我不给你支点。所以不能用力，不能因为对方力量大，自己马上就紧张了，一紧张你就跟对方对等了，产生对待了，对待了就错了。要反过来，熔合，不停地熔，不停地化，你这炉子大，什么东西都要熔。大成拳的用劲不是用自己的身体，自己的身体只是个导体，你是把它接通放到虚空，用的是通道的力量，不是自身肌肉的松紧变换。这时候形不工作了，让形这个通道打开，用里面的那个意，用那个灵机，用那个中。

身上所有的地方都要在一种灵性的状态，它不能是硬支撑状态。支撑状态的话，你支撑我也支撑，等于看谁支撑得更稳固。我让你落在一个空的位置，你始终落不实，始终让你处在一个不平衡的位置上，给对方的应该始终是这种东西。放大了就变成这样了，缩小了就是对方劲在这儿，他摸不到，这是原地不动；如果放大了，对方直接就没有了，不管挨住挨不住，就没有了。普通人练的都是拿劲，对方要是也这样，两个人就是硬撞、硬打了，这是看谁更猛啊，这就成了拳脚功夫，不是意拳了。拿一个灵性状态笼罩对方，它只是入门的一个感觉，把这个放弃以后出来的东西，才是大成拳。大成拳讲究的是精神笼罩。普通人练的拳都不是大成拳，都是身上的功夫加上些想法而已。

过去有个太极拳大师叫郝为真，① 他是孙禄堂的师父，他有功夫。他说练太极拳有三种境界，第一种境界就是人练拳就像在水里，第二种境界好像身体出水了，第三种境界人好像踩在水面上。所以说，人一定得把自己练得就像念佛的佛珠一样，佛珠由两个部分组成，一个是珠子，一个是线，每个珠子都是独立的，但有个线把所有的珠子串起来，你动这边那边动，动那边这边动，这是第一阶段必须要做到的东西。在人身上珠子是什么呢？珠子就是所有的骨头，所有的骨节。线是什么呢？线就是神气，神气不断，节节贯穿，用神气把全身骨节串起来。用意不用力就是不动珠子，动那根线，这样对方就摸不着你了，线就是意。对方看见的是有形的东西，我们用的是无形的东西。

---

① 郝为真先生，拳学大师，武氏太极拳继往开来的人物。

试意力

试力和站桩是一个东西，不是两个东西。试力试的是站桩站出的那种快乐、那种欢愉的心态、那种生生不已的灵动，试的是这种东西。你身上有了这种东西，别人就不能摸你，一摸你就把他打起来。有了这个，就像小鸡出壳了，出壳了才能试。出壳了小鸡才能走，才能跑啊，要不是鸡蛋在外边滚呢，就没法试。

站桩就是通过全身放松，释放一种灵气出来。这个灵气你要用它，你就得试，试力是试这个浑厚的、飘忽不定的灵气。所以从头到尾就没有别的东西，就是站桩。通过站桩，把灵气站出来。换句话说，灵气出来了，你还用试吗？到时候你一举一动全是那个东西。你观察它就行了，哦，原来是这样的！它是最自然的东西，它出来本来就很自然、很活泼、很有生机，你非要再给它规范个固定的动作，这就把它拿死了。试力是从动中体认身心的，给他规范一下，你得这样试，你得那样试，是这么回事。但你别试过瘾了，连灵气都不要了，在那儿直接拿身形试，这就远了。灵气出来之前，所有的试力都不是试力，都是在试形。所以，一定要站桩。

你看很多人做的试力，全是手上有东西，这就错了。试力是什么？是手上没东西，是呼吸的弹力带着手，实际上没有手。这个秘密太简单了，简单得谁都不相信了，所以它成了秘密。你把这个秘密放在那里，谁都不相信，因为人们都相信复杂的，不相信简单的。就是没有手，如果有手，那中就没有了。试力，试的什么力？就是呼吸之弹力，身体静极生动的活力，就试这个力。把这个试出来以后，再试身手之力。身手之力是弹身上就直接弹手上了，心手相应，心手相师，心中意发，手上就有。意跟手是合的，但还不能双重，是不二状态。就是手放在这儿，意到，手上就有这个东西，是这样的统一状态。再细化一下，为什么这样？因为它是一如状态，意不住于手。意在呼吸的时候，这手是自由的，你要意在手上，这就死了。意不在手，但是还能统一在手。就跟放风筝一样，牵动它的力在线上，不在风筝上。你能控制它，手里拿着的是线，不是风筝，你手拿着风筝，它怎么飞？道理是一样的。这是试力。

这个拳，静止的东西就是站桩，动的东西就是试力。试力就是用中，就是你的手伸出去能拿住中，就是桩从静止到动的这个过程。要打人，保持桩态，拿着中打，就可以了，它是这个东西。不过这个东西要起用，得站活了，生生不已的那种东西要出来。试力就是拿着桩动，该动的地方动，不该动的地方不动，还要形不破体，就像射箭一样，箭射出去，弓得在手里拿着。

站桩要把意站出来，用身体找到里面的意。王芗斋说站桩是蓄力，准确地说是蓄意，意即力也，他等于直接把结果说了，但过程你不知道。蓄意先得有意，这是有意，普通人没有意，没有意就是乱的。站桩就把意练纯、练专一，练到随时能用。试力是站桩的变化，就是用站出来的意。刚才说蓄力就是蓄意，试力也是试意。蓄力不是蓄外面的力，是蓄里面的意，然后试里面的意。试站桩出来的意，不能变，不能乱。就是试的意，所有的关节肌肉处在松活的状态。过去老先生们照相全是摆个间架，这是做给人看的，大家一看，哟，这人真有功夫！可这个是假的。只有意，看起来不好看，没精神，但这个才是真的。试力就试这个东西。但是不是就不管间架结构了呢？不是，人是一个有形的东西，这个有形的东西，他间架结构得对。有些人练太极拳，他只求意不管形，不管间架结构合理不合理，人们得意了就真的忘形了，"得意忘形"肯定是出了问题了，应该是得意用形——意有了，形、间架也得有。我手得指着你，我步法得合理，我腰腿转换得合理，但是我是用意转换，不是用形转换。而且形要到位，形不做尽，但是要到位，形上到位才能合理。

摩擦步

原地摩擦步练的人少，因为强度大。

摩擦步，手按实了，脚才能空。手满了，身子不动，手把身子带过去。移动的腿是空的。手带身子实际上是身子指挥着手在带。腿落地跟没有一样，腿空着才能随时回来。

走摩擦步得有人摸着走，浑身的劲不能断，就像大海的海浪一样，是不息的，一直都存在。肩、肘、腹、膝等，都是这样的，劲不断才对。

走摩擦步，是利用呼吸的松沉，一步一提一放……这个时候才有呼吸弹力，跟对方接触的时候意才能发生作用，它可以帮意发生作用。要不你光意在那儿，形跟不上，那就不能用。能让形发生作用的方法就是试力和摩擦步。

意领着形，意里面含着形。让形成为惰性的东西，让意扬起来，举起来肉往下坠的感觉，沉着，自然地沉，然后拿自然沉着的东西，而且关节还有弹性。自然沉，有弹性，就是这两个东西。

提和沉同时是一个东西，没有单独的提或沉。走摩擦步，是气、肌腱、韧带等共同起作用。

走摩擦步的时候，肩膀松开，力量就能到手上了，要不然就是硬的，你身体懂劲就好了。退步的时候，手要指着对方退，我的劲没有变化，你就不知道我的进退了。退步的时候要掖肋，身体松开了才有这东西。刚开始练不稳定，可以扶着东西（墙）练。移动的脚前移，不落地，再移回来。移到后面再拔起来，移动到前面，不落实。越慢越好，这样练。

在步子转移的过程中，身上任何部位的劲都不能丢掉。比如你往前走的时候，支撑腿受到外力了，另一条腿还能继续往前走，这才对。身上任何一个部位受到外力都不影响另一条腿的移动，这才对。支撑腿挨了别人一脚了，另一条还能动，这才叫"双腿"，一定要认真。这里受着力你还能起后腿，这样你进的时候就不受影响。你看散打运动员，只要这里一受力肯定就起不了后腿。在平常训练的时候，这条柱子（支撑腿）不是盲点。这点很重要，平常走摩擦步的时候一定要注意。支撑腿的胯这里一定是一丝一毫地不能往后移动，自己调整好重心后就停着，然后移动后腿。

左右劲的摩擦步，重心在往左腿移动的时候，左手往头上伸，无穷远，手指领着身体慢慢地移动重心，右肩合左胯（或膝），右手指伸着、拉着身体。在重心移到左腿后，开始移动右腿，左手指领着右腿慢慢移动，右手指拉右腿，形成一个对拉，使左右手贯通。这样走，始终是一条腿。

蹲身，手放在身体的两边走摩擦步。手也可以放在前面走，小孩可以这样练。手放在身体两边好走，把身体拉着就好走。还有几种走法，一种是伏虎式，伏虎桩的手，摩擦步带桩，一步一桩，要走得很慢，桩能站半个小时了，他给你加码，让你再往下蹲，站不住了再往前走，实际上是腿的试力。

鸡腿龙腰的摩擦步，就是虎豹头。练得手上有功夫了，手跟身体没关系了，然后搭在对方身上很重，肩膀放松，不用劲，身体可以移动，对方手往起一抬，你就往进走，对方一用力你就能用。关键是你能分虚实了，能蓄力了。

走摩擦步的时候不管放松不放松，必须伸展，把你的身体打开。桩上有功夫了，一说就会了；桩上没功夫你说他也不相信，因为身上不连贯。

走摩擦步对躯体的要求。不管你怎么移动，躯干这个长方体都不能动。等你能坚持一段时间躯干不动了，你再变。没有不动的这个过程就不行。如果现在躯体动，实际上它没有动，不动才是真动啊。不动别扭啊，没有经历过，看着没有动，实际上已经牵扯着里面动了。这个道理不易让人听明白，你看躯干没动，实际上它在动；你看着躯干位移了，但它自身没有动。一直这样，它才能变。这个时候，不是你的手牵着躯干动，而是躯干牵着你的手在动。现在是手在做主，以后就是躯干在做主了。现在你看着身子在动，实际上身子没有动，只不过是随着你的手在整体位移了。

刚开始练摩擦步是身子定位，走手，用手定平衡，身子四个角（左右的肩胯）这个长方体不能动，靠手领着身子走。然后再练手不动，身子动。

胯分掖胯、提胯、旋胯，也就是前后、上下、左右都有了。掖胯最重要。其他几种胯都有运用，所以摩擦步重要性就可见一斑。要不停地走，走进去了，哪还有什么松紧、虚实，什么都没有了，这个时候新的东西就出来了！自己的手没有了，当你摸到对方身上的时候才发现，对方的身体就是你的手，他的一举一动你了如指掌，他的身体就像一片纸一样，轻轻地就撕裂了，那么脆弱。这个时候你就达到"人不知我，我独知人"之境了。

桩上有功夫不是技击，只是有了技击的资本。练了摩擦步，步子就会移动了，步法很重要，因敌变化靠的就是步法，它是运载的工具。没有步法和身法你无法变换，对抗有很多种状态，比如交织状态、摧枯拉朽（夺位）状态等；你的步法快，对方就没办法夺你的位。

摩擦步，转换的细微之处可以停一下，用神意调节一下，跟站桩一样，然后继续往下走。环境好容易走慢，真能安静下来走，快慢都没问题。走忘了以后快慢都不影响，因为你不知道快慢了。一瞬间的安宁，心神安泰，突然回过神来感觉刚才那么舒服，时间停止了，因为入进去了，忘记时间了，心态干净了。

摩擦步过于慢也不易，动静之间的那种东西反而不易察觉了。过去的人不一定都是对的。"行乎不得不止，止乎不得不行"这句话在通透状态下是对的，形止意不止。一个桩的状态下（前后、左右、上下舒适得力，很舒服），这个时候你停下来并保持它，即使难受，或既难受又舒服，也保持它，这是对的。如果你转换的时候都过不来了，都站不稳了，还停在那儿，那就不对了。这种形态下你的心不能松啊！

摩擦步的身体定位。走摩擦步先送后胯再提腿，先拱胯再起腿。拱胯，重心转到左腿，身体拔而不起，身体拔但高度没有变化，拱胯把后腿带过来，此时后腿最松。后腿有跪下之意，步子小一点好走，起后腿的时候胯要松下来，你别想着用，落地时脚之间要宽点，合、跪、拱，后腿特别特别松，一点点力都没有，用身子用意慢慢地带起来，没办法了才承受力量。为什么起后腿的时候一定要松呢？它松、它动但是它没用，闲着呢，等用的时候它能拿出来，如果你这样很认真地用，到时候就不能用了，是个死腿，慢慢地动，你看它动但它是真正地没动。如果你认真地跟表演一样的动，实际上它是占用着，你不能让它用。李永宗①先生说，你这样拿刀（刀尖朝前）别人不怕，这手拿刀（刀背贴着手臂，刀尖藏着），另一手指着，别人不敢过来，他不知道你的刀从哪里过来。碾完了以后，膝盖慢慢地往起起，先碾、拱，慢慢地往起带（后腿），慢慢地放到前面，放那儿也不用力，还是后腿支撑着。别往前走再收回去，别落实，慢点，可以用身法调整重心，掖胯才稳呢，不掖胯就不稳，这就是（腿的）试力，摩擦步试力。手托着、按着往前走，胯一过去、胯一动，中就活了。要松，找平衡。

刚开始走摩擦步实际上是走手不是走步，走不动之动。手一按着身体就开了，提着，这个领着身子走，把身子走开以后，这个时候刚一想提这个东西，腿就起来，这才对。保持桩的状态慢慢地移动重心到前腿，意若灵犀，神如雾豹，黏的东西要出来，而且一条腿随时可以抬起来，这是为了练支撑腿稳，练平衡，练了平衡就有了一个基础。两个人站在那儿就是平衡关系，一人平衡，另一人失衡了，胜负就分了。这是技击的一个阶段。

---

① 李永宗，拳学大师，王芗斋先生门下，誉为"断手第一"，人尊称李二爷。

摸意劲

摸劲就是两个人摸着找东西。找什么东西呢？就是不管方向，只要你心念一动，心动或者是意动，形不动，对方就失重心，就找这个。一个人怎么摸劲啊，必须是两个人才可以。过去讲，"当年的跤，三年的拳"。摔跤若有人和你一起练，当年就可以对敌了。

练拳得有个伴，这样你的功夫就有着落了。功夫得落在对方身上才有用，否则练的是没有着落的功夫，那就没用了。练习的时候，越不用劲越对，二力合一力，合到对方的身上才对。平时站桩的时候没有人帮忙，现在他摸着你的身体，等于在帮忙，你应该更松了。以意应敌啊！摸哪儿都无障碍，这是练，用的时候就快了，力量也大了很多倍，其势不可当。当然，这样是用功夫。拳理（学）是不管你触到哪儿，我的力量都能过去，都能到对方的身上，要找这个东西。现在练摸劲，就是找这个东西。就是锻炼自己，遇到力以后身体那种知觉，见的多了，对方的力量快到还没有到的时候，你的身体有所知觉；再见得多了，你的灵性出来了，对方还没有动你就知道。

所以，这个拳不是比速度、不是比力量，是比灵性。要放松，把接触点空掉，这样就是我全身（整体）打他的失重状态。

现在的拳练真了就难，因为大家都在找个看得见、摸得着的形式，都在拉架子。本来是通过这个架子练功夫，但大家都把架子当功夫来练。就像水管子里面是空的，使水能流动，但大家都把水管子当水来练，水就是功夫，水管子就是出功夫的途径，只是途径而已，万不能舍本而逐末。所以，在摸劲的时候身子是松的，这样充满灵性的劲才能出来。自己练是为道日损，跟别人练是为学日益！自己练得功夫再大，都需要实践，没有伴不行。这些东西要老在一起才行，经常不在一起练就不易通透。言传身教，过去师父要真教你，就会摸你，一摸你马上就明白了。不想教你，碰都不碰你。

我在编著《大成拳》第三卷的跋里面写过一句话：我站桩的时候，王老师过来摸一摸我的手，摆拧一下我的身体。外行人很难看懂这句话，学这个拳，如果师父没有摸过，那学会不容易。

看似学会了也是假的，就学会了形。拳学里面很精微，必须入进去，如果没有入进去就学不了。因为形不变，但里面的松紧、虚实、刚柔、动静全在变呢。我手是伸的，手没有在这儿（你的身前），是在你的身后，意在你背后呢。如果我的手有，就硬了，跟棍子一样，别人在中间一捋就把我带走了。手就像树梢，现在我的树梢是肩，手不是树梢了，手就没有了。你盯着我的手，跟我是没有关系的。这样我的手就是活的了，树梢要藏起来（意味着你找不着）。

后发先至，制敌机先，找动静之机啊，你一动就知道怎么办，是包还是切等，是练这个机。是通过站桩把身体进化了，使身体有这个能力了。在外面练，要让对方用不出力，这样就是拿着他练了，这个时候对方力量的大小就跟你没关系了。

发人是什么时候才能发呢？双方一接触，你就知道他要干什么，这个时候你才能发他。你什么感觉都没有就发人，即便把人发出去也是盲目的。所以，第一步是先摸人，没事就摸。一定要松，松着摸，摸得都烦了，不愿意摸了，这个时候对方就出去了。要擎着对方的劲，对方往前一走，你能让对方起来就对了，对方刚一动，你随即入进去。这样对方越用劲就越没了。老在这种把对方拿起的状态，老是一种松、整、饱满的状态，始终要在知道对方重心在哪里而对方不知道你的重心在哪儿的状态，只要一摸对方，就让对方处在没有重心或是快失去重心的状态，即把对方摸空。一接触人就找这个状态。对方始终处在要倒未倒的状态中，你可以随时打他。摸劲就是干这个的。这是黏连随，熟练以后是离黏随，就是离开了还能黏着你、随着你、叫着你，这样就能用了。比如你看着对面的人过来了，你的手挡他一下，其实他过不来，这样让他和你产生互动。主要是站桩，其他的一学就会，站桩不是一学就会的。

站桩要站得一摸人，对方就起来才对，站成拳架子就不对了。硬就是挨打，因为现在教人和过去不一样了，过去只要你硬就打你了。现在是循循善诱，硬是最好的挨打的机会，别人想打你的时候一定是把你叫硬了才会打你。你直接就硬了，别人感觉真舒服。现在都不打了，你硬还感觉真有劲，对方对你的硬没办法，你感觉还挺好，这样反而把自己的缺点掩盖了。

练摸人的时候，不能追，一追自己就有过，哪怕追一寸都是这样。要守住自己，把自己做好，与对方合上。要破有形变无形，当你走的时候一定要当对方不存在，才能走过去。这正合了形意拳拳法的"打人如走路，看人如败草"，步要过人，过人要目中无人，目中无人要达到过人的目的。有了形的话就占住你的心了，身上就紧张了。

大成拳练到了，对方是用劲不对，不用劲也不对。这个拳练到一定程度的时候，必须摸着人练。在推手的过程中，不管你怎么扎着马，不管你怎么用劲，一搭手对方就要起来，这样就对了。一定是一摸人就把他叫住了，要多练这个东西，练得熟练了。即使睡觉的时候别人一摸，身上瞬间出来的那种东西就把他人给吓住了。

先练肘，再练腕，然后是肩、胯、腹、膝，要有人喂着练。慢慢地身上都有了，然后变劲，对方连续两个或三个劲，劲的变化也加快了。一步一步地，一层一层地，慢慢就全有了。对抗的时候很容易就较上劲，一较劲对方就拔根了，一瞬间就没有了。

王芗斋老先生慈悲，就是把对方发出去就完了。郭云深不是这样，他是让你僵在这儿打你。不让你跑，跑了他还追。在任何情况下都是一碰对方，对方就是这种失衡、吸气和发愣的情况，这一下就伤对方了。所以，王芗斋晚年老回忆说："郭先生为什么总是伤人？"郭云深打人都是对方站不住了，气都跟不上了的时候打，一下子就把人废了。他打过的人见了他都怕，太可怕了，你吸着气呢，他的拳就崩在你的心窝上，以后见了他呼吸就不通了。

把理领会通透，身上也得通、得松，空、透，而且空的东西得大才行。这要慢慢听懂，什么时候听懂什么时候就厉害了。但是听懂听不懂这个过程中必须站桩，往这方面靠，有些人能听懂就是身上不行，有些人站得身上有功夫了但他还没懂，能听懂并且身上的东西一样，这才算入门了。入门以后，你还得拿自己人试，试的过程还能保持这种状态了，然后再拿敌人试，敌人跟前还是这种状态，那你就厉害了，你就成了。即使敌人来了，你也不动心，这是功夫，不是敌人来了你比敌人有劲。你不动心，这种功夫就需要拳术以外的功夫来滋养，生命之道，就入了。这是个过程，你得知道了，知道了就有自信，这并不困难。但你必须得一步步来，老师给你喂着劲、听着劲，你这东西就调出来了。所以必须得摸，不摸不成，摸着练着，摸着站着。

一是摸劲，二是虚接地推手。摸劲是虚接的基础，会摸劲就能虚着用了。

摸劲是接、换的基础，大成拳有练抗击打的功法，承接和对换。两个人练习互相接对方的击打，目的是接的同时控制对方，这是接。换更安全，我是把对方的手换到我的身上，用身体控制他，腾出自己的双手来打他。

先要把"千斤体"练出来，身体能接人，手才能活。现在人弱，你们看比赛什么的，都不敢接对方，结果成习惯了。过去人的功夫大，就敢用身体接对方的击打。

练拳要明理，摸劲摸的是理，不是胜负。摸的是拳术之道、拳术之理、拳术之法、拳术之劲。要练摸劲，这个理要先搞明白。

发 力

发力不用练。为什么呢？戚继光说过，到厮打时，忘了拿法。平常练得很多，到用时，出不来了。脑子一片空白，什么都没有了。因为平常练的东西和心性是不符的。用的时候，是心性流露，里面的东西自然就出来了。练的时候，那个东西是设计的；但用的时候不是设计的。练时要练什么呢？练一种规矩，掌握一种原则（技术与战术要合适）。仅仅是练原则，连技术都不能练劈、崩、钻、炮、横，也是技战术合一的东西，都不能练。要练节奏，练感觉。劈、崩、钻、炮、横，一拉架子，这就不对了。因为一拉架子，这动作已经结束了，落到二了，已经是结束的动作，不是蓄力的动作。一拉架子，已经出去了，已经完了，打不了人了。一拉架子就已经错了，落入有形，所以要练无形的架子。只要能发力，什么架子都对，只要不能发力，什么架子都不对。一练发力，就把这个东西掖死了。练时，只要保持身体一直有一种向外迸发的能力就可以了。要具备这个能力，必须身体第一要松，第二要通，第三身体时刻处于蓄的状态。说到蓄的阶段，大家做的都是有形的，有形就破坏了蓄的状态。要做到无形，把心空掉，心一空就无形了。有形有意不能用，无形无意才可以。怎么做到无形无意？只有松了、通了、空了，才能做到。只有站桩能做到，到这里才知道站桩有多重要了。王芗斋说："拳学之道，舍站桩别求他法永无是处。"站桩时，把自己虚化，把外界实化；把自己空化，把外界有化。

现代格斗等，两人打了个迎击是最有效果的拳法——这就是大成拳。大成拳处处是这个，以虚打实，用空击有，处处皆是。实的是有形，虚的是无形。到这里，有形和无形的问题解决了，空和有的问题也解决了。外边有了，你一碰就有，别人碰你也有。然后，把松紧弄好，这两个所有的衔接就是松紧。松紧怎么练？就是桩里面的东西，王芗斋说，"意紧身松"，精神要紧，筋肉要松；神意要有，拳架要无；精神要实，身体要虚。松紧、有无、虚实，一对一对地练。大成拳难练，它是一步一陷阱，稍不注意，练时增加了自己的知见，按照自己的想法走了，把自己的性格习惯加进去，就练错了。大成拳是要把自己练虚了，把对方练实了，这很难理解，所以难练！

实际上，大成拳练到这里，已经不在技击层面了，升华到了求道层面，所以大成拳是无敌拳法。大成拳要这么理解，这么去练。

练时，先从松紧入手，让有形无形、虚实、松紧都寓于一身，从开始到对敌时时刻刻就是这个东西，走一步是这个，再走一步还是这个，不夹杂自己的任何想法、知见、性格、情绪。对敌的时候，拿精神去和对方接，不要用身体这个形。在修炼过程中，这个身体自己就有感知能力，这样培养身体，但这个过程较艰难。慢慢地，这个时候引出了另一个训练方法——推手，训练自己不着相，让手自己动作，本能反应，此时，精神不参与其中。再练，就是摩擦步，因大成拳与其他有套路的技击拳术不一样，大成拳摸着就是，我摸着你和你摸着我一样，当下就是。再练，就是试力，把气吸过来，入到饱满的肚里，通过眼睛，用精神呼送出去，一吸一呼，肚子都是满的，不让对方打呼吸。试力不是用肢体试力，而是用精神试力。再练，就是用法上，以神夺对方的中。王芗斋说："守中用中，得其环中，以应无穷。"不让任何信息影响自己。在实战时，见块逐块，[①] 非；见块逐物，是。以块逐块，非；以神夺物，是。就是你打你的，我打我的，我的精神不参与其中，跳出你我对抗的状态，来击打对方。

所以，大成拳练习时没有发力，发力就是练拳练到需要两个人练的程度时，却不让两个人练，让你一个人练，师父看着你，让你憋着，憋，憋，

---

① 《传习录》中卷《答陆原静书》：知解上转，不得已与之逐节分疏；若信得良知，只在良知上用工。

憋，憋到哪一天火候到了，师父不看了，自己一个人释放出来，想到什么就是什么，遇敌好似火烧身，乱发都是。因为身体是通的，没有固定，所以力量能够出去。身体要通，先要身体松，心松了身体就松了。心一变，一切都变了，良知良能出矣。

因为发力就是方便，只是方便的一个法。有人想学而没有学的条件时，老师就取高就低，也就总结了发力。发力是没有的，中国拳术主要是改变身心的状态，通过站桩让身体有序化，想用的东西让它显现出来，不用的东西让它藏起来。身体有序化后，各部分各司其职，分工明确，传递有序。现在的所谓发力、整体发力、局部发力之类，都是有意人为的，古人不讲发力。他们的力量是怎么出来的呢？形意拳讲"遇敌好似火烧身"，这就是发力，像火烧到身上的那种感觉，全是本能发力，在实践中实践这个东西时，它就把人本能的现象自然化地表现出来了。太极讲"动急则急应、动缓则缓随"，你缓，我也缓；你急，我比你还急。它也没有发力，但这过程中那个急速的东西比发力还要真实，像遇到火烧一样，"唰"的就出去了。它不是有意发力，有意发力就不是了。就像王芗斋先师所说，同一个动作，有意为之叫招法，无意为之叫本能。说得多好！同样一个动作，你有意做，那就是招法，就成假的东西了；无意为之，它是迸发出来的东西，那是本能。它没有蹬地，也没有弓背，也没有力由脊发，什么都没有，但出来就能伤人，还比那快。本能发力是颤、弹抖，能过人，全身炸开。拳术训练发力，就是把这种东西训练成常态，随时都是这种状态。别人一有所动作，就是意思一想，就是想到别人在这儿扎我一下，一下就没了，就跑了。发力是这种东西。你要不老这么想，就不会躲。它这个没有训练，就是意念。八卦掌讲"神变"，神意一交就变化了，变化的时候就是发力。形意、八卦、太极，没有一个说发力的，不谈发力就是本能发力，一谈就不是了。

你身体的状态达不到，这种本能就出不来。要学，学的就是假发力，就不是那个状态，那就不是我们的大成拳，是从另外一条路往前走了。

技击之原则

《道德经》里面有一句话："天下之至柔，驰骋天下之至坚。无有入于无间。是以知无为有益。"无有才能无所不有，技击的时候，第一个原则是要空身对敌。空身是什么概念？就是心中无敌，身体通畅，身体没有障碍。身体要没有障碍，首先心要没有障碍，心要放松，把自己放空，融对方。对方正确的东西和不正确的东西，在你这里，统统视为弱的。心里要踏实，把对方看弱，就是你再厉害，在我心里，你在犯错误，我不允许你这样，是这种心态。你不能跟对方对等，一对等就等于较劲了，要像跟小孩子游戏一样，不管你怎么样，我对你都是"相对如婴儿，举手不能逃"，就是心态要摆正，对方多厉害，你敢把他当婴儿看，这事情就有希望解决；你不这样看，就没有希望，就是对抗。你对抗即使赢了，也是对方确实不成，不是你厉害。相对如婴儿的时候，你心是空的，你是无我的，对方动，你就跟着他来。所以你得有劲就顺，顺着他来，不是有意顺，因为我没有，所以只能跟着你走，跟着你走一半，我就不让你带我了，我就得带你了。只要跟一半，马上就得让对方别做主了，就是随、顺、和，和就没有对方了。心里放空，先敢，敢把对方当小孩子看，敢把对方正确的东西当错误的看，这是心法。

第二个原则是立身中正，太极拳管这叫中正安舒，大成拳的说法是形不破体、力不出尖，现在搏击运动是讲身体和地面要垂直，就是每一个发的动作，发完以后，都要回到原位重新启动。说法不一样，但说的都是一件事情。传统的拳法，有比较高级的，无论他手放在哪儿，身体放到哪儿，他都在一个中正的状态，这个做到比较难。现在西方的格斗和中国的散打包括泰拳，它规避这个东西的方法，就是他打完以后马上保持预备姿势，他始终是做完任何攻击或防守都一定回到开始的预备动作，这样他就能重新启动，动作就有连续性。他的连续性是靠恢复初始状态来实现的。传统高级拳法的连续性，他打这个可以不回来，在原地就可以变，但这个难，这个需要功夫。

这个功夫怎么来呢？就是身体结构要分成两个系统，一个是攻击系统，一个是指挥系统，两个系统彼此独立。指挥系统就是中枢，就是从头到身体到脚，这一条主线。如果你拿手作为攻击系统，手干自己的事情，这条中线干自己的事情，这两个系统可以互相帮忙，也可以互相独立工作，这个很重要。在搏斗的时候，头和手得是两个东西，就是我打你头的时候，你头可以躲闪，手不能躲闪，手能照样过来，就是你头可以做头的动作，头该攻就攻，该防就防，不影响手的攻和防，手的进退不受头进退的影响，它们各就各位、各司其职，这个非常重要。王老师对这个东西研究得特别到位，他经常就是做一些怪动作，比如别人打他的时候，他身子往下一蹲，好像要抱头的时候，这手就出去了。他有时候手放在这儿，把头给对方，对方一来，他手就打过去了。从现代的搏击角度来说，讲技战术，大成拳这一个攻击系统和指挥系统，就包含了技术和战术。

这种状态具备了，就可以谈节奏了。节奏是强者或者有智慧的一方才能掌控，对抗的时候，你让对方不适应你的节奏，就可以了。就像小孩抓小鸡一样，因为小鸡跑得快，小孩老慢半拍，跟不上。怎么才能抓住？跟小鸡同步了就能抓住。比如这屋里有个小老鼠，它比你快一点，你就抓不住，它很弱，但你抓不住。控制节奏需要两个东西，一个是实力，一个是智慧。他给你个节奏，你就进入他的状态了，你进入他的状态必然做不了主，进入别人的状态你怎么做主？生活中也一样，有些人性子很慢，他熬你，你一急，完了，一急就完了。他跟你交往的时候，你说了六句，他不说一句，你说十二句，他才说一句，一会儿你就顶不住了。那怎么办呢？做不了主，就别做了啊，不用做，无须做，看住你的心，就是你掌握节奏了，就是这样。现在你看两个人对抗，它还分什么中国式的、西方式的？分什么内家拳、外家拳？

分什么少林拳、八卦掌？这些都是住在一个外形上。我说得很清楚了，要不住不断，不能住在这些形式上，它没有这些形式。为什么说你练上几年，不会打没关系？但一有事情，那个东西就出来了。它是那个东西，不是你会摆什么动作，用什么招式，不是这个。它是心里的一股力量冒出来，这时候心里有力量，手上用不上劲，是这个东西。手上用不上劲，不是因为急了、心慌了才用不上劲，它是有劲但用不上劲，感觉沉甸甸的那种东西；是那种空了以后，不失重心，能控制人、能打人的东西，那个东西要出来，那个东西要不断。你手抬起来是那个东西，手背到后边还是那个东西，才行。

  空很重要，空打人的力量雷霆万钧，越空就越是那种惊炸的力量，一实就没有那种力量了。空了才有这种力量，空了才会炸，就像那烧火一样，你要把薪柴底下弄空了，才能烧得"啪啪"的，实了你烧不着。打拳的时候，如果用高倍的摄影机拍摄，回放时你能看到脸上的肉是扭曲的、甩开了、脱开了骨头的那种状态，身上的衣服也会胀开。这种打法，是手上没有东西。就是没打之前，那种景象，就已经照出结果了。所以它狠，它重，就是打脖子的一瞬间脖子已经断了的那种感觉要出来！打倒人很容易，经常打倒人你就知道，你一抬手这人怎么倒你已经知道了，抬手前心里就已经看到那个人倒了，打的是那个倒下的影子，打这儿的时候心里已经照出了那种影像，心理成像比做这个动作要快得多，对方必败无疑。所以，这种拳不能随便打人了，因为你是空的，时时刻刻都在炸力无断续的状态，这人一上手就让你打坏了。练拳，要练出慈悲心。

拳道拾遗

学贵知要不在贪多
闻贵适时不事泥古

古夷

练大成拳，首先要破胜负之心、敌我之心，破了这个东西，以什么为准则？以身体的感觉、意力的感觉、感知力为原则，即不是以自己的想法为原则，是以这个事情的本来面目为原则，这个理很重要。它不是你要怎么办，是这个事情需要你怎么办你就怎么办，它是这个东西。

练的时候，意跟着形走；用的时候，形追着意走。对敌之时，意不在自己身上，在对方身后，接触的瞬间，马上就没有自己了。就是意在对方身后，就是这个，其他我都不管，就这一条，没有别的。你打我，我意在你身后呢，你的进攻正好帮我蓄力。

一般人很难练成这个东西，什么人可以练成？没有自己的人可以。这就要把自己放下，融到拳里，自身变成这个拳。我曾经说过，把心打开，让拳进来，意思是一样的。你就拿这个拳生活，自己就变成这个拳了，拳就是自己的心。实际上自己都没有了，就是这个拳。

最重要的，就是要把这些理念落实到生活中，时时刻刻起用。做起来，第一个就从语言上、说话上入手，因为这是最直接、最常用的。用语言干什么呢？就是通过语言，马上把这条线导到心里，语言导线。啊，我心跑了！啊，我心虚了！啊，我心这么僵硬！就这样，慢慢地，自己的觉察力就出来了。

先为道日损，然后损之又损，到无为的时候就不用为学日益了，你一举一动都在为学日益，无为无不为是这个东西。① 要没有自己，无为非无所为，而是意不由己出，所有的意识不是想象的，是它自己自然显现出来，在这个地方无为才无不为，不是你自己甩手啥都不管，那不成。

人身上的灵机一出来，心就灵了。佛家讲福慧双修，中国人讲福至心灵，心怎么灵啊？福到了心就灵了。站桩就能增加福报，提升智慧，站桩就

---

① 见《道德经》第四十八章：为学日益，为道日损，损之又损之，以至于无为。无为无不为。

是福慧双修。

浑身没有，没有的时候一遇到力，力量就往地下沉了，如果身上有就对抗了。想用的时候，手上有，手上的力得出去。手上一出去，身上还在没有的状态，随时能用；如果不出去，就是还在身上，身上的没有是假没有。达到浑身没有的状态以后，身上就用不上力了，身上想用力用不上，用不上才会用那个意力，用得上就还是在身上存着，身上有。

形要回到意上，意过敌人，形合自己的意。因为要合，顾不上你了，就当你不存在了。形追意。

心里有问题，就拿身体找；身体有问题，就拿心里找。行于中道，不偏不倚。

生命的交流，乃是生命力量的互相贯注，求得彼此增上。此种交流，非关知识学问，全然是精神力量将生命境界各自呈现，坦诚、直接、毫无做作。

年轻时见清定[①]和尚，他牵着我的手说："功夫练得还不够啊！"我问："为什么？"清定和尚说："因为你太厉害了！"惭愧。

练拳最初不求精细，要令周身舒展、放达、飘逸，以此来变化身心，积累功夫，然后从舒展之中慢慢体会身体动作的精细变化。这时，变化越精细，拳就越微妙。如果不是这样，一开始就求精细，身上若没有功夫，精细反而成了拳的毛病。

松的是身，紧的是意。把无形想成有形，把有形想成无形。

站桩要喂着练，摸着练。我站着桩，你摸着我，我还是这个东西，这样才站对了。

---

① 清定，现代高僧。

这个拳难练在要相信一个虚无缥缈的东西，这是难点。现在人们都追求实际的东西，突然我让你追求一个不实际的东西，就比较难。你说站桩就站出功夫来了，你跟别人说，尤其是对那些接受现代体育教育出来的人说，他们不相信。而且是一站还不用力，他们就更不相信了。

中庸是贯通，不是折中。

从容处处妙吉祥，处处如家，处处安心，处处从容，处处亲切。怎么把人看小呢？你在山巅环视群峰的时候，你凝望万里青天的时候，你面向大海的时候，你遥想宇宙的时候，就把人看小了。要远眺，看山。

肉松了,烦恼就没了;关节松了,神就出来了。

君子行于中道,不偏不倚,不住不断,以中而行。

身体放空,守中用中;形不破体,力不出尖。

大成拳入门桩法——"十"字整体力之细心体会。此桩站法:松胯力沉腰间并保持姿势,头微后靠,下巴回收;接着松两肩,使顶心与会阴两处连成一竖线,横线则以膻中穴为中心点,贯穿两肩与两手,托住养生桩,这样就能体会到十字整力的境界。体会十字整力,随着站桩,力量会慢慢放大以至无限,然后又慢慢缩小以至无形,让自己处于无限与无形之间,随时就是。

年龄大的时候缺少小时候的干净、纯粹,小的时候又缺少大人的意志、能力。如果一个人小的时候就具备了大人那种能力,这人很快就能有所成就,因为他比别人节省了几十年的时间。练拳的成就,分天生的和用功夫的两种。

在这个世界上生活,每个人都要扮演属于他自己的角色,虽然每个角色都是角色,生命的本来状态是一样的,但是这个角色很重要,要演好。你上了人生的舞台,就要认真对待,不能说这全是假的,我无所谓了,那不成。既然演这个角色,就得进入状态,角色的状态和生命本质的状态,两个状态得俱足圆满,不然就是狂禅了。参禅的有参成狂禅的,什么都无所谓,这就偏了。

不住不断:不住于形,不断于意,不住于相,不断于神。

一般人说的刚劲不是有功夫人打的刚劲。尚云祥一辈子打刚劲与宋铁麟[①]先生打的松柔劲是一回事,所以,一般人说的刚劲其实是愣劲或僵劲。尚云祥一辈子打刚劲怎么没事儿?因为老先生是用丹田打的。

---

① 宋铁麟,拳学家,形意拳大师。

桩不是王芗斋创造出来的。郭云深那个时候教人有很多桩，降龙桩、三才桩、伏虎桩等。王芗斋研究后舍弃了其他的桩，就一个浑圆桩，一个正步的、一个斜步的浑圆桩，这两种是王芗斋创的。现在有些桩还是过去的桩，只不过过去是秘传，大家不知道，王芗斋把这些桩拿出来教了。有些人站不了桩，他很难受，就练些动作，进入状态后，他找到了就不想动了，就跟站桩一样了。桩上有功夫了，别人随便动作，你看着就会了，这就是学，就是学了个桩。

各门派的拳法练到最高境界都是一个纯阳清虚。只不过有的拳种需要的路径长，有的短。比如，形意、太极、八卦等内家拳相对于有些拳路径短些。这三种拳只有细微的不同，而大成拳是以立禅入手的。

转掌，要抬起手，自然放松地走；走到走不动了，胯就动了；到最后走着走着，脚没有了，像站桩站着站着手没有了一样。这时把身体走空了，走出精神来了，本能的东西就出来了。

站桩能支撑住，这就是武！《易经》的乾卦是武，自强不息；坤卦也是武，厚德载物，大度能容，这就是武！心勇猛，这就是武！时时刻刻有生发之机，心始终在敞亮的状态，这就是武！什么东西都打不垮你，这就是武！

处处有机，占的机、占的位很重要。但是现在人都不知道那个位，就是阴阳相济的那个位置，很重要，这样他时时都占主动。即使他看着是被动，他也是主动，因为他是主动的形式拿被动示现。你看他的无为，为什么可以无不为呢？就是他自己没有，是这样无为，并不是无所作为；他是意不从己出，以对方之意为意，合拳学之道，实际上就是无我。无为，在某种意义上就是无我，不妄为，不盲为，很高明。

练拳的人很容易循规蹈矩地练，就怕练错了。练拳别怕练错，这样才能练对。

站桩这种差事不是每个人都能站的，只有当你的心和桩靠近了才能站。

有很多聪明的人，有很多有毅力的人，他练着练着就不练了。不是他没有精力，不是他没有时间，不是他没有各种合适的条件，是他的心没有和这个桩相应。心跟桩相应的人，看什么都是一样的。因为他心不破体，形不破体，意不破体。

练头三年，天下无敌；初有功夫，火气正壮；再练三年，寸步难行。因为出手就能伤人，伤人了还不知道怎么办，火气还没有完全退，想"打还是不打"，拿捏不住。后练三年，诚惶诚恐，知道天高地厚了。从修道角度讲，感觉差得很远。从学问角度讲，摸不着边了。看小孩走路，都是拳术家；看别人蹬三轮，嚯，这不是大师嘛！看谁都对，就是法眼看世界了，心变了，眼就变了。这个诚惶诚恐才是天下无敌呢！别人一举一动，你就知道他好在哪儿，不好在哪儿。在任何事物中，都能看到好的东西。出手时，能随时制人于瞬间。

打人要有韵度，要打他的节，断他的节。越练越细，越练越纯，一举一动都没有多余的东西，没有惯性，没有习性，合理合法。有些人狂妄，暴躁，在这一瞬间他虽然有力但他滞，他所有一系列的不对你都能感觉到。你一看他，处处都是点，形滞、劲滞，打他的断续处。要完善自身，不出问题。阴阳和合，一开一合，一动一静，你都不出问题，你不出问题他就出问题。你快也不出问题，慢也不出问题，他是快慢都出问题。他一伸手你就把他逼到一个不得劲的境地，他一动手就不舒服。你把他逼到这种不舒服的状态，他的心思就变了，能力就削弱了。

看对方松紧，一看紧，就是打的第一个机，但是你得处处在机上。怎么能处处在机上呢？必须是空的，才是处处在机上。自己是空的，看对方的机、看对方的紧。

何谓舍己从人？舍己，舍己的什么？就是要舍对方用你的那个地方，其他地方不能舍；从人，从人的什么？就是用其他地方从对方的那个缝，从对方的那个势，这就是借人之力，乘人之势。

练拳练对了就是福报。身上多年的习性是很难去掉的，就像穿了一个月的脏衣服，你想搓一下就干净了不容易，你要不停地洗才会干净。愚人以为烟消云散一句话就散了，其实是它该散了。

中国绘画讲外师造化，中得心源。造化就是宇宙间的万物，都可以作为老师。心里老牵挂着拳学，你就能学到，心突然就会亮。日常生活中要处处留心，知道这个道理了，心里挂着这个东西，你看别人走路、看别人开车等，一切的一切，你都在学习。这样才有可能真正地学到。如果老是狂妄的心态，就是无知啊。做什么事情要往根子上做，孔子云："君子务本，本立而道生。"①

理是一回事，法是一回事。法掌握了以后，不明理，这个法就是死法，这种死法自己能用但不能传承。理和法同时掌握了，就能以法证理，以理促法，理法才能成为一个东西。理法俱备了还要有势、理法表现的相。用时会有另外一种状态、景象出来。理法势都有了，运用之妙，存乎一心，要有自己的领悟、感悟才能用。这种东西才能真正地做到像修行一样，谁都教不会。运用之妙存乎一心，就是火候。

戚继光说："操之于场肆者，不谓之操，所谓筌蹄也。而兵虽静处闾阎，然亦谓之操，乃真操也。"② 心要长存，不操而操乃是真操。养气功夫，心要长存。时时刻刻存着这个心，"练心则气自壮"。③

对抗的时候，灵机从哪儿来？就从腰和膝上来，这两个地方才能产生这个东西，因为它有弹性，一个是中枢的弹性，一个是下肢的弹性。

一个书法家说他准备写一写儒家那种中正的字，然后再写道家那种恬

---

① 《论语·学而》。
② 《纪效新书·纪效或问》。
③ 《纪效新书·胆气篇》。

淡、虚无的字。我说你把你的心拿出来，印到这字上，道家一看就是道家的，儒家一看就是儒家的，你是根啊，根之于性，发之以诚。

练拳必须要有环境，有很多人都在练拳，有好的，有不好的。看到好的马上就拿过来，看到不好的就要告诫自己别犯同样的错误，这也是学习。所以，要有真传，还要有环境，得有一个圈子大家滋养着练才行。我说过练拳一定要用心学，要追求，这样你才能融会贯通。不能像一些人用完功就完事了，脑子里要有这个东西，但又不能思考这个东西。

意拳拿意打人。意怎么能打人？还是靠形打人，手上要有意，意通过中道贯到手上，手拿着意上去打人。没有意，就打不了人。所以说，打人需有意，不是意能打人。

内不动，外不行，里边不动，外边就不能动，先让意出去。怎么让意出去？就是动心思的时候身上能不紧，意就出去了。身上越松，越有惰性，意越能出去。

桩是活的，有精神了，气壮了，气壮还不能用，得把它去掉，有还不显，还不用。这就像一窝蜂一样，你要把它盖住，什么都看不见，你不能自己开个口子，让它满天飞了。这个口子怎么来的呢？让敌人给你开这个口子，因敌人的变化而变化。你是混沌状态，如果你自己变化就成套路了，虽然和套路不一样，但还是套路，是一种习惯。所以，要破这个东西。

练拳胸要空、畅，中国人的体形是后背、腹部是鼓的，胸是凹的，你看过去的那些塑像，关云长、孔子等，都是这样的。打人的力源一个在腹部，一个在背部（肩胛骨之间）。阴阳劲的起源点，就在这两个部位。这两个点的基础是腰隙和胯。

头很危险。真正的推手，头是树起来的，不要让位置，要占主位，一定要中正着往前走。如果让开了主位，两个人的头都贴在一起了，这个非常危险，有备的人一摆头，对方就完了，头骨都打碎了。主动打被动是不一样的。

中国拳术的高明之处每一步都有东西，不虚，在每个过程都有东西。太极拳的慢，是不空，在这个位置接着你得出去，在另一个位置接着你还得出去。一处一太极，处处有阴阳，处处有虚实，处处有变化，处处是机。

你腰一松，往下一缩胯，手灵了，就知道去哪儿了。手这个点不动，用你的身体调，这样对方跑不了。如果你的手动，就容易脱点，对方就容易跑掉。手不动，用身子调，调到我合适的位置上，多好。你手一动，他跟着就动了。用身体的关节来调，这就是曲折。手自然会去对方弱的虚处。

推手的时候，看似松了，但这劲是一贯的，从脚后跟到头领着，这个贯通没有失、没有丢。把对方的手让到接触自己的身体后，才用身体的化让开。老八卦"皮接肉闪"，《手臂录》"见肉分枪"，[①] 指的就是皮接触对方了，里面的皮接肉闪，意思是要让对方把动作用老。

过去老拳家练一个动作练四十多分钟，现在是一个动作一会儿就完事了。力源、力的传递过程和力点之间的关系始终搞不清楚，这些搞不清楚身体就是不明的，没有东西。拳里面的学问可真有意思，你把身体里面搞清楚了，自己和别人的关系搞清楚了，别人有本事都使不出来了，处处都在受制于人。不光是拳术，包括人际关系、生活也一样。

练拳要有信念。有信念，错的都是对的；没有信念，对的都是错的。就怕是不练光思考，必须练，练了你就会否定一些东西。学的时候要虚怀若谷，练的时候要目中无人，往那儿一站就是天地与你同在、日月与你同辉、山河大地随心而动的气势，要有这种气势。练完后再把心贴到地上，祥和、从容。

意要在身外，不在自己身上。等把意练出来后，把意也扔掉，一层层扔。但是你先得有，什么都没有你扔什么？大成拳就是上岸弃筏的功夫，过去了就扔，轻装上路；就是建立一个新的平台，往上一走梯子就扔了，没有负担，没

[①] 吴殳《手臂录》。

有挂碍。所以一般的执着顽固之人很难练这个拳,他得到一个功夫,就会守着这个功夫,增加这个功夫,实际上这不过是另外一个新的开始。俗人把这个就叫功夫了,然后不停地练,把局部的力量、劲往大了练,实际上不是我们那个东西。它细微、浑大、高妙,里面什么都有,也什么都没有。

头为什么要抬起来?头抬起来是为了让这条阳脉处于一种温养状态,这样你怎么练身体都出不了问题。形意拳不是入邪吗?这样练神经就不会出问题,容易让气势那种东西出来。是生理层面和精神层面的东西,不是技术层面的东西。

练任何拳术要知道它的思想是什么,表达的什么意思,为什么要这样练,要都搞清楚,如同文章的中心思想。太极拳为什么有那么多动作?它要求劲断意不断,劲力的无碍,做到任何角度的情况下都中和舒适,都能做到我顺人背。

过去,练形意拳的两个小时一个五行拳练不完,练太极拳的一上午一个云手没云完,说时间不够用。老了才明白,他不敢动,他怕一动就错了。

齐白石说过:学我者生,似我者亡。① 风格要变,王芗斋的是虎啸山林、沧海龙吟;王选杰老师没有走王芗斋的路,他是行云流水、龙腾鹤舞。

一拳一脚没有快慢只有好坏,好坏的标准就是得当与否。王芗斋说,没有对与不对,只有当与不当。当机!时间和空间都得合适,要具备合适的条件首先要完成自身,这样需要的时候就能有。拳的根本阶段是完成自我,最高境界是神全,表现的形式是松静自然。完成自我就是一拳一脚要合适,身上、腿上、腰上、头上、心上等都要合适。就是完成自我,先把自我搞清楚。神全了就可以以小胜大,以整破散。

尚云祥说年轻时练拳越别扭越是真的,老了练拳越顺越是真的。这就是

---

① 法无定法,唯道不变。在意不在形。

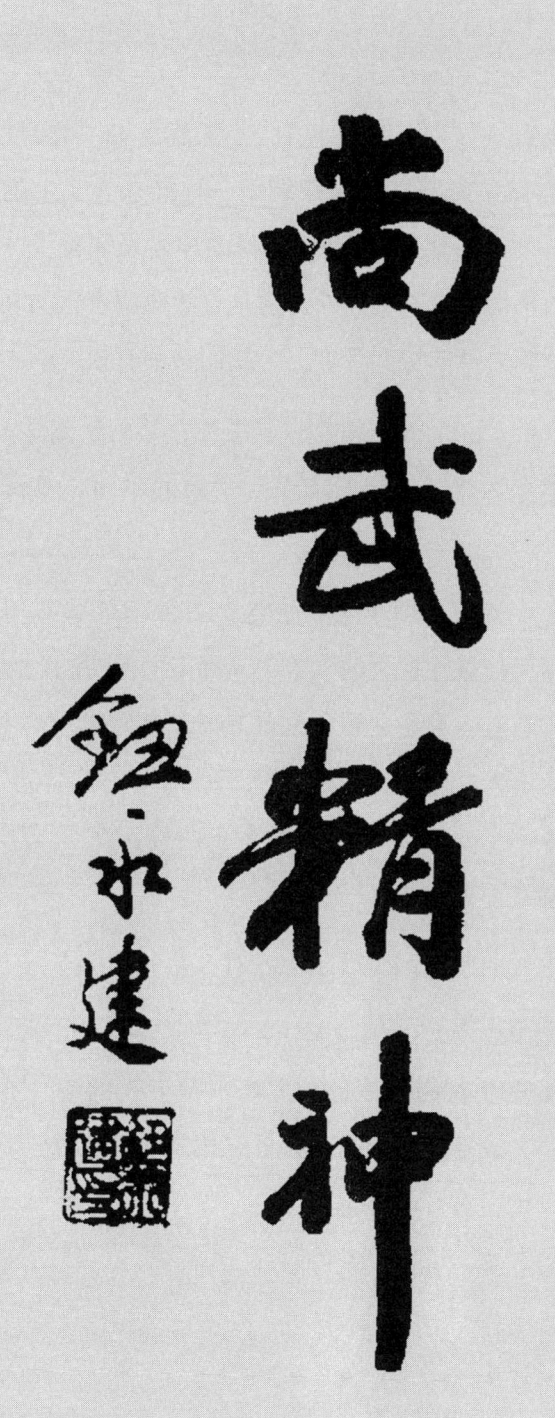

五行合一处，开始合不上，练着练着就慢慢地合上了，合上了一举一动都是顺的，是这样的。

大成拳讲"肌肉若一"，"玉树挂宝衣"，王芗斋讲"浑身肌肉挂青霄，毛发根根暖风摇"，① 就是全身的筋肉跟绸子一样挂在骨头上的，是一个东西。这样才能"牵一发而动全身"，这样全身的神经系统是统一的，用力的方向是统一的，它的平衡系统是统一的。这是自然协调产生的功能。现代体育运动那样练肌肉、练力量的协调程度，与我们这个有根本的不同。

大成拳就是一个桩，这个桩站到什么程度呢？站到松透了，松"过去"了，松到你根本就紧不起来了，出来的是一个新的东西，他根本就不用紧了，一触人像触电一样。

仁、学，《论语》就是这两个字。始终在一种学的状态里面，学什么呢？学达到仁的境界，仁贯穿在人的一生中。佛家的慈悲和仁是一样的，慈悲的力量在哪里呢？慈悲的力量是看穿万事万物，因为慈悲了才能看穿。比如你一抬手，我看的不光是你的手，还看到了你的功夫，看到了你的心理，看到了你背后是谁在教你，教你练的是什么东西等，在这一瞬间，全要看透。如果不慈悲，就看不见这些。

要把力量打到对方的胯上和脚后跟上才对，差一丝都不行。练好了就是火候，中国人讲的就是火候。

大成拳练出来不是互打的拳，是制人而不制于人的拳。不是咱俩打一架，就是打你来了。大成拳的立意高，并且有相应的修炼方法。这种神意的修炼久而久之，手一抬，对方就感觉到了。

推手要来力不存，就跟淋浴一样，唰地就到脚上了。去力无阻，力量出

---

① 王芗斋《诗词歌要与杂谈语录》：浑身肌肉挂青霄，毛发根根暖风摇，慧眼默察三千客，凝耳息听二八娇；沧海飞波游龙戏，流云吐月紫虎嚎，无穷假借无穷象，早欲蓬壶踏六鳌。

去以后对方抗拒不了。就是吞吐互用，这是入门功夫。

王芗斋和刘丕显先生①一起去的河南，碰上两个村械斗，都请了武师。刘说："二哥，他们都不行，走吧。"王对刘说："你看那个拿杆子的，是个厉害的角色。"就见拿杆子的轻轻地一碰，对方的刀就飞了。庄主不干了，说："你这样怎么对得起我的银子。"拿杆子的听了，杆子往前一送，就从胸前锁骨底下扎个洞。刘丕显问王芗斋你怎么知道，王芗斋说："我感觉他的呼吸跟我相合。"我师父说起这段感慨道：王芗斋找到同类了。

我和王老师第一次比试，他看我的瞬间我就有些迟疑，这就是离黏随，虽然没接触，但把你的心叫紧了。这是技术，也是功夫。有功夫把对方能走倒，平时走路可拿对面走过来的人练，无形的。

站三体式的前脚要有惊得有踩虚之意，踩空这一下颤得把对方要挑起来，颤这一下返上来要有这种东西，这是王芗斋的传授。

形意拳的理论是直线的，硬进硬打无遮拦，相对如婴儿举手不能逃，宁在一丝进莫在一丝存，别说退了，就往前走；打即是顾，顾即是打，顾打合一；你打我，我防守也是打你。太极拳的理论是动急则急应，动缓则缓随，以守为进，我守着让你不要打，我让你出问题，这时再打，让你进攻的时候错位。这是两个截然不同的拳术。

拳学最根本的还是站桩、步法、推手这三个东西。只要你练拳，一开始就是这三个东西，练到很高境界了还是要这样练。推手能矫正你所练的东西，步法能矫正桩法，桩法反过来又矫正和促进步法，这三个是互相矫正和促进的关系，是一个良性循环的机制。

放松，对任何运动训练都有效。为什么？放松了以后，身体重新排序，变得有序，运动起来气血鼓荡，让身体里面的力量渗透出来。如果不放松，

---

① 刘丕显，拳学大师，少摩拳宗师，人称"神腿"。

全是肌肉僵滞之力。放松不是不用劲，用的是放松之后里面出来的劲。

练拳要知道力量的种类：自身的力量、功夫的力量、用的力量。用的力量是真正的力量。最好的、最理想的状态是功夫的、天资的力量的完全运用。力量的运用是拳术的一种境界。

太极拳有一句话，"尾闾中正神贯顶"，① 就是神气树起来了。不能把这句话当文词来说。什么是神贯顶呢？就是无形的那一套结构是满的。只要尾闾一中正，下颌一收，背放松，那个东西就满了，它是这个东西。

意念是怎么来的呢？意念是身体的间架、结构把它养出来的，是自然形成的，要维护它、引导它、培养它。

站桩的时候手要张开，否则筋脉不强健通达，手一张开就跟蚂蚱的腿里边的筋一样，不张开就懈了。必须展拓，练拳不展拓传授就错了。头、手定位后就不能变了，打人的时候这个距离不能变，不能是打人的时候手回来了，手不回来头才能过去，头追手往对方身体里走。

练大成拳，要把全身关节练活了，灵巧了，能随意而动，动中亦无掺杂人为的造作之力，不让肌肉紧张，做到彻底松和，这样才能调动身体本能的绵绵不断的深不见底的力量。

大成拳改变的是心，把你的心改变了看谁都能用。王芗斋说，生理可以改变心理，心理反过来可以促进生理，互相促进，互相连带。他的《拳论》是哲学，是思想。拳本无法，没有方法才具万法。静止训练，静止是运动的特殊形式。王芗斋说大动不如小动，小动不如不动，不动之动才是生生不已之动，因为他内动。在无力中求有力，在不动中求速动，精神在动。行乎不得不止，止乎不得不行。在行中不得不停了，推不动了，停了，但一变又起

---

① 王宗岳《十三势歌》：十三总势莫轻视，命意源头在腰隙；……尾闾中正神贯顶，满身轻利顶头悬。

来了。最后达到不期然而然，莫知至而至。

实作不是欢龙亦是疯狗。精神是癫狂的。身体在动，劲在动，形在动，他不是肢体的动，是整体在动。他接你的手，身体整个就出去了。他不打你的手，一般人看到拳来了还躲，但他不是，他走的角度是直接往前走，他的脚能起来，重心、力量全能放出去。

大成拳没有专门的力量、速度、反应、柔韧等训练。大成拳站桩要在"中"的状态下进行，不能太低，也不能太高。太低了肌肉失去弹性了，绝对力量大；太高了成了关节压关节，骨头压骨头，没有撑开关节。都不行。必须是关节在撑拉状态才有用。

大成拳是从桩里面深入，光站桩不知道对不对，一试力就知道了；光试力不知道对不对，一推手就知道了。

无敌有好几种，一种就是你自己不设障碍，不设敌人；还有一个无敌是我们每个人都培养自己的德行。有些人很有能耐，但你对他生不起恭敬心，你见到他老是恭敬不起来，他气场不够。要培养那种德行，人见到你就生恭敬、生欢喜，这需要德厚，厚德载物啊，就不存在对抗。再一个，人活着轻松，这也是无敌。

生活当中，不能指望别人，指望别人就是对别人有企求，有企求是你的事儿，跟别人没关系，除非你法力高强，念力一动他就随你转了，包括对自己的家人，尤其是孩子，都不能过分要求。你可以维护、引导，但不能让他们按照你的意愿做事情。你拿快乐对他们，他们马上就变了，就像我拿快乐的身心对大家，你们也快乐，但这心得有力量，而且这力量得源源不断。要过有生机的生活。

正常修行人的状态一定是皮包着骨头，中间有一点点肉。汉地、藏区都很少看到这样的人，南传有大成就者他们的肉身，身上全是排骨，骨头带着皮那种，他有一团气就跟你和。如果有很多肉，气马上跑到肉里出不来了。

这是练肌入骨，一定是很瘦，不是饿的或者病的瘦，也不是长得瘦，是修炼的瘦，瘦得很干净。他们想胖也很容易，古人有句话讲有功夫的人"一日数食不饱，百日不食不饥"，瘦的形不会影响他的神气。

站桩，你没有一天七八个小时这样长年累月的积累，你就不知道里面的滋味，就站不对。但是这里面难在哪儿呢？就是即使你长年累月这样站，都不见得站得对。换句话说，你一天站一个小时，等于是没事健健身，根本不知道这里面是什么东西，根本就不可能知道。

站桩难，也容易。容易就是它很简单，难就难在简单的这种状态，很多人达不到，在复杂里面回不了头，回来了就很简单。心里都在较劲，都在用力，都在颠倒梦想的那种状态，它难在这儿了，它本身并不难。很简单，就是拿时间熬，在生活中用这种状态，用这种状态去生活。没有要领。

身上不存劲儿，心上不存事儿，空洞无我，这时候，任何判断都是准确的，因为不加自己的想法，事情的本来面目在心里就显现出来了，心就穿透了这个事情。

身体的智慧和见性的智慧不能等同。有明心见性的说法，没有明身见性的说法。见性是见到自性，自性是心性的流露。通过修炼，一个人能见到自性，这已经很了不起了，但他还有很多能力、方便不具足。怎么说呢？就是他的心调柔以后，遇到任何问题，他都有一个处理得当的方法，因为他有智慧，心里有能量。但是身体是另外一回事。他练心，心就能用，别人心一动他就能抓住，你刺激他，他可以不动心，因为他的心受过训练，但是你打他一拳，他身体不一定有能量接得住。这就是为什么大成拳第一个要以身正心，别人是从心入手，我们是从身入手，把身体的能量也开发出来。所以要破除迷信，要知道见性不是万能的，它是心有智慧、有能量，不是一般人心目中的那样，一个人见性了、开悟了就啥都懂了，啥都会了，其实不是。不能把见性神秘化，这世界上没有神秘的东西，神秘是因为不了解，了解了就不神秘了。

站得住靠什么？不是靠毅力来站，是靠生机来站，有了生机越站越想站，所以得找那个生机，变换一下节奏，调整一下心量。

对一般人来说，拳架子不能练，其原因是不明白拳理。空习拳架子，就是盲动，就是妄动，妄动会形成不好的惯性。练拳要一步一步地练，练到身上有了这个东西，再拿这个东西走拳架子，上下左右，全是这个东西，这时候走的拳架就对了。然后，用拳架贯注这个东西，各个方位、各种假设状态，都是这个东西，那拳架子就起大作用了。

王芗斋说"浑大身憨"，现代人"大"的多，"强"的少，怎么强？就是身憨。"外圆中介，浑大身憨"，现代人能做到一个面做不到整体。要敢，你敢杀人，敢往前冲。你敢不敢舍身取义、被误解、被辱？敢了就强了。

桩要站到什么程度呢？站到能用劲但用不上劲。就是两个人交手，你用着劲但用不上劲，就拿着这个用不上劲的劲打人，不是用上劲打人。对抗的时候，就看对方能不能用上劲，如果对方能用上劲，他就打不过你，但前提是你得会用不上劲，如果你也能用上劲，那就不一定了。

手就跟鞭梢一样，这个人手重，能很有力地打到对方身上，它是积柔成刚的。不能硬来，硬来就做不到了，它的重是重力那种重，不是握得很紧那种重。

人和人最后的接触，实际上不是打，就是接触，山西话是"撕把"。现在大多数人练拳，只要你把他抱住，他就没办法了。应该是我身上任何一个部位，只要挨着人就有办法，我的手摸着你，你不能动了，你的手摸着我，你也不能动了。民国国考的时候，碰到练太极拳的，师父都会说，别让他沾到你啊，知道沾着了就别扭，都怕。

我们的拳，打人的时候不是打人，它只是用，只是该用的时候用一下。用的时候把它用得合理，自己身上没有毛病，就是我这一拳怎么最合理地从心口出去就可以了。一打人，如果忘了合理就落到第二念了，因为念头变了，有情绪了，这就错了。

我们的发打，是在叫紧的基础上以空击有。叫紧了是自己用形、神、意、劲等把对方弄僵，拿自己的劲打对方的僵，是拿自己的没有打对方的有。你有没有我都是没有的，你不用劲你还是有，这就比常规的更进了一步。一般人都不敢没有，不敢没有是因为没有一个真正的有，真正的有就是那个无形的神气要出来。神气出来你手就没有了，拿着神气过去，手一触人就起来了。

拳术要用劲，不是用肌肉的劲，是要用内劲，用的是骨头的劲。不是不用劲，是不用（肌）肉劲。这两个劲打人的感觉是不一样的，用（肌）肉劲打人对方能扛住，用内劲打人能入进对方的身体，就像有个缺口被打开了，对方的骨头感觉到进来的劲，就挡不住。

摸劲的时候推不动了，自己的头要往中间走，进头、进手须进身，同时进。头要夺位，让对方的头没地方待。"拿着羊头走"，头不能互相绕。

大成拳三字诀：正，大，厚。正是什么？守中就是正，用时要有中，有中必然重。大是什么？大就是空，其大无外，其小无内，力含宇宙。厚是什么？厚就是灵，厚重出灵妙。

跟人摸劲也好，推手也好，走摩擦步也好，活动起来了，身体的那种灵机状态还能保持不变，这个时候，你就可以练各种身体动作的东西。怎么练呢？就拿这个灵机练。你本来站得挺好，一练别的东西，很容易就把你拉到平常的习惯里去了。但不是说你就什么都不能学了，不是这个意思，你在感觉到身体快觉悟的同时，也可以学习，就是不停地跟不同类型的人学，或者学不同性质的东西，在这个过程中，也许就能碰撞出一个机来，这是学习的作用。它不是真学，但还必须真学，不真学碰不到机，真学进去了，也不行，那等于走了另外一条路。要用心，但不能较真，灵机才能出来。

曾有拳师主要习练套路拳、招法拳，与王芗斋本能之拳的内在力量无法相比。虽然是大家，早年在山西曾被李存义的弟子打过一掌，一掌过来犹如大山倒来一般！虽遭遇如此，却无法放下"不是"，勇于自我否定，所以很难超越自己，无缘揳入拳之真谛。真拳学家，应视拳为生命，不存一己之见，直探拳学源底，求真谛，证真谛。

太极拳是无我的状态，以我为主，与对方和，以静制动，这个静是怎么来的呢？只有无我的状态，才有这个静，拿这个静与对方和。形意拳是有我的状态与对方和，是有着真我与对方硬和；是真有，把虚的练实了，与对方和。八卦掌是阴阳相济，过去有人说八卦奸就是这个意思，它飘忽在动和静之间，找动静之机，找这个机与对方和。三拳都是和，当练得手上不用劲的时候就明白了，全是和，拳就是一个和字。从先辈遗留的文字看，理论上清晰的为孙禄堂与王芗斋等人。

光绪皇帝的老师翁同龢①观看杨露禅打拳之后，对他神龙见首不见尾的精妙拳法大加赞赏，叹道：进退神速，虚实莫测，身似猿猴，手如运球，犹太极浑圆一体也！现在练太极拳者是否理解"身似猿猴"？杨露禅练对了，动中，随便动都是，有了浑圆才敢快，没有浑圆快了就不对。现在人讲究慢，慢下来格物，找劲，讲究虚实，还没找着！虚实只是中当中的一个环节，虚实、松紧、刚柔、有无、空通、身外身内等都是为了把这个中发挥到极致，把中拿出来运用得淋漓尽致，就是空了以后出现那个有，那个有还要处处得中，练形求意，以意象形，意还要托那个形，赋予一个新形，这个东西还处处有势，处处是中！

思考问题的方法，就是从两边往中间散开了走，不能偏。以对错来讲，就是没有绝对的对，也没有绝对的不对，这个对是针对这个阶段说的，针对那个阶段可能就是不对的，所以看一个东西要完整地看，这样才能恰到好处

---

① 翁同龢，光绪帝师。其父翁心存，体仁阁大学士，后为同治帝师。

地把握事情的分寸和火候，这就是行于中道，守中用中。

无节不屈，为什么要屈？只有屈，才能到中的位置，到中的位置才能蓄、才能发。屈不是为了伸展，也不是为了用这个弹性，屈是为了用，用什么呢？就用这个屈。你拿着这个屈，屈不是个框架吗？用的就是这个屈的整体。这一屈，它是在中的状态，永远用这个中的状态。守中用中，你守的时候是屈的，用的时候还是屈的，你把人打完了还是屈的，就是跑了也是屈的，缩完了以后还是屈的。缩和发是一个，缩就是发，不是缩完了再发。变化也是在屈中变化，不离这个屈，这就叫形屈意不屈。但是屈不固化，屈是活的，屈就是为了守中，只要是中的状态，都是屈。就是始终在一个蓄势待发的状态应敌，拿中应敌，不是拿动作应敌。

站桩是干什么？就是要把那个意的主体给站出来。主体是什么？就是那种飘忽不定的灵机，要把它站出来，活活泼泼的一片生机啊！这片生机靠什么支撑？就是关节的弹性，肌肉的松沉，气机的灵动。

站桩要诀：其一，眉间"似笑非笑"来放松身体，身上哪里紧张，就用笑意使其松和；其二，身体"似尿非尿"来放松腰胯，一直松到双脚，与地面相接。站桩，两脚之间最少相隔一脚，最宽以胯松连腰横跨步距为限。

站桩，不要在身上加东西，要"为道日损"以至于无为，让全身没有一点挂碍的东西，彻底清空了身体，然后才能"为学日益"，使本能力量呈现出来；如果越来越觉得自我有得，就容易出错；无我，一定没错。

站桩站得身心安乐以后，生命最原本的状态就显现出来了，它会产生心的智慧，也会产生身体的智慧。

似笑非笑就是最大的秘密，但是大家都不在意，因为书上写得太通俗了，谁都知道这句话，遗憾的是，谁都知道，可谁都不知道。你只有似笑非笑的时候，才能跟外面连到一起，只有这一个方法，没有别的方法能跟外面连到一起。只有似笑非笑的时候,这个时候和外边一和,才能做到仁者无敌,对方就不是敌人了。你要跟对方和,这时候对方跟你不和的时候,你出来的力量才是本能的力量,不是招法,我这正跟你和着,你突然不跟我和了,我出来的东西你是扛不住的。

浑圆桩有个开合鼓荡,技击桩就是拿开合鼓荡的东西跟外面发生关系,要一步一步地来。如果没有开合鼓荡的功夫,跟外面没法发生关系,那就是自己在那儿傻站。

老字"动",是重力为动(動),动的时候是拿重力去动;新字是云力为动,动的时候像云一样轻,就不是拳中之动了。拿着中动,动的时候,动里面的东西是静止的,这叫动静之机、动静相济,静随时又生发着动。一动一静,互为根用,练拳时,静为动根。王芗斋说:静为不动之动,动是静止之动。知道这个理,心里有主旨,人就能打拳了。

练拳不能贪也不能懈。古人说:紧了崩慢着松,不紧不慢方为功。就是循序渐进,润物细无声慢慢来,慢慢来就有了。不期然而然,莫知至而至,这样才行。就是心不能放到这上面,但是每天还得做。还要用修行的功夫降伏练拳激起的狂躁之心。

大成拳,大成立禅,它不是学的,也不是练的,它就是生活当中你行、站、坐、卧的一种状态。

中国式摔跤真传很好,跟大成拳有相似之处,意的东西出来了。但现在高的少,普通练的多,没有方法。清朝善扑营都是活着练,先练重的,比如地秤,然后再练轻的,到最后都是练空,用心画人练,旁人看了跟中了魔一样,无人似有人地练。

外圆中介,就是"外示安逸,内固精神",外边很祥和,里面有原则!不是眼神勇猛,是心里勇猛,眼神要柔和,就是遇到应急的事情,眼睛还是柔和的。什么时候不柔和了呢,就是交而未接、接而未交的那一瞬间,就是灵光乍现，闪耀出来的时候，心灵的东西，通过这个就出来了，这叫外圆中介。它的基础是浑大身憨，浑是浑元一气，大就是正，就是厚，就是身正心厚，憨就是心勇敢，心勇敢，不露出来，憨厚的样子，身憨。不是把机灵劲儿都露出来，那不成！是没有机灵劲儿，露出来的时候就是杀人！抖机灵没有用，你看老鼠老抖机灵，钻过来钻过去，猫往地上一蹲，它的机灵马上就没了。

真正的拳学，不是对抗，而是要体会拳的精神，古人造"武"字蕴含着"止戈"的真义，可见拳的真谛不在伤人，乃是以自身之武力止息对方之力。有德宗师与他人较技时，皆能领会拳法精神，不会以力直接迎击对手发力，而是巧妙地将对手发出来的力量"化"掉。所以，在拳中三层境界明劲、暗劲、化劲里当属"化劲"最妙，自己身心能够出神入化，将对手之力化于无形。妙运大成拳，就是对手出力，我不直接出实力，而是虚接变实，夺他出离重心，让他出力无用。

大成拳是"清逸"之拳，非浑浊之拳。所以练习大成拳，精神意念一定要清晰、飘逸，在有无之间，无拘无束，活活脱脱，万不可浑浊呆板。倘若达不到清逸状态，意念一死，气则滞碍，身体就不灵活了。

中国人的生命精神，包含了自信与谦卑。顶天立地，是生命之自信；虚心做人，是生命之谦卑。此一精神，是道的体现，也是大成拳宗师的生命境界。有此境界，拳乃至神！习练大成拳，需要体会头顶天、脚立地、身心虚，功夫乃可不断进步。

拳道之大在于理，即形不破体，力不出尖。大成拳的形式精简为一个桩法，都无法练进去，常人习练几十招式之拳术岂非更难？体在于心，身是作用。拳道之要，乃得之于神与意之间。

练拳不能局限于大成拳、意拳、太极拳、八卦掌、形意拳等拳术名称，拳学的本质、本来面貌就是虚空，虚空以应万物！凡有风格，有门派，有特点，都是局限，都不究竟真谛。到厮打时没有招法，没有招法那练什么呢？身体没有东西就解决不了这个问题，内外、圆、切线、上下、左右、里外、前后，俱要循规矩，没有规矩不能入道，然后破规矩，随心所欲！此时全身虚空，良知良能，应感无穷。

身体的修炼是拳学真正的核心，招法只能去投机取巧，越练越小，而身体的修炼只会越练越大，越练越厚，厚能生灵，越练越虚空。它可以体察到身体毛孔的呼吸，可以体察到身体周围空气的流动，可以体会到天地万物与你同体，可以体会到"独立守神，肌肉若一，提携天地，把握阴阳"，这才是中国拳术伟大之所在。

武者有身体与精神之储备，有技击能力，能惠泽人类，这才是武的大用。练武的人在一个区域，得让这地方有灵感，有灵感的人顺便路过这里，就会说，哎，这地方好，一片祥和，肯定有一个练武的在这。这才是对的。

太极这两个字很容易把人拿住，很多人终其一生，都走不出太极两字。所以，要练太极拳，首先要突破太极两字，太极拿不住你，你再练太极，就没有问题了。一般老师不这么讲，但是不讲就错了。突破太极不是让你不要太极之理，冲破理的同时，还得合理。但首先你得有勇气，敢破这个理。

练习太极拳，如不懂太极之理，身上亦无"太极"浑圆均整之力，只要谨记一个"松"字，则无论怎么练习都不会有伤自身，虽不入太极之门，多少也能得到一些舒筋活血、强身健体的功用。

太极拳一举一动需要掤劲，如意力水面行——摸着哪儿，哪儿不用劲，然后劲走其他地方。这种状态，犹如万箭齐发，就是接点没有用劲。接点不用劲，你的劲就能穿过对方，把对方运过去。老拳师们说，让对方坐上你的车，把他运过去，就是这个道理。拳谱上说"练时无人似有人，用时有人似无人"，也是这个道理。

体是什么？用《太极拳论》的话说，体就是太极。身上练到有了太极之后，慢慢体会，虽然是一个东西——太极，但它却是两个东西———一阴一阳合在一起。太极要怎么练？从无极中练。只有通过站桩，把身体浊质站没了，把思想杂念净化了，达到了无的境界，退力出能，太极浑圆之状自然呈现。中国拳术要从这里练进去，才能相应；否则，不得入门，纵有收获，亦属偏执局部之力，不是本能的整体妙用。

内在拳家较技，应运太极原理，只在一合一分的搭手瞬间，胜负即明，高下立判。形式虽然简单，但太极阴阳之理早已运行其中，丝毫没有马虎。倘若不是内在拳家，不在这个系统里面，还讲究速度、力量、招式、角度等，则是太极至理未明，可勿谈论！

太极拳练的是动静之机，练的是动和静之间的东西，不是练松和软，也不是练用劲。这个东西一定要把自身化到对方身上去，和对方融为一体，就是阴阳鱼中的白眼和黑睛。我的手往你身上一放，你一用劲，我的劲就在你的身上炸开了。你用劲我的东西就能在你的身上起作用。松有个好处，让身体能松下来，但你松得什么都不会了，接触人了还是那样就错了。松是为了用，意松了就懈了，更不对了。

王宗岳把机说清楚了：蓄发一定间。王芗斋把这个也说清楚了：来回一定间。来就是回，回就是来，顾即是打，打即是顾。一来一回，对方一来，我一回。就是一下，你用劲不用劲就是一下，你跑不了也进不来，因为这一下里面就有这（来、回）两下。

蓄如开弓，发如放箭，静似处子，动若猿猴，很厉害！发人的时候，把人蓄到自己的"中"上，当箭发出去！不是打出去。实际上，它是用人当箭发出去，打一个无形的东西，意念多远就把人扔多远。

一举动，周身俱要轻灵。身上练到这个程度，真轻灵了，才能印证文字所诠之理！这个轻灵，要从重出，只有重才有轻，动静相济，轻重互为根，是一体的。你想身轻，就须气敛。

身体做对就是智慧，心里有力量就是自性显现。没有杂染，以天地之心为心，这时候，身体通达无碍，遇到什么力量就有什么力量。

推手之时，要随时能松，随时能出，随时能变，但我这个变不是主动的变，而是被动的变，你不动我不变，你动多少我就变多少。你动，就好像桌子在那儿摇晃，它一摇过去，马上给它塞一块楔子；再摇，再给它塞一块，塞到什么程度？塞到它倒了，不用再塞了，就可以了。就是不能过，也不能不及，恰到好处，不贪不欠。

推手，心中要无敌，就是没有对抗，为什么没有对抗？因为你的心是安乐祥和的，这时候对方要搞破坏，你就让他破坏不了，你带着他一起安乐、祥和，把他整个笼罩起来，用你的安乐、祥和摄受对方。如果心摄不住了，再用身体摄，身体的摄是被动的；不能主动，一主动，就是自己的想法，一有自己的想法，就不能应物自然了；不管主动还是被动，让对方落不住。

有些人力量大，有时候他强势，一上手就占先机，这一下你就被动了，被动就容易紧张，你紧张了，对方的优势就更大了。被动也不能紧张，时时处处都是开始，头头是道。

推手的目的是什么？就是培养跟别人身体接触以后怎么办的一种能力，一个人练了半天终究是一个人的功夫，没跟人接触过，就得不到验证和巩固，人跟人的事情就得拿人练，不能拿个沙包练，也不能拿个棍子练，最终还得拿人练。

推手的时候，身上不能有一丝一毫的断续，有一点点都不行，一有断续就不连贯了，周身无有一处着力。全身所有的关节都不能着力，都在弹性的状态，一着力，就有断续，对方就知道了。

练习推手让对方感到舒服就对了。要控制着把对方的手卸进来，把劲卸于无形，不能卸到肩膀上。胯动一点点，就像水管一样通了就行，目的是把劲卸到虚空。

推手，一个是在接触的状态下，能把自己跟对方摘开，一个是通过推手破坏对方的平衡，让对方在被动的情况下跟自己摘开。在这个过程中，自己始终在一种能蓄能打的状态，不是推完了以后就完了。你不管不顾，就是把对方推倒了，自己的平衡也很难保持，这就失去推手的意义了。

推手的时候，一个是让自己全身没有僵滞的地方，随时能把对方的力量传递出去，让对方的力量作用不到自己身上，一个是自己的力量要出去，让对方的力量出不来，而且自身始终在一个虚实相间的状态、流动的状态、随时能激发的状态。

你一个人在这里挺自然的，这时候外力来了，你要把这个外力卸掉，让它落不到自己身上，而且你做这个的过程中，不用想着给对方力，对方就已经受到外力了，这是大成拳的推手，它攻守兼备，头头是道。

读后一

体认大成，以拳载道

认识于鸿坤是从读他编纂的三卷《大成拳》开始的。

2001年底，一位好友从北京带回一套于鸿坤编纂的三卷本《大成拳》。我在少年时也曾习练过拳术的套路、器械，后来接触过大成拳的"站桩"。这些经历对我这个"好学不求甚解"的人来说已成过往，但少年时的"武侠情结"却始终伴我一生。只要一有机会，便心如初恋。读着朋友送我的书，顿感字里行间弥漫着清芳、脱俗的意境，书中承载的文化内涵，让我心无杂念地读了下去。自读过这三本书后，我不由自主地开始关注大成拳，也开始关注于鸿坤其人，虽未曾谋面，但从网上和朋友的传讲听闻中，我想象中的于鸿坤是一位勇武过人、端正做人、思想深邃的"高人"形象。

有一年，他来大同小住，我第一次与他见面。他身材魁梧但面目祥和，不修边幅，语言交际近乎木纳，但谈起拳来，其独到的见解、敏锐的洞穿力及丝丝入扣的哲学思考、妙语连珠的话语，让人不由得定格在他周边的气场中。我对他产生了一种敬佩之感，想起这样几句话："望之俨然，及之也温，听其言也厉。"这正是古人心目中的君子形象。因我在家排行老三，年龄比他大，他就称我"三哥"。我先是称他"于老师"，但后来总觉得别扭，总觉得太过斯文，于是我按他的小名"阿龙"称其为"龙先生"，这样称呼，我才觉得"过瘾"。这是我与龙先生的第一次交往。

2012年仲夏，龙先生在北京举行收徒仪式，我有幸应邀观礼，亲眼目睹了来自全国各地的入门弟子们饱含热泪的拜师场面，真切体会到王选杰老先生"鸿坤弟子，断手第一，大成正宗，衣钵传人"赠言的凝重及其对钟爱弟子的殷殷寄托,亲眼目睹了大成拳异彩重放、光大发扬、奇才辈出、中兴繁荣的美好局面。

近日,龙先生的又一部新著《大成传习录》面世。读着这本书,情不自禁感受到拳道之大,赞其为民族精神之需要、学术之根本、人生哲学之基础、社会教育之命脉,一点都不为过!

《大成传习录》是一部难得的好书,字里行间浸润着作者的实践心血与精神智慧。这部著作从不同层面和角度,包括形、劲、法、气、意、神、心等方面,对大成拳这门国术做了很好的诠释。这些都是作者多少年来的体证,虽然说是自己的知识、自己的经验、自己的学问的积累,但他能站在一个全新的高度,深入细致地道出拳学之道、生命之道、人生之道、自然之道的事物本相,为广大习武者提供弥足珍贵的殊胜法门。从这个意义上讲,这部著作既是拳学专著,亦是国学的研习结晶。

《大成传习录》的拳学之理字字珠玑,处处流动着拳学的真髓。《大成拳之载道》开宗明义:"中国拳学的精义在于道,合于道者,就是上乘拳法。"我认为,所谓"技",应理解为人赖以谋生的手艺、本领;所谓"术",则是指一种方法、谋略、学说;而"道"呢?这个哲学名词是在说明世界的本质、本体、规律或原理,是宇宙的本源和普遍规律。"道"是表达技术、方法、学术观点、方法论或思想体系的普遍概念。作者用以拳载道的思想观念阐述了形与意、虚与实、文与武、阳与阴、松与紧的辩证关系,这种至高境界的领悟,实际上是把人生之道、生命之道、拳学之道统一起来的"禅境"示现,指明了大成拳的修炼之道。

细读《大成传习录》,我们可以看到,作者继承了先师的思想与技艺。但他并不拘泥于先人的所有规矩,师古而不泥于古,而是站在了巨人的肩膀上,用现代知识做基础去吸纳先贤的思想。这种敢于创新的理念在《大成拳之与时俱进》篇中淋漓尽致地展现出来,彰显了作者不断新生自身和大成拳充满生机的时代精神,这也是作者的了不起之处。还要特别提到的是,作者毫不保留地将大成拳这门国宝拳法由原来的口传心授或手抄讲义的传承方式，细心整理后付诸出版，公开发行，其胸怀之宽广，确实令人敬佩。

《大成传习录》从站桩、推手、发力、技击等许多方面讲授了大成拳站桩修炼的要领、形意、放松、精神、神意、时间、本质、虚实等方法或内容。同时，还讲授了推手、技击之原则与真意。从心法上入手，在招法上讲起，举一反三，循循善诱，重在启发。读者领会之后必生茅塞顿开、甜蜜愉快之感，让人爱不释手。

读《大成传习录》，会感受到尚武精神的博大情怀，你感觉不到一丝刀光剑影，而能深切体会到那种力量的厚重，那种能改变你不良心性的强大推力，以及站在心灵的高度去体会生命的快意。在这个充斥着不义的年代，你会感受到闲云野鹤、吃斋念佛、啸傲山林、悠然自得的那种闲适。但这种闲适绝非诗歌中的见景生情、状物移情抑或情景交融的随意，而是一种发自心灵深处的一种挖掘、一种或许暂时还无法被人理解的责任感、凝重感，因此，又会产生另一番诗情画意。这大概正是"武至极则文"的道理吧。

《大成传习录》虽拜读多遍，但仍感收获粗浅，稍有所悟，便会情不自禁地给龙先生发信息谈体会。闲暇时写了三首诗，庆幸一己之得，现录于此以共勉：

> 拳道不从他处觅，此书即是真妙理。
> 顿悟心性显灵机，方觉无心亦无迷。
> ——《初读传习录》

> 道是有心吾不知，不是又是是不是。
> 一而二后二而一，智是愚钝愚是智。
> ——《再读传习录》

> 涓涓细流融知己，会其意中知其意。
> 吾亦苦中寻妙趣，生活修炼练一体。
> ——《三读传习录》

龙先生回复我让我多提一些意见，我觉得，内容通透，是发自一位孜孜以求并得真传而又不拘古人的真功真情人的实践真言，高度、深度、广度以及逻辑性、缜密性皆非寻常。要说意见，窃以为修为低浅或刚入门之人很难一时读懂意会，这需要在实践中慢慢体味。

大成拳博大精深，是实证中华文化与拳学的无上妙法。它使学者修正自心、抒发感情、改造生理、发挥良能、神明体健，更载负着人生的意义和智慧，最终达到强我族群、利我国家的目的。我本一门外汉，强充善巧，但总觉有心心相印、心灵相通之缘分，读后确有许多用文字不足以表达的微妙感想，难以见诸笔端，浅陋语言，一管之见，贻笑大方，望朋友们海涵并指教。

友人　韩国林

2014 年仲夏

于山西大同

读后二

站者孤独

师父的《大成传习录》出版了，我第一时间放在了自己的书案上。

我静心焚香，沏了一壶至爱的大红袍，背着一身暖暖的午后阳光，放任着全身心都沉浸在书页之间。我清楚地知道自己犯了修行人的大忌，因为我研读时是那样的贪婪，那样的如饥似渴，也依稀记得会进入无我状态。我不知道这样两个矛盾的状态怎么会同时发生在一个人的身上。我不记得自己曾经呼吸过，读完了几个章节后才发现，香早熄灭了，茶一口未喝，窗外的阳光变成了星光。所有的文字在我眼里都变成了画面，仿佛又回到了师父的身边，那小院里熟悉的鸟语花香，那伴随着我成长的白玉兰和历经磨难的石榴红枫，还有朝夕相处的师父和师兄弟，都是那样的鲜活和亲切。

在外人眼里，师父就是个拳学大师。但是读过他的作品后，你得承认他是一个哲人，他带你进入的何止是一个拳学的世界，《金刚经》《道德经》也会植入了你的心田，王阳明、马一浮似乎又回到了人间。师父在他的《传习录》里，把深奥的佛经、儒学的道理以及拳法等，阐释得如此简单明了。拳学只是一个突破口，他实质上是开启了一扇通往圣贤的修行之门。无论你喜不喜欢练拳，无论你是不是修行人，你一定可以从这本书里受益，正如师父所说，这些文化上的思考和领悟会成为你一生的精神储备，照亮你未来的人生之路。师父展示给我们的，完全不同于其他武学作品或者所谓秘笈，他的世界里没有刀光剑影，没有恃强凌弱，没有其他武术秘笈里的对手，更没有杀戮；有的只是身正目直、神庄意切、举重若轻、舍己从人、不离不弃、无我无敌、清逸大勇这样的正能量和浩然之气；从修炼方法到达成目标，都是一片安详、从容。无论是一个人，还是一个民族、一个国家，都需要这种精神面貌。

师父把拳理植入了生活。他挂在口头上的话就是生活就是拳，会生活就会练拳；拳理要合乎生活之道，要合乎做人之道；拳理不仅可以验证生活，还可以指导生活。他的拳学还涉及了心学的范畴，真的可以断烦恼、开智慧。练拳之初他第一句就告诉我要变心，要把心敞开贴在地上，不分别、不执著、不节外生枝。他把拳学升华了，常人练拳就是为了健身和技击或许还有更功利的表演，他的拳学思想不是这样的。他要你从平日生活中的一点一滴做起，从言谈举止到行走坐卧，而不再是简单的站桩、试力、摩擦步；他要你学而时习之，把所学所悟随时用在生活中，做到知行合一，而不再是学用脱节；他字里行间都是中道和生机，强调的是得机得势，而不再是力量、速度和角度；他提升的是你生命的纬度，而不是强度。他的拳学处处都有《金刚经》的影子，讲空也讲有。他的空是真空妙有，他的空是满的，没有一丝的缝隙；他的有就是精神，就是灵机，就是生机，没有物质的东西，可以说是禅拳。他讲无为、讲恰到好处、过犹不及；他的无为不是不作为，而是不妄为。他的指导思想是随、顺、合，即以对方之意为意，故可说是道拳。他也讲正心、修身、浩然正气。他的正心方法就是站桩，强调以身正心，然后用这个变化了的心去格物，弥补了前人正心无法的缺陷，也可以说是儒拳。以上种种，说明作者的思想已经跳出了拳学，是真正的集释道儒的大成之学。

还想就我的体会谈谈站桩之美。我从来没有想到有一天站桩会成为我生命中如此重要的部分。站桩之美是你的身心在站过之后的舒坦和振奋，这种享受真的非言语可以形容。

一是站桩之孤独美。站者孤独，即使你与很多人在一起站，也还只是你自己的灵魂和身体独处，分分秒秒体会和承受着站桩带来的快乐和痛苦。尤其是大强度的站桩，些许开悟带来的欢愉妙不可言。苦痛不是来自身体，而是你迷茫时找不到北的感觉，真的让你痛不欲生。这样冰火两重天的感觉就这样交融、碰撞，真的是最美的孤独。

二是站桩的自然之美。站桩时头顶日月、脚踏大地、神意满乾坤的状态，不就是人们孜孜以求的回归自然吗？天地人的关系在那一刻会变得如此直观，如此清晰。它会唤醒你被污染了的灵魂，让你知道自己的渺小，学会敬畏和谦卑。等到你融入空中随着空气流动而无限地延伸变大的时候，你又会知道人的潜力无穷，让你树立信心，你就会更加热爱生活，热爱自然。

三是站桩之身体美。大家都追求身体美，而原始的自然的美才是最时尚的美。站桩就是把你带入这个境界的最好的运动方式。你需要做的就是把自己交给天地，借天地之手改变和雕琢你的身体，它会给你的身体重新排序，让你回归原始，回归自然。一个简单的例子就是减肥，大家想到的都是减体重，其实更好的方法是站桩。它不是让你减体重，而是要你有空灵的感觉，使你随时有拔地欲飞的感觉，它培养的是你抵抗地球吸引力的能力。这才是真正合乎天地之道的生机，永远地勃勃向上。

四是站桩之心灵美。心灵之美最重要，所有被人们乐道和认可的人都是道德高尚之人。而站桩正好是提升道德的最好最有效的实践。站桩的功能之一——以身正心，会把所有的正能量集你一身，可以解决思想和灵魂方面的所有问题，使你乐观、通达、祥和、从容。

弟子　周慧凌
于 2014 年 11 月

图书在版编目（CIP）数据

大成传习录／于鸿坤著 – – 北京：华夏出版社，2014.5（2023.6重印）
ISBN 978 – 7 – 5080 – 7984 – 4

Ⅰ. 大… Ⅱ.①于… Ⅲ.①大成拳 – 研究 Ⅳ.①G852.19

中国版本图书馆 CIP 数据核字（2014）第 039399 号

大 成 传 习 录

著　　者	于鸿坤
责任编辑	贾洪宝
封面设计	殷丽云
出版发行	华夏出版社有限公司
经　　销	新 华 书 店
印　　装	三河市万龙印装有限公司
版　　次	2014 年 5 月北京第 1 版　2023 年 6 月北京第 6 次印刷
开　　本	710×1000　1/16
印　　张	16.75
字　　数	240 千字
定　　价	39.00 元

华夏出版社有限公司　社址：北京市东直门外香河园北里 4 号　邮编：100028
　　　　　　　　　　　网址：www.hxph.com.cn　电话：010 – 64663331（转）
　　　　　　　　　　　投稿互动：986762145@qq.com，010 – 64672903

若发现本版图书有印装质量问题，请与我社营销中心联系调换。